本项目为新疆社会科学院2023年度重点研究课题（项目批准号23ZJJ05）

XinJiang JingJi GaoZhiLiang FaZhan BaoGao

新疆经济高质量发展报告

（2023—2024）

赵 妤　王宏丽◎等著

中国经济出版社
CHINA ECONOMIC PUBLISHING HOUSE
·北 京·

图书在版编目（CIP）数据

新疆经济高质量发展报告 . 2023—2024 / 赵妤等著 . 北京 : 中国经济出版社, 2024. 9. -- ISBN 978-7-5136-7985-5

Ⅰ. F127.45

中国国家版本馆 CIP 数据核字第 2024ZN2615 号

策划编辑　姜　静
责任编辑　王西琨
责任印制　马小宾
封面设计　任燕飞工作室

出版发行　中国经济出版社
印 刷 者　北京富泰印刷有限责任公司
经 销 者　各地新华书店
开　　本　710mm×1000mm　1/16
印　　张　19
字　　数　339 千字
版　　次　2024 年 9 月第 1 版
印　　次　2024 年 9 月第 1 次
定　　价　98.00 元
广告经营许可证　京西工商广字第 8179 号

中国经济出版社 **网址** http://epc.sinopec.com/epc/ **社址** 北京市东城区安定门外大街 58 号 **邮编** 100011
本版图书如存在印装质量问题，请与本社销售中心联系调换（联系电话：010-57512564）

前　言 | PREFACE

党的十九大报告明确提出“我国经济已由高速增长阶段转向高质量发展阶段”的重大判断；党的十九届五中全会强调，我国经济社会发展必须以推动高质量发展为主题，坚持质量第一、效益优先，推动质量变革、效率变革、动力变革。

党的二十大报告再次提出“着力推进高质量发展”，并明确提出实现高质量发展是中国式现代化的本质要求之一，“高质量发展是全面建设社会主义现代化国家的首要任务”，“未来五年经济高质量发展取得新突破”。

高质量发展就是能够很好满足人民日益增长的美好生活需要的发展，是体现新发展理念的发展，是创新成为第一动力、协调成为内生特点、绿色成为普遍形态、开放成为必由之路、共享成为根本目的的发展。推动经济高质量发展，意义重大、任务紧迫。如何立足中国式现代化新征程、立足高质量发展首要任务，以高质量发展推进中国式现代化新征程，是当前最重要的中国之问、人民之问、时代之问，更是边疆欠发达地区的人民之问、时代之问。

2023 年是全面贯彻落实党的二十大精神的开局之年，是全面建设社会主义现代化国家的重要之年，是实施“十四五”规划承上启下的中期评估年，是中国改革开放 45 周年，是习近平总书记提出“一带一路”倡议 10 周年，是中国自由贸易试验区建设 10 周年。在全面建设社会主义现代化国家、向第二个百年奋斗目标进军的新征程上，习近平总书记再次莅临新疆，中国（新疆）自由贸易试验区正式揭牌建设，为加快推进新疆经济社会高质量发展注入强大发展动力、带来重大发展机遇。

新疆完整准确全面贯彻新时代党的治疆方略，贯彻新发展理念，构建新发展格局，统筹发展和安全、开放和稳定，坚持高质量发展，在中国式现代化进程中推进新疆高质量发展的具体实践。2023 年，新疆以高质量发展为主题，围绕创新、协调、绿色、开放、共享新发展理念，致力于现代化产业体系建设，聚焦发挥优势、转化优势，大力发展“八大产业集群”，夯实经济高质量发展根基。实施高水平对内对外开发开放，大力推进丝绸之路经济带核心区建设。

本书坚持以习近平新时代中国特色社会主义思想为指导，全面贯彻党的十九大和二十大精神，立足新发展阶段、贯彻新发展理念、构建新发展格局，坚持问题导向，从国情和现实出发，在全面梳理以经济高质量发展推动中国式现代化新疆实践的基础上，分析新疆经济高质量发展的重点内容、重要标准和发展路径，剖析经济高质量发展面临的困境与问题，提出具有针对性、有效性、前瞻性的政策建议，对以高质量发展推动中国式现代化新疆实践发挥社科研究智库作用。

本书以发展报告形式分为三篇：第一篇为总报告，以“经济高质量发展”为研究主题，对2023—2024年新疆经济高质量发展的主要成效、发展特点、困难与问题及发展路径作出梳理、总结，展望2024年提出经济高质量发展的政策建议；第二篇是5个分报告，围绕创新、协调、绿色、开放、共享五大新发展理念，以国内大循环为主体、国内国际双循环相互促进的新发展格局为引领，剖析新发展理念在新疆落地生根的生动实践；第三篇是10个专题报告，紧扣当前新疆经济发展“八大产业集群”构建，重点以油气产业、煤炭煤电煤化工产业、绿色矿业、战略性新兴产业等四大产业和新疆重点打造的文化和旅游产业，以及新疆经济发展中的丝绸之路经济带核心区、塔城重点开发开放试验区、实体经济、中吉乌铁路建设等关键领域和重点、难点、热点问题，分析发展现状、发展布局、发展困境，提出高质量发展路径和对策建议。

《新疆经济高质量发展报告（2023—2024）》课题组

2024年3月31日

目　录 | CONTENTS

第一篇 | 总报告

第二篇 | 分报告

第三篇 | 专题报告

第一篇

总 报 告

第一章　2023—2024 年新疆经济高质量发展报告[①]

王宏丽[②]

摘　要：高质量发展是全面建设社会主义现代化国家的首要任务。2023年，新疆致力于现代化产业体系建设，聚焦发挥优势、转化优势，大力发展“八大产业集群”，夯实经济高质量发展根基，实施高水平对内对外开发开放，大力推进丝绸之路经济带核心区建设。当前，再论解放思想、紧抓发展机遇、深入实施人才强区战略、大力发展“新疆制造”及实体经济、降低各类成本、实现更高水平开发开放，以及“因地制宜发展新质生产力”是新疆经济高质量发展的重要举措。

关键词：高质量发展；“八大产业集群”；自由贸易试验区

2023 年是全面贯彻落实党的二十大精神的开局之年，是全面建设社会主义现代化国家的重要之年，是实施“十四五”规划承上启下的中期评估年，是中国改革开放 45 周年，是习近平总书记提出“一带一路”倡议 10 周年，是中国自由贸易试验区建设 10 周年。在全面建设社会主义现代化国家、向第二个百年奋斗目标进军的新征程上，习近平总书记再次莅临新疆，中国（新疆）自由贸易试验区正式揭牌建设，为加快推进新疆经济社会高质量发展注入强大发展动力和提供重大发展机遇。

一、2023—2024 年新疆经济高质量发展总体环境

高质量发展是全面建设社会主义现代化国家的首要任务，是当前我国经

---

① 本章系新疆社科基金重点项目“中国式现代化与新疆经济高质量发展研究”（2023ADZ006）阶段性研究成果。

② 王宏丽，新疆社会科学院经济研究所所长、研究员。研究方向：区域经济学。

济社会发展的主题，是中国式现代化的本质要求。2023 年，新疆经济呈现恢复向好态势，平稳健康发展，各项任务完成良好，特别是多数主要经济指标增速居全国前列。

新疆经济社会发展利好政策多、正向激励足。习近平总书记心系新疆稳定发展、情系新疆各族人民，继 2022 年 7 月新疆考察时隔 1 年之后，2023 年 8 月再次莅临新疆，听取自治区和兵团工作汇报，发表重要讲话，为我们完整准确全面贯彻新时代党的治疆方略提供了根本遵循，各族干部群众备受激励和鼓舞。党中央、国务院专门出台更好地紧贴民生、凝聚人心、推动新疆经济社会高质量发展的实施方案，确定了新疆“打造亚欧黄金通道和向西开放的桥头堡、构建新发展格局的战略支点、打造全国能源资源战略保障基地、打造全国优质农牧产品重要供给基地、打造维护国家地缘安全的战略屏障”等“五大战略定位”，① 提出了一系列支持新疆高质量发展的重要举措，为新疆经济社会建设注入强大发展动力。2023 年 11 月 1 日，中国（新疆）自由贸易试验区揭牌成立，成为中国第 22 个、西北沿边地区首个自由贸易试验区，再次为新疆经济社会发展提供了崭新发展动力。

新疆增强与周边国家的交流交往，开放态势强，整体环境好。2023 年，新疆主要领导完成对中亚五国的访问，开创了对外交流合作的全新局面。新疆向欧洲、非洲、中东、东南亚及南美洲分别访问了匈牙利、塞浦路斯、南非、塞内加尔、阿尔及利亚、埃及、伊朗、卡塔尔、印度尼西亚、马来西亚、智利和秘鲁等国。新疆还加强了与全国其他省份城市的交流与合作：新疆主要领导率团赴甘肃、青海、宁夏、陕西、西藏等省区及北京、河北雄安新区学习考察，进一步增强与 19 个援疆省市的紧密联系和务实合作；新疆代表团还到东北和东部省区、香港和澳门交流访问，切实增强新疆丝绸之路经济带核心区建设中的互联互通。同时，2023 年新疆接待来自世界各地的参访团组 390 批总计 4300 多人，规模为历年之最。哈萨克斯坦、吉尔吉斯斯坦、乌兹别克斯坦、巴基斯坦四国元首和多国政要首次到新疆，表达友好往来意愿，挖掘合作可能性，推动经济和贸易交流。②

---

① 《锚定高质量发展这个首要任务　努力谱写中国式现代化建设新疆篇章》，新疆维吾尔自治区人民政府网，https：//www.xinjiang.gov.cn/xinjiang/xjyw/202307/8c458e3d8b8f48b099570ec376b20a13.shtml，最后访问日期：2023-10-09。

② 《2023 年国际友人参访新疆规模为历年之最》，《新疆日报》，https：//xjrb.ts.cn/xjrb/20240101/219605.html，最后访问日期：2024-02-06。

二、2023—2024 年新疆经济高质量发展主要举措

新疆始终强化顶层设计和政策引导，全年出台了一系列政策措施，全面推进经济社会高质量发展。

2023 年 5 月，自治区党委十届八次全会审议通过了《中共新疆维吾尔自治区委员会　新疆维吾尔自治区人民政府关于深入学习贯彻习近平新时代中国特色社会主义思想　推动新疆经济社会高质量发展行动方案（2023—2025年）》《中共新疆维吾尔自治区委员会　新疆维吾尔自治区人民政府关于促进南疆高质量发展的若干政策措施》《中国共产党新疆维吾尔自治区第十届委员会第八次全体会议关于深入学习贯彻习近平新时代中国特色社会主义思想　完整准确贯彻新时代党的治疆方略　奋发有为推动新疆经济社会高质量发展的决议》[①]。

2023 年 11 月，自治区党委、自治区人民政府印发《新疆维吾尔自治区关于促进民营经济发展壮大的若干政策措施》，在优化民营经济发展环境、加强民营经济法治保障、多渠道为民营经济提供融资支持、强化民营经济要素保障、加大对民营经济政策支持力度、支持民营经济参与自治区重大战略、引导民营经济健康发展、促进民营经济人士健康成长、全面构建亲清政商关系和建立完善服务保障机制 10 个方面提出了 36 条具体举措，[②] 为全面优化新疆投资环境，促进民营经济发展再添新策。

2023 年，新疆着力落实好优势资源转化，围绕重点产业做好延链、补链、强链，增强特色优势产业发展的接续性和竞争力，提出培育壮大特色优势产业，加快打造以“八大产业集群”为支撑的具有新疆特色的现代化产业体系。“八大产业集群”具体为油气生产加工、煤炭煤电煤化工、绿色矿业、粮油、棉花和纺织服装、绿色有机果蔬、优质畜产品、新能源新材料等战略性新兴产业集群。新疆通过建立产业发展政策体系、促进重大工业项目建设、推进特色优势产业发展、扩大“专精特新”企业规模等主要举措，推进特色优势产业高质量发展。在建立产业发展政策体系方面，2023 年 5 月，自治区党委

① 《认真学习贯彻自治区党委十届八次全会精神　加快推动乌鲁木齐市经济社会高质量发展》，乌鲁木齐市人民政府，http：//www. urumqi. gov. cn/sy/jrsf/534400. htm，最后访问日期：2023-10-09。

② 《自治区党委　自治区人民政府印发〈新疆维吾尔自治区关于促进民营经济发展壮大的若干政策措施〉》，新疆维吾尔自治区人民政府网，https：//www. xinjiang. gov. cn/xinjiang/qtwj/202311/110cddaacf104da38c8f75e577d33bd4. shtml，最后访问日期：2023-12-11。

印发实施《关于培育发展自治区特色优势产业集群的指导意见》，自治区发展改革委等有关部门推出 8 个产业集群行动计划、36 个重点产业链实施方案，以及自治区实施省级领导联系重点产业集群产业链工作方案，推动完善产业集群“1+8+36+1”政策体系。同年，新疆实施《金融支持新疆“八大产业集群”发展若干措施》，启动“2+5”重点人才计划，全力打造“八大产业集群”人才链，夯实产业发展的人力支撑。在促进重大工业项目建设方面，建立工业项目库，加快推进 50 项总投资 10 亿元以上、10 项总投资 100 亿元以上的标志性重大工业项目建设。在推进特色优势产业发展方面，加快推进油气、煤炭、矿产、棉花等能源资源转化，着力补齐化纤、印染、服装、家纺、针织及设计等产业链供应链短板，加快建设棉花和纺织服装产业集群；加快推进肉羊、肉牛、奶业等优势特色产业延链、强链。在扩大“专精特新”企业规模方面，新疆提出，2023 年力争新增自治区“专精特新”中小企业 200 家，国家级专精特新“小巨人”企业 20 家。争取将石油石化、现代煤化工等重大项目纳入国家规划。①

三、2023—2024 年新疆经济高质量发展主要成效②

2023 年，新疆锚定在全国中的发展定位，紧扣经济社会现实基础和发展比较优势，通过政策引导、资金支撑、项目推动、机制保障等一系列举措，在产业结构升级、创新能力提升、核心竞争力提高、就业机会增加、人民生活水平和质量等方面都得到了不同程度的改善，发展成效表现为“近年来经济社会发展质效最好的一年”。

（一）经济发展动力明显，规模效益不断提升

新疆经济总体发展态势呈现经济运行平稳向好，工业产业新动能发展稳定，传统产业正在向高科技、高附加值和创新驱动的产业转型，新兴产业和战略性新兴产业快速发展。服务业向现代化、智能化转型，新业态快速发展，数字经济快速发展，新兴产业表现活跃，产业结构升级加快，高端化发展趋

① 《关于印发 2023 年自治区国民经济和社会发展计划及主要指标的通知》，新疆维吾尔自治区人民政府网，http：//www. xinjiang. gov. cn/xinjiang/c112543/202302/d351fe18f40448189479d3f7cd10907a. shtml，最后访问日期：2023-10-09。

② 本章数据来源如无特殊注明，均来自《2024 年自治区政府工作报告》，新疆维吾尔自治区人民政府网，https：//www. xinjiang. gov. cn/xinjiang/c114868/202402/587fb7eb4a5a4dc8a5446c0b5b192580. shtml，最后访问日期：2024-02-09。

势明显，产业聚集程度提升，战略性产业集群蓬勃发展，推动产业基础高级化和产业链现代化。

2023 年，新疆地区生产总值 19125.91 亿元，居全国第 23 位，比 2022 年增长 6.8%，增速居全国第四位。其中，第一产业增加值 2742.24 亿元，比 2022 年增长 6.3%，高于全国 2.2 个百分点；第二产业增加值 7710.27 亿元，比 2022 年增长 7.2%，高于全国 2.5 个百分点；第三产业增加值 8673.40 亿元，比 2022 年增长 6.6%，高于全国 0.8 个百分点。第一产业增加值、第二产业增加值和第三产业增加值占地区生产总值比重分别为 14.3%、40.3%和 45.4%（全国三次产业结构为 7.1∶38.3∶54.6）。全年人均地区生产总值 73774 元，比全国平均水平低 15584 元，比 2022 年增长 6.6%，高于全国 1.2 个百分点。①

（二）“八大产业集群”发展促进现代化产业体系构筑

新疆定位于构建新发展格局的战略支点，立足区位优势和资源禀赋，积极打造“八大产业集群”，着力建设具有新疆特色优势的现代化产业体系。石油化工、硅基新材料、新型电力系统和现代煤化工等产业呈现快速发展态势。

在打造全国优质农牧产品重要供给基地，加快推进农业现代化和农业强区建设方面，新疆实现粮食种植面积 4237.2 万亩②（新增 586.3 万亩），总产量 2119.2 万吨（增加 305.7 万吨），占全国新增总量的 34.4%，新增种植面积、产量均居全国第一位，切实成为保障国家粮食安全的重要基地。油料作物播种面积达到 207.2 万亩。国家级棉花棉纱交易中心挂牌成立，棉花总产量达到 511.2 万吨，实现连续 5 年稳定在 500 万吨以上，占全国总产量的 91%，实现棉花种植面积、单产、总产和商品调出量连续 29 年居全国第一位，成为国家棉花安全保障基地。林果产量实现 1378 万吨，蔬菜总产量达到 1600 万吨以上。水产品产量达到 18.4 万吨，居西北五省区（陕西省、甘肃省、宁夏回族自治区、青海省和新疆维吾尔自治区）第一位。新增国家级现代农业产业园 3 个、农业产业强镇 8 个，切实成为国家重要农产品生产基地。

在打造全国能源资源战略保障基地、全面推进新时代国家“三基地一通道”建设方面，2023 年新疆实现原油产量 3270.1 万吨、增长 1.6%，天然气

① 数据来源于《新疆维吾尔自治区 2023 年国民经济和社会发展统计公报》，《新疆日报》，https://xjrb.ts.cn/xjrb/20240329/223513.html，最后访问日期：2024-03-29。

② 1 亩≈666.67 平方米。——编者注

产量417.3亿立方米、增长2.5%，油气当量连续3年稳居全国首位。新增煤炭产能6257万吨，原煤产量4.57亿吨、增长10.7%，“疆煤外运”突破1亿吨、增长26.7%。大力发展新能源产业，新增新能源装机2261万千瓦，增量位居全国前列；新能源总装机达到6443.1万千瓦，占新疆电力总装机的44.6%，“疆电外送”1263亿千瓦·时，“疆电外送”第三通道建设正式启动。推动重点矿产资源开发利用，加快煤化工产业发展，大力实施一批重大项目落地建设。加快硅基、氢能产业发展，工业硅、多晶硅产量分别增长27.3%、26.8%，全国规模最大的库车绿电制氢项目投产。新形成铁、钛、锂等12个大型资源基地。

新疆在优化资源要素配置基础上，加快形成油气生产加工“三基地三盆地四区域”、煤炭煤电煤化工“两主两翼一环”、矿产勘查开发“两环八带”、绿色有机果蔬“一区三带八基地”等区域产业空间布局，力促实现区域功能协同、“八大产业集群”快速发展态势。

（三）科技创新数字技术推动产业数字化和数字产业化

产业创新能力不断增强，是现代产业体系加速形成的核心。产业创新能力不断增强主要表现在科技创新、产品和服务创新、制度和管理创新、协同创新、创新文化和组织氛围方面。关键核心技术攻关不断取得突破，高素质人才不断积聚，成为产业创新核心力量。

新疆聚焦重点产业发展，着力解决关键核心技术问题，促进油气、煤炭、战略性矿产资源勘探开发利用，在太阳能、风能、特高压输变电、硅基新材料、棉花生产、马品种改良培育、高效节水、创新药研制等领域保持领先优势，成功创建阿克苏阿拉尔国家高新区，实现南疆国家级高新区“零”的突破。加快以纺织服装、新能源新材料、精细化工、高端装备制造为主的特色产业发展，怀柔实验室新疆基地揭牌，成功创建昌吉国家农业高新技术产业示范区，库尔勒市成功创建全国首批创新型县（市），光伏材料与电池全国重点实验室获批建设。“两院”院士牵头的智能装备研究院、枣产业发展研究院落地新疆，与中国气象局共建新疆空中云水资源开发利用创新研究院，科技创新赋能产业高质量发展环境进一步形成。① 聚焦油气、煤炭、矿产等特色优

① “新疆推进高质量发展”系列主题新闻发布会第十一场：“加快推进特色优势产业高质量发展 积极构建新疆特色现代化产业体系”新闻发布会，中华人民共和国国务院新闻办公室，http://www.scio.gov.cn/xwfb/dfxwfb/gssfbh/xj_13856/202309/t20230925_770869.html，最后访问日期：2023-10-09。

势产业实施重大科技项目 126 项。大力推进企业科技创新，新增国家级专精特新“小巨人”企业 9 家、高新技术企业 529 家，分别增长 21.4%、38.7%；新增自治区企业技术中心 85 家。推动科技成果转化应用，技术合同成交额达 73.73 亿元、增长 129.8%。

围绕“八大产业集群”和特色产业领域，新疆将人才建设与产业发展同步规划、与科技创新同步实施，大力实施“2+5”重点人才计划，打造“八大产业集群”人才链。2023 年，新疆首批认定 14 家产业创新研究院，这些产业创新研究院的牵头企业均是“八大产业集群”产业链主或行业龙头企业。聘请 20 余名院士和 250 余名行业专家人才，在创新生态、关键技术研发、推动技术成果转移转化、深化创新体制机制改革等方面重点发力。支持培养引进高层次人才 5600 余人，柔性引进各类高层次人才和急需紧缺人才 9427 人，新增高技能人才 3 万人。

产业融合化集群化发展，产业经济效益稳步增长，绿色产业发展势头明显，节能低碳成效显著，新发展理念引领下的高质量发展特征日趋强劲。构建具有新疆区域和地方特色的现代化产业体系，围绕重点领域、重点产业、关键环节，谋划重点产业延链、补链、强链，以重点项目带动为手段，精准招商，一产带一链，一链兴一群，由分散向集群，推动产业数字化、数字产业化。

（四）加大全方位开放力度促进丝绸之路经济带核心区建设进程

定位于打造亚欧黄金通道和向西开放的桥头堡，加快推进丝绸之路经济带核心区建设。紧紧围绕“一港、两区、五大中心、口岸经济带”建设，以自贸试验区设立为契机，打造内陆开放和沿边开放新高地。

2023 年，新疆实现外贸进出口总额 3573.3 亿元，增速位居全国第二，引进区外到位资金增长 16.5%，实际利用外资增长 48.3%。过境中欧（中亚）班列 14397 列、增长 8.5%，占全国一半以上；始发班列 1517 列、增长 5.3%。恢复、新开乌鲁木齐至 13 个国家 16 个城市国际定期客运航班，实现中亚五国全覆盖。2023（中国）亚欧商品贸易博览会规模和成效创历史新高。

喀什、霍尔果斯经济开发区新一轮总体发展规划获批实施，“两区”进出口贸易额分别增长 67.5%、79.4%，招商引资到位资金分别增长 53.56%、17%。4 个综合保税区贸易额增长 71.4%，占新疆外贸总额的 40.8%，跨境电商贸易额增长 61.8%。全国首创的“公路口岸+属地直通”模式在阿拉山口口岸正式运行，通关成本下降60%、时间缩短90%。塔城重点开发开放试验区建设稳步推进。

四、2023—2024年新疆经济高质量发展主要问题

国际国内发展环境更趋复杂，在不稳定性、不确定性和不安全性日益显现的内外环境中，新疆高质量发展也面临现实挑战和发展困境。新疆经济发展固有制约因素营商环境改善程度不足，现代化产业体系发展滞后，制造业发展能力弱、产业结构不优、产业链短、竞争力不强问题存在，民生领域仍有一系列短板问题，生态环境保护治理压力较大，数字政府建设差距尚大，干部指导经济发展能力和工作水平有待提升，压力大和能力弱双重桎梏导致基层治理难度大。

（一）以进促稳信心不强，先立后破创新不足

国家在2023年中央经济工作会议上指出“有效需求不足、部分行业产能过剩、社会预期偏弱、风险隐患仍然较多”经济发展四重压力问题，并提出“稳中求进、以进促稳、先立后破”。“稳中求进”，是习近平总书记多次强调的工作总基调，是近些年来中央经济工作会议都会提出的经济工作要求；既要保持宏观经济政策基本稳定，经济运行平稳发展，又要牢牢把握和利用好发展的机遇，在量的增长和质效的提升上取得新进展、新突破和新成效。“以进促稳”，在“稳预期、稳增长、稳就业”3个方面“促稳”中强调“进”的方向和手段，即要转方式、调结构、提质量、增效益地高质量发展。“先立后破”，即要逐步实现，防范风险，先有成效，后疏焦点，不能脱离实际、急于求成。在重要的“进”上，市场信心和企业信心不足，市场规模相对较小，消费能力较弱，市场需求不足以支撑大规模的实体经济发展；企业信心不足，资金、人力资源等投入少，观望态度显著，内部也存在科技创新水平相对较低、企业技术能力和研发投入有限、缺乏核心技术和创新能力等问题，极大地限制了实体经济的升级和转型。同时，由于资金供给不平衡，实体经济发展也不均衡。在寻求新市场新机遇中，针对聚焦新发展理念、新发展动能、新发展模式，实体经济应对方式较为保守，缺乏创新意识和能力，“立”不稳继而难以“破”到位。

（二）推动实体经济发展成效仍显不足

加快构建以国内大循环为主体、国内国际双循环相互促进的新发展格局

的重要内容是实现实体经济高质量发展。当前推进实体经济发展的困境之一在于实体经济生产经营成本过高，在物流成本方面，因新疆远离国内大市场，运输距离长，运输成本高，运输效率低，物流信息化不足，以及仓储成本、包装费用、进入市场、管理成本等支出因素，造成实体经济运行成本显著增加。推进实体经济发展的困境之二在于新疆市场需求明显不足，企业预期不强，开拓国内外双循环市场难度大，竞争力不足。企业转型升级、开拓内生发展动力不足，规模企业重资本投入，资源要素驱动型向科学技术创新驱动型方向转变仍较缓慢，重大项目和龙头企业的拉动作用成效仍需一定过程，传统产业和中小企业数字化转型成效仍有待提高。同时，数字化、智能化发展趋势与用工减少、解决就业和提高收入难度增大之间的矛盾显现。新疆能源资源丰富，但水资源、土地资源相对空间失衡，同时环保压力越来越大，能源产业发展限制性指标严格。由于新疆肩负生态环境保护重任与国家能源战略基地重任，企业等待项目落地时间长、成本高。推进实体经济发展的困境之三在于实体经济资金供给不平衡，一方面，中小微企业难以获得足够的融资支持，制约发展；另一方面，一些行业和地区存在过度融资和债务风险，需要进行风险防控和去杠杆化。

（三）人才强区战略实施力度不足，人口发展和人才政策有待优化

新疆大力实施人才强区战略，将人才工作摆在前所未有的战略高度，坚持人才引领驱动高质量发展。但是，当前高素质、高技能的人才支撑不足，人才供需不匹配现象仍存在。一方面，新疆高端人才、优秀人才，特别是体制内骨干人才的流失趋势虽有抑制，但是人才流失和人才引进难度较大仍表现明显。在全国大学生就业压力大的局面下，新疆仍难以吸引优秀毕业生入疆工作，新疆自我培养和培育的人才流失明显，从另一个方面显现出新疆人才综合环境与全国其他省份相比差距仍较明显，高层次人才和专业人才需求大，但吸引难度大，制约了新疆的发展创新能力和竞争力。因此需要加大人才引进和培养力度，提高资金保障能力，增强人才吸引力和留用率。另一方面，新疆人口空间分布具有一定的稳定性，人口流动性对比全国其他省份弱，人口聚集难度大，有效市场形成难度大，同时又面临水资源空间分布的制约，因此，如何进一步吸引大量人口、引进大量人才，提升新疆人才强区战略实施成效，是当前的重点工作。

（四）改革创新执行力、有效性仍有待提升

大胆探索、先行先试是改革创新的重要表现。新疆改革创新能力有待提升，难以提供切实可行的改革方案和制度设计。当前，对于经济发展某些领域、某些行业，缺乏对未来变化和挑战的前瞻性和预见性，特别是基层指导经济工作的干部队伍不强，思想较为保守，制度创新意识不强，难以应对复杂多变的问题和需求变化，对制度法治的敬畏心和执行力不够，各方合作和协同能力不足，信息共享能力弱，共情能力不足。各利益相关方往往仅关注自身，缺乏有效的协调机制和合作平台，难以达成共识和合作，制度创新难以推进和落地。同时，改革需要魄力；需要加强制度设计和研究的能力建设，培养创新思维和创新能力；需要容错纠错，建立容错纠错机制，宽容干部在工作中特别是改革创新中的失误；需要在改革任务清单中突出协作、突出成效、突出改革合力。执行力不到位、信息公开透明度不高，缺乏有效的监督和评估机制以及资金和资源不足等，导致改革措施、政策建议无法得到有效贯彻的情况时有发生。

（五）发展优势转化为经济成效仍有差距

新疆是丝绸之路经济带核心区，2023 年又被定位为中国自由贸易试验区，借助地缘优势、政策优势、资源优势及经济发展积淀，新疆在对内对外开发开放及发挥核心区功能与作用方面取得了明显的发展成绩。但回顾发展期望与现实发展成效，对比全国其他借助“一带一路”省区开放发展历程，新疆将经济发展优势转化为发展成效的能力仍需进一步提升，核心区发展实力与功能定位匹配度仍需提高。

新疆具有发展文化旅游的显著优势，旅游强区战略推进强劲，各项各类优惠政策、促进发展政策不断出台，文化旅游具有较高知名度和影响力。但是，新疆全面把握文化旅游发展黄金期的能力亟待提升。特别是 2024 年初，新疆加大旅游宣传力度，各地都期望成为继“淄博”“哈尔滨”之后的热点旅游“网红”城市，但“自家人劝退”引发网络热议，网友借助各类自媒体平台对新疆冬季旅游发展产生舆情影响。网民对日常生活“物价高、收费高”等生活成本高的反映，成为新疆难以出现旅游热点“打卡”城市的重要因素。这体现出，第一，新疆文旅融合发展方面，综合因素作用下的总体发展环境仍存在短板，民生领域诸如物价较高、收费较高、运输成本较高等一系列成

本问题比较突出；第二，政府在舆情出现后的应对举措有待精进，快速响应防止舆情发酵、人文关怀引导舆论导向、增强共情能力、提升宣传水平等方面的能力有待进一步提高；第三，政府在加强政通人和、以民为本的落实举措和宣传能力等方面仍须不断提升。如何应对新疆文化旅游季节性突出，提高接待能力和接待水平、提升服务质量，以及做好旅游网络舆情回应、加强自媒体时代下网络传播创新促进新疆文化旅游发展，是对当前各级政府治理能力的挑战和检验。

五、促进新疆经济高质量发展的对策建议

2023 年是新疆 3 年新冠疫情防控后经济恢复发展之年。新疆把坚持高质量发展作为新时代的硬道理，完整准确全面贯彻新发展理念，推动经济实现质的有效提升和量的合理增长，着力破解上述发展难题，在时代给予的新发展机遇中，努力推动新疆经济高质量发展。

（一）再论解放思想，奋力开创经济社会发展良好环境

习近平总书记多次强调，中国特色社会主义不能停滞不前，我们要不断解放思想、实事求是，始终做到与时俱进，不断深化对中国特色社会主义实践的规律性认识，以实践升华理论，以理论指导实践。面对人民群众新期待，我们必须坚定改革开放信心，以更大的政治勇气和智慧、更有力的措施和办法推进改革开放，进一步解放思想、解放和发展社会生产力、解放和增强社会创造活力。

解放思想，依法是提升治理水平的关键。步入新发展阶段，站在新的历史起点上，重新审视解放思想意义重大。解放思想，破除束缚生产力发展和社会活力释放的落后思想观念和体制机制。当前，新疆经济社会发展建设进入新时期，依法治疆、依法执政、依法行政是新时代党的治疆方略的重要内容，要把依法治疆摆在更加突出的位置。

解放思想，高度重视激励广大干部担当作为是提高工作成效的关键。解放思想，需要再次激发干部特区精神，敢闯、敢试、敢破难题，不断破除体制机制弊端，大力推进制度集成创新。要再次深入学习习近平总书记关于“三个区分开来”的重要要求，为干事创业划定底线。2018 年，自治区党委印发《贯彻落实〈关于进一步激励广大干部新时代新担当新作为的意见〉的实施意见》，建议自治区出台“关于落实容错纠错机制激励干部担当作为的实

施办法”，梳理过往典型案例，切实为敢于担当的干部撑腰鼓劲，真正落实好用容错机制激发干部积极性，凝聚形成创新创业的强大合力，积极营造为敢于担当、踏实做事的干部撑腰鼓劲的良好氛围。

解放思想，实事求是的态度、务实落实的作风和不断激发的干劲是推进发展的关键。当前，要以解放思想激发新担当、新作为，树立敢想敢干、敢为人先的意识，要具有以新的思想、新的观念、新的方法解决经济发展难题的能力。“依据政策、按照规定”不是故步自封、循规蹈矩的理由和借口，“解决问题、实现发展”才是目标和方向。这就需要政府、企业、干部、创业者等众多领域的参与者，以敢试、敢闯、敢干的精神，切实发挥发展经济的能力和干劲，提升市场整体活力和竞争力。

（二）紧抓发展机遇，以自贸区建设引领更高水平开放

自由贸易试验区是新时代推进改革开放的最高综合试验平台，其最大功能是改革创新和促进发展，力图通过试点政策措施和改革实践，打造一个开放、包容、灵活、高效、法治、充满活力的经济环境，进一步推动贸易自由化、投资便利化和市场开放化，这也是丝绸之路经济带核心区建设取得更大成效和全面提升的坚实基础和动力源泉。

“制度创新”是一个老问题，更是一个新考题。制度创新的重要性和巨大成效不言而喻，老问题不断得到改善或解决，但面临的新形势、新考验又成为难啃的骨头和必须回答好的考题。新疆历来是优惠政策高地，国家大规模的援助支持、自有的区位优势和各类资源优势，以及自身努力发展形成的产业优势等，都是“政策高地”的基石。但制度创新仍需付出更多的努力，要注意避免碎片化的修修补补，避免在“放管服”等领域的改革中过于关注程序性和技术性的便利化措施，避免过度纠结于政策补贴，要因地制宜、要关键核心、要系统性和集成性，因此改革难度大、挑战多。在扩大开发开放举措，夯实软性基础设施建设，统筹协调及联动发力，提升政策效能和效力，拓展疆内市场、国内市场及周边国际市场，以及在新能源新材料等关键重大领域方面，制度创新仍任重道远，须开拓进取、攻坚克难。

全面做好新疆外贸、外包、引资新篇章。立足资源优势、产业优势和政策优势，新疆要挖掘并完成好“制度创新”这一关键核心任务，做大做强对外贸易，进一步提升新疆对全国进出口贸易的贡献率，特别是注重增强本地企业发展外经外贸能力，提高本地企业自有产品进出口贸易额占比，切实不

断提升由过货通道向重要枢纽转变的成效。要加大招商引资和推介扶持力度，对内做好企业引得来、有效益、留得住；对外做到企业走得出去、有市场、可融入、能持续发展。充分用好新疆在石油、天然气、输变电装备、新能源装备、农牧机械及农产品加工装备、能源及化工装备等领域的技术优势和人才优势，发展对周边国家的高技术制造业和现代生产性服务业的外贸外包业务。

统筹优势、综合发力、联动发展。在全国 22 个自由贸易试验区中，新疆自由贸易试验区实施范围是除海南省外面积最大的，其中包括乌鲁木齐、喀什和霍尔果斯三大片区，这三大片区之间距离远，但内嵌开发开放平台多，如综合保税区、中哈霍尔果斯国际边境合作中心、边境口岸、航空口岸、边民互市、国家级各类产业园区、物流园区等。因此，在这里可形成三个层次的联动发展关系，第一层次是每个片区要充分用好已有开发开放平台优势，联动好自贸试验区片区与开发开放平台共强共促发展；第二层次是三大片区间集聚优势联动发展；第三层次是新疆自由贸易试验区与全国已经建立的 21 个自由贸易试验区间的联动发展。从机制上，可建立定期、不定期的交流研讨、互帮互学互鉴机制。从发展上，推动产业链供应链联动发展，形成错位发展、集强联合发展或其他共促发展模式。从目标上，建立利益、责任、命运共同体，形成可持续联动发展。

中国自由贸易试验区建设已进入“实施自由贸易试验区提升战略”阶段，新疆自由贸易试验区建设，既要学习先进经验、成功案例，又要因地制宜、勇当改革创新试验田，开启新疆改革开放新篇章，为完成“推动贸易创新发展、打造开放型特色产业体系、深化金融服务、建设综合物流枢纽、引领向西开放”等重要任务不懈努力，加快实现“建成营商环境优良、投资贸易便利、优势产业集聚、要素资源共享、管理协同高效、辐射带动作用突出的高标准高质量”发展目标，为丝绸之路经济带核心区建设全面提升提供新动能，为坚定不移推进共建“一带一路”高质量发展走深、走实贡献新疆力量注入新活力。

（三）重视集聚人口，深入实施人才强区，稳定人才供给

人口的数量、结构和素质决定了一个国家的发展潜力和竞争实力。实现高质量发展需要充分利用规模效应和有效人力资本支持。人力资源是经济发展的基石，加快打造人才聚集中心是当前亟须完成的重要任务。

高质量发展需要规模性、有效性人力资本的支撑。人力资源是一切经济发展要素的基础，下大力气快速形成人口聚集高地是当前需要迫切解决的突出问题。进入“十四五”发展新时期，全国实施了如火如荼的人才抢夺战略，人才竞争形成的紧迫感和压力感对于新疆而言仍显不足；在人口稳定及人才引进问题上，突破性、创新性成效仍不显著。建议在全面放开放宽落户条件、高度促进经济发展要素自由便捷流动的当代，取消限制人口流动的政策，大力促进更加充分的人口流动。要高度重视人口规模空间集聚的重要性，大力实行突破性政策，以激励、开放为特点的政策，正向引导，稳住人口规模，提升人才有效供给。同时，在促进人口规模大幅提升的前提下，大幅提高新疆的工资标准及待遇，建立牢固的稳定新疆人口的物质基础。建立经济、教育、医疗、住房、就业等全面的、多方位的、全覆盖的、多保障的综合体系下的人才引进制度，切实改变高层次人才、体制内人才流失现状。特别是大力推动政府部门间协调协作，切实促进有政策、无执行或难执行、难落实的“无效政策”的顺利实施。通过综合施策和深化改革，引进人才并留住人才。特别是在促进产业化人才体系建设上，优化人才环境，切实做好引进人才、留住人才工作。优化人才政策，制定和完善人才引进和留住的政策措施，明确税收优惠、住房补贴、子女教育等福利待遇，吸引高端人才和急需紧缺人才。加强人才引进，积极开展人才招聘和引进工作，通过与高校合作、人才洽谈会、招聘会等渠道，吸引国内外优秀人才进入新疆工作和创业。完善人才发展环境，为人才提供良好的工作和生活环境，包括完善的基础设施、优质的教育医疗资源、丰富的文化娱乐活动等，提高人才的生活质量和满意度。加大对人才培养的投入，建设一流的高等教育机构和研究机构，提供高质量的教育和培训，培养适应产业发展需要的高素质人才。加强人才交流与合作，促进人才的共享和合作。进一步推动职称领域改革，建立健全人才评价、激励和管理机制，为人才提供广阔的发展空间和晋升机会；制定科学的职业发展规划，鼓励人才创新创业，激发人才的工作动力和创造力。加强人才服务与管理，提供个性化的人才服务，关心和支持人才的成长和发展，营造良好的工作氛围和团队合作环境，切实打造产业体系人才队伍。

（四）再谈“新疆制造”，全力构筑新发展格局下中国西部进口加工基地

新疆具有显著的开发开放综合优势及经济发展基础，对内对外经贸发展成效明显。但自身制造业特别是“新疆制造”发展，与全国先进省区相比，

差距日趋加大，特别是传统优势进出口加工制造业萎缩明显。新疆拥有各类口岸、经济开发区、开发开放区、综合保税区、跨境电商综合试验区、市场采购贸易方式试点等众多开发开放平台，大力引进企业、发展落地加工的历程，并没有使过货贸易、过货通道按照优势转化理论演变发展为通道经济、口岸经济。因此，在加快构建以国内大循环为主体、国内国际双循环相互促进的新发展格局中，必须再谈“新疆制造”，必须提升新疆企业自我发展能力，建设“一带一路”核心区制造业基地，实现制造业强区的战略目标，全力构筑新发展格局下中国西部进口加工基地。

因地制宜做好顶层设计，优化政策环境，制定打造中国西部地区进口加工基地的相关规划和税收优惠、土地、人才引进等政策，明确发展方向和目标，以财政资金支持、税收优惠、创新创业扶持等系列政策引导东部地区企业和跨国企业将加工业务转移到新疆，实现产业空间集聚和优化。大力促进贸易便利化，简化进出口手续、优化口岸通关流程，提高作为西部地区进口加工基地的贸易便利程度。确保政策的连续性和稳定性，为企业提供长期可预期的发展环境。

振兴实体经济，筑牢构建现代化产业体系根基，在信息化、数字化、智能化、智慧化不断涌现的时代，发展好制造业、引领好创新驱动、运用好关键技术，切实破除实体经济发展困境。鼓励并支持企业加大技术研发和创新投入，提升科技创新引领能力；鼓励企业与科研机构、高校等建立紧密的合作关系，加强产学研合作。加强技术创新和研发能力，推动科技成果转化，促进科技与制造业的深度融合。改善营商环境，优化企业注册、审批和办理手续，降低制度性交易成本，提高企业投资和运营的便利性。加强对企业的政策支持，提供税收优惠和财政补贴等激励措施，切实提振企业信心。

立足重要枢纽，布局物流体系。新疆立足构建国内国际双循环的重要枢纽和创建亚欧黄金通道的重要枢纽的发展定位，加快推进现代物流体系建设。首先是加强基础设施硬联通。加快公路、铁路、航空、信息基础设施互联互通，形成承东启西、连接欧亚的现代化综合立体交通网络体系。其次是借助国家物流枢纽体系建设，加快疆内各等级物流枢纽发展，完善流通加工、包装、信息服务、物流金融等物流服务，构建“通道+枢纽+网络”的物流运行体系。最后是进一步加强与对口援疆省市合作，在全国范围内及周边国家谋划并建立“为疆服务”的物流枢纽基地，形成能进一步承接新疆产品、拓展新疆市场的物流基地或周转中心，特别是可将新疆打造为国内大循环的沿线国家进口产品的生产加工基地和新疆品牌化产品的供给基地。

（五）降低各类成本，打造便利化、低成本化现代化基础设施体系

运营成本高是制约新疆经济高质量发展的重要因素。切实降低各类运行成本，补齐经济社会发展的短板，打造现代化基础设施体系，使其实现成熟化、便利化、低成本化。第一，加强高速公路、铁路、航空、口岸等交通运输基础设施及相关的物流和运输网络建设，提升高效、便捷和安全的交通运输服务能力，促进地区间、城乡间的连接与交流。其中，降低交通网络、运输网络、物流网络间各项运营费用，是实现降低成本的重点和难点。第二，加强通信网络、互联网、数据中心等信息技术设施建设，以及相关的通信设备和服务的信息通信基础设施建设。促进数字经济和信息化的发展，使网络信息设施能够提供快速、稳定和安全的信息传输和通信服务。第三，打造电力、石油、天然气等能源的生产、输送和分配设施，以及相关的能源储存和转换设备等能源基础设施，为经济和社会发展提供可靠的能源供应，推动清洁能源的开发和利用。第四，加强诸如水库、水厂、供水管网、排水系统等水资源和水环境管理设施建设，以及相关的灌溉和防洪设施的水利基础设施建设，保障水资源的可持续利用和安全供应，提高水资源的利用效率和环境保护水平。第五，加强教育、医疗、文化、体育、社会福利等公共服务设施建设，满足诸如公园、广场、道路照明等社会基础设施的服务需求，切实提供公共服务和社会福利，提升居民生活质量和城市环境品质。第六，加大环境保护基础设施建设力度，建设污水处理厂、垃圾处理设施、环境监测设备等环境保护设施，制定相关的环境管理和保护措施，减少环境污染、保护生态环境，推动可持续发展和生态文明建设。

（六）更高水平开放，推进丝绸之路经济带核心区建设高质量发展

新疆区位优势明显，但与周边国家及“一带一路”国家实现更高水平开放，仍任重道远。原本计划在 2023 年动工建设的中吉乌铁路依旧没能如愿推进发展；中哈第三条跨境铁路建设仍在万般期待之中。这说明，新疆与周边国家合作发展仍有制约因素。在中国与俄罗斯经贸开启崭新时代的历史背景下，新疆是中国西北唯一与俄罗斯接壤的省区，大力开拓中国新疆与俄罗斯经贸合作，具有务实合作的时代背景和现实机遇。因此，要像 2023 年 8 月习近平总书记再次莅临新疆时强调的“新疆面临新机遇，要有新作为”，新疆

要“实施更加主动的开放战略，深化与周边国家务实合作”。

建议新疆进一步加强与周边国家经贸往来，继续加大与俄罗斯阿尔泰边疆区、图瓦共和国等合作交流力度，加强友好合作对话，用好中俄哈蒙阿尔泰区域科技与经济合作机制，进一步实现“四国六方”在科技、经贸、交通、教育、文化、旅游等领域广泛合作。特别是建议新疆在立足全国，服务和融入新发展格局中高质量推进经济发展的现实需要下，紧抓“窗口期”稍纵即逝的机遇，在乌鲁木齐设立中俄科技产业园（及阿勒泰中俄科技产业飞地园区），集中全疆经济发展条件最好区域的一切优势，吸引国内大市场及俄罗斯的优质企业、科技力量、高层次人才、资金在乌鲁木齐中俄科技产业园落户办企业，利用阿勒泰市区位优势及人力资本、土地成本、资源富集等便利条件，打造“对俄门户”，提升科技支撑当地产业发展的力度和水平，开创新疆及阿勒泰地区开发开放新局面，切实落实习近平总书记对新疆“要有新作为”的殷切期望，切实落实“从实际出发抓好对外开放工作”。

乌鲁木齐中俄科技产业园将在促进科技创新合作、促进技术转移和共享、搭建创新创业平台、加强人才培养合作、推动产业升级与转型、推动跨境合作项目、打造创新生态系统、推动技术标准和规范的统一、完善金融与投资等方面综合施策、集中发力，使乌鲁木齐中俄科技产业园成为创新创业的热土，吸引更多的科技企业和创业者入驻，推动新疆科技创新、经济发展和社会进步。

同时，推进丝绸之路经济带核心区建设，是在综合优势上充分利用好建设自由贸易试验区的重大机遇，为新疆打造新时代改革开放新高地提供更为有力的支撑。新疆自由贸易试验区建设以开放为引领，以制度创新为核心，对标最高标准、最好水平，大胆试、大胆闯、自主改，深入开展差别化探索，处理好政府和市场的关系问题，寻求转变政府职能新途径，为全面深化改革和扩大开放探索新途径、积累新经验，充分发挥示范带动、服务全国的积极作用。简言之，制度创新是核心，政府职能转变是关键。制度创新精准化集成化系统化、政府职能转变和治理能力提升是当前高质量推进新疆自由贸易试验区建设的重中之重。

2024 年是新中国成立 75 周年，是实施“十四五”规划目标任务的冲刺关键年。新疆经济高质量发展是充分发挥新疆在国家发展大局中战略定位作用的坚强保障，切实增强经济活力，增进民生福祉，我们肩负责任，任重道远，更需砥砺前行。

2023年12月，中央经济工作会议明确提出，要以科技创新推动产业创新，特别是以颠覆性技术和前沿技术催生新产业、新模式、新动能，发展新质生产力。2024年，习近平总书记再次强调，发展新质生产力是推动高质量发展的内在要求和重要着力点，是《政府工作报告》提出的首个工作任务。“因地制宜发展新质生产力”是新疆2024年经济高质量发展的必然选择，也可能是新疆经济实现新突破的巨大动力源泉。深入分析新疆资源禀赋、市场需求和产业基础，力争在东数西算、产业智能化改造和数字化转型、智慧城市建设、加强物流体系建设、更高水平开发开放等领域展现新质生产力的巨大增长动力。

第二篇

分 报 告

第二章　创新驱动引领新疆经济高质量发展报告

马欣薇[①]

摘　要：当前，新疆正处于高质量发展的关键期，把科技创新置于新疆发展全局的核心位置，不仅是顺应时代发展趋势的必然选择，也是应对当前经济发展形势的根本之策。自新疆深入实施创新驱动发展战略以来，围绕“八大产业集群”和特色优势领域，新疆科技创新不断迈上新台阶，丝绸之路经济带创新驱动发展试验区、乌昌石国家自主创新示范区持续推进，阿克苏阿拉尔高新区、怀柔实验室新疆基地先后揭牌，等等。但仍存在科技创新体制机制和环境亟待优化、自主创新能力薄弱等现实问题制约新疆经济高质量发展。因此，新疆要根据发展战略和资源禀赋强化顶层设计，统筹科创资源；培育创新主体，推动产业发展；加大科研投入，完善金融服务；做好人才发展规划，营造良好发展环境；促进产学研协同创新，加快科技成果转化等。

关键词：创新驱动；高质量发展；新疆

面对世界发展动荡期，为确保中华民族伟大复兴的正确道路行稳致远，党中央审时度势作出高质量发展的重大战略决策。新疆积极响应并深入贯彻党中央关于高质量发展的战略决策。在习近平新时代中国特色社会主义思想的指导下，新疆紧密围绕创新驱动发展战略，坚持把科技创新作为推动经济社会高质量发展的重要引擎，在实践中深刻理解“高质量发展”的内涵，致力于满足各族人民对美好生活的向往，以创新为第一动力，积极推进经济、社会、生态等多领域的协调发展。习近平总书记在党的二十大会议上着重强调了高质量发展的重要性，“高质量发展是全面建设社会主义现代化国家的首

---

① 马欣薇，新疆社会科学院经济研究所研究实习员。研究方向：区域经济和区域金融。

要任务，是实现中国式现代化的本质要求之一”①。习近平总书记强调，加快实现高水平科技自立自强，是推动高质量发展的必由之路②。创新可解决发展的动力问题，是牵动发展全局的“牛鼻子”。新疆以实际行动响应国家号召，着力强化科技创新能力，持续推动科技成果转移转化，不断提升产业链现代化水平，以实现更高层次、更高质量的发展，确保中华民族伟大复兴之路在新疆行稳致远。

一、2023—2024 年新疆创新驱动发展总体思路与现状

党的十八大提出创新驱动发展战略后，创新就成为新疆经济高质量发展的主要驱动力之一。为实现经济转型发展，新疆加快实施创新驱动战略，不断提升创新驱动对经济发展的推动作用，把创新发展作为提升新疆科技实力、增强区域竞争力的重要法宝。在全面贯彻党的二十大精神的开局之年，新疆正吹响以创新驱动引领经济高质量发展的冲锋号角，奋力书写新时代高质量发展的新篇章。

（一）新疆创新驱动发展总体思路

当前，新疆正处于经济转型发展的关键节点，产业结构调整和增长动能转换的需求尤为迫切，面临由传统发展方式向创新驱动型发展模式的深刻转变。2023 年 8 月 26 日，习近平总书记在听取自治区和兵团工作汇报时明确强调，要构建新发展格局、推动高质量发展、推进中国式现代化，新疆面临新机遇，要有新作为。要立足资源禀赋、区位优势和产业基础，大力推进科技创新，推动新疆迈上高质量发展的轨道，同全国一道全面建设社会主义现代化国家③。新疆秉持高度的政治责任感和历史使命感，坚决贯彻落实以习近平同志为核心的党中央关于科技创新与高质量发展的系列战略部署，完整准确

① 《习近平：高举中国特色社会主义伟大旗帜　为全面建设社会主义现代化国家而团结奋斗：在中国共产党第二十次全国代表大会上的报告》，新华网，https：//baijiahao. baidu. com/s?id=1747666968337407608&wfr=spider&for=pc，最后访问日期：2023-10-19。

② 《习近平在参加江苏代表团审议时强调牢牢把握高质量发展这个首要任务》，中国政府网，https：//www. gov. cn/xinwen/2023-03/05/content_5744877. htm，最后访问日期：2023-10-19。

③ 《习近平在听取新疆维吾尔自治区党委和政府、新疆生产建设兵团工作汇报时强调：牢牢把握新疆在国家全局中的战略定位　在中国式现代化进程中更好建设美丽新疆》，新疆维吾尔自治区人民政府网，http：//www. xinjiang. gov. cn/xinjiang/xwtt/202308/47ee7278817e4091bd46332a694643ee. shtml，最后访问日期：2023-10-19。

全面贯彻新时代党的治疆方略，紧密贴合新疆实际，大力实施科教兴疆、人才强区及创新驱动发展战略，通过多维度和深层次的改革，为新疆高质量发展提供科技和人才保障。加快步伐建设成为创新型新疆，致力于实现科技自立自强，以科技创新驱动经济社会全面高质量发展，实现新疆社会稳定和长治久安，在中国式现代化进程中更好地建设美丽新疆。

（二）新疆创新驱动发展现状

在新发展阶段，新疆锚定高质量发展目标定位，深入实施创新驱动战略，将创新摆在新疆发展全局的核心位置，多项重点工作顺利开启并取得重大进展，通过完善政策制度、加大创新投入、强化企业主体地位等措施不断助力开创新疆科技创新工作的新局面。

1. 完善政策制度，优化创新环境

新疆高度重视创新驱动发展工作，致力于打造良好健康的创新环境，为提升新疆自主创新能力提供重要保障。

完善政策制度。2022 年 6 月，自治区党委和政府为了全面强化科技创新在推动新疆经济社会高质量发展中的核心作用，联合印发并实施了《关于强化科技创新支撑引领作用　推动新疆经济社会高质量发展的意见》（以下简称“科技创新 26 条”）。这一举措旨在从六大关键领域深化科技体制改革与政策优化：一是加强高质量科技供给，确保科研成果能够有效服务于新疆产业发展需求；二是增强科技战略支撑，提升对重大战略任务的科技保障水平；三是强化企业创新主体地位，鼓励和支持企业加大研发投入，构建产学研紧密结合的技术创新体系；四是培育集聚科技人才，通过政策引导促进高层次人才引进、培养和使用；五是加大科技投入力度，优化财政资金配置，拓宽多元化科技投融资渠道；六是营造良好创新生态环境，包括营商环境、市场氛围及法治保障等。2023 年 5 月，在自治区党委十届八次会议上，审议通过了《中共新疆维吾尔自治区委员会　新疆维吾尔自治区人民政府关于深入学习贯彻习近平新时代中国特色社会主义思想　推动新疆经济社会高质量发展行动方案（2023—2025 年）》和《中共新疆维吾尔自治区委员会　新疆维吾尔自治区人民政府关于促进南疆高质量发展的若干政策措施》，用好“四方合作”机制，推行重大科技项目“揭榜挂帅”“赛马”等机制，积极推动“组团式”科技援疆。2022 年、2023 年，自治区科技厅研究制定了《新疆维吾尔自治区科研信用评价实施细则（试行）》《新疆维吾尔自治区实施〈中华人民共和国

促进科技成果转化法〉办法》等一系列提升科学化管理水平的政策文件推动科技创新健康、规范发展。这些新近出台的政策文件进一步丰富和完善了新疆科技创新和整体经济发展的顶层设计，为新疆在未来几年内实现更高质量、更可持续的发展提供了强有力的战略指导和政策支持。其中，特别关注南疆地区的特殊性和发展潜力，以期通过精准施策，推动南疆地区在科技创新驱动下取得更为显著的经济社会发展成就。

加强科技领域立法。为促进新疆科技创新活动的规范有序进行，并为实施创新驱动发展战略提供坚实的法治保障、营造良好的法治环境，启动了对相关政策与法规的修订工作。通过健全和完善相关法规制度，优化科技创新环境，强化知识产权保护，鼓励科技成果转化，支持科研机构和企业创新发展，以及引导和培养高素质科技人才，以适应新时代科技发展的需求和挑战。

2. 加大创新投入，提升科创效能

持续加大财政科技投入。2022 年，新疆科学技术总支出 48.7 亿元，同比增长 13.5%，围绕重大战略任务和重大产业发展部署，推动 41 项重大科技创新成果示范推广运用，支持 153 个重点研发项目和 1075 个科技成果转化项目实施，促进 2081 个创新环境项目建设等；自治区本级财政在 2022 年新增了 20 亿元的科技经费投入，这一举措有力地激发了全社会的研发投入热情，带动了整体研发经费的增长，增长率达到 27.2%，从而成功扭转了过去 5 年逐年下降的发展趋势。自治区本级一般公共预算支出中科学技术总支出同比增长 71.4%，自治区对各地科学技术支出补助 3513 万元，同比增长 14.6%。2023 年一般公共预算支出安排中科学技术支出 26.9 亿元，增长 159.1%[①]，2022 年新疆研究与试验发展（R&D）经费投入 91.0 亿元，占地区生产总值的 0.51%[②]，县级以上政府部门 R&D 经费投入 14.4 亿元。自“科技创新 26 条”提出，到“十四五”末期，计划实现财政科技支出在一般公共预算支出中的比重显著提升，并力争达到国家高质量发展综合绩效评价体系中三类地区的前列水平。开展科研经费“包干制”试点，赋予科研单位和科研人员更多的人、财、物支配权，提升科研创新效益；对历年参加自治区科学技术奖

① 《关于 2022 年自治区预算执行情况和 2023 年自治区预算草案的报告》，新疆维吾尔自治区财政厅网，https：//czt. xinjiang. gov. cn/czt/ghjh/202301/76460d84306d4e1f9660ba07e76d161d. shtml，最后访问日期：2023-10-19。

② 《2022 年全国科技经费投入统计公报》，国家统计局网，http：//www. stats. gov. cn/sj/zxfb/202309/t20230918_1942920. html，最后访问日期：2023-10-19。

评奖但未获奖的 55 项成果重新提名 2023 年度自治区科学技术奖。2022—2023 年新疆对创新型中小企业、“专精特新”中小企业、专精特新“小巨人”企业总计投入资金 9272 万元，其中，6450 万元用于支持“专精特新”中小企业、专精特新“小巨人”企业，2822 万元用于对重点专精特新“小巨人”企业实施奖补。

制订财政科技支出支持计划。加大资金精准扶持力度，对核心技术攻关研究、带动性强的重点技术创新项目和关键技术研发应用的制造业创新中心进行专项财政补助，支持资金采用后补助形式发放，鼓励企业利用自有资金和多种融资渠道加大研发投入，提升关键技术创新能力，持续落实高新技术企业、科技型企业、创新企业的企业研发费用加计扣除等税收优惠政策。

3. 强化企业主体地位，激发创新动力

强化企业主体地位。2023 年，新疆召开的科技创新大会进一步明确了新疆创新驱动发展战略的核心要义，提出了一系列旨在激活企业创新内生动力、优化营商环境和培育优质企业的政策措施。会议强调，必须激发企业内部的创新活力和发展动力，确保各类惠及企业的创新政策得以有效落地执行，通过政策引导和资源配置，促使人才、技术、资金等各种创新要素向企业集聚，以增强企业的技术创新能力。此外，为了营造更加有利于企业发展壮大的环境，还启动了营商环境优化提升三年行动方案，开展市场主体倍增行动，着力培育更多有活力、有竞争力的企业。同时，为了增强民营经济的发展动能，实施民营企业培优工程，针对中小企业推出了优质中小企业梯度培育管理和“专精特新”中小企业倍增培育行动计划，通过一系列政策措施鼓励和支持这类企业在数量和经济效益上取得显著增长。

“专精特新”企业实行动态管理。逐步构建“自治区—国家级—国家重点支持”3 个层面的培育体系，新疆“专精特新”中小企业逐渐成为激发创新、发展本地特色优势产业的重要力量。如图 2-1 所示，截至 2023 年 8 月，新疆已经累计培育了 1143 家自治区创新型中小企业。这些创新型中小企业成为后续进一步发展为自治区“专精特新”中小企业乃至国家级专精特新“小巨人”企业的关键基础和预备力量，是新疆经济实现高质量发展的核心动力之一。654 家自治区“专精特新”中小企业研发投入占营业收入比重达 3.78%，参与或主导了 20 项国家和行业标准的制修订，拥有近 9000 项知识产权。在 51 家国家级专精特新“小巨人”企业中，有国家重点支持专精特新“小巨

人”企业 13 家。国家重点支持专精特新“小巨人”企业均属于工业“四基”发展目录所列重点领域或制造强国战略十大重点产业领域。2022 年，研发总投入 9.1 亿元，平均研发经费支出占营业收入比重达 6.08%，累计获得了发达国家认证 39 项，平均拥有一类知识产权 10.7 项，完成主营业务收入 174.7 亿元，实现利润 27 亿元①。

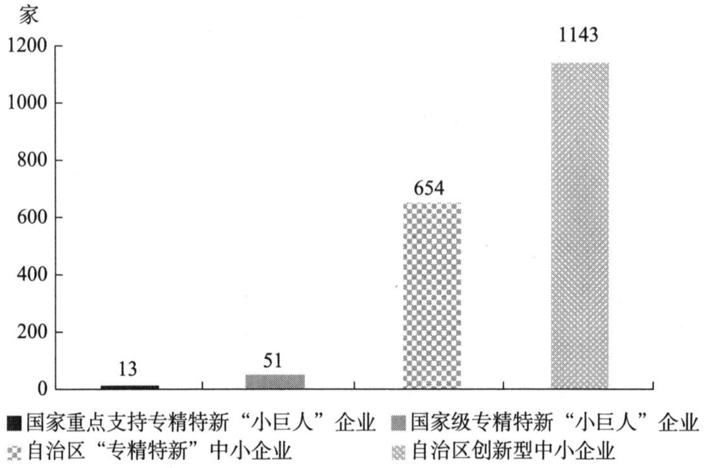

图 2-1　新疆“专精特新”企业数量（截至 2023 年 8 月）

4. 搭建创新平台，服务国家战略需求

建设创新平台能够最大限度地集聚领域内高层次科技人才和创新团队，集聚资源并转化为经济社会发展优势，更好地激发创新活力，提高创新效率，对推动新疆经济社会高质量发展具有重要意义。

搭建创新平台。据统计，截至 2022 年底，新疆拥有县以上部门属的研究与技术开发机构共计 96 个，涵盖多个学科领域的重点实验室 111 个；共有 1368 家企业被认定为高新技术企业，已设立 19 个高新技术产业开发区，其中包括 3 个国家级高新技术产业开发区和 16 个自治区级高新技术产业开发区；共有 60 个星创天地，其中 28 个已被评为国家级星创天地；众创空间的数量也达到了 71 个，其中有 33 个成功跻身国家级行列；共设立了 31 个科技企业

① 《新疆 492 家专精特新中小企业拥有知识产权近 9000 项》，人民网新疆频道，http：//xj.people.com.cn/n2/2023/0904/c186332-40557589.html，最后访问日期：2023-10-19。

孵化器，其中 12 个达到国家级标准①。新疆深入实施创新驱动发展战略，加快培育建设高能级创新平台和载体。2022 年 12 月，克拉玛依高新区升级为国家级高新区；2022 年 4 月，自治区创新大会上明确提出“在南疆布局培育国家级高新区”；2023 年 6 月，阿克苏阿拉尔高新技术产业开发区成功升级为南疆地区首个获得国家级认证的高新区，这一历史性突破不仅是新疆南疆创新驱动高质量发展的重大里程碑，更是兵地合作模式下共同创建国家高新区的成功典范。截至 2023 年 8 月底，新疆共有国家级高新区 5 个，国家高新技术企业 1376 家②，其中，乌鲁木齐市、克拉玛依市、昌吉回族自治州和伊犁哈萨克自治州高新技术企业数量占新疆高新技术企业数量的六成以上。截至 2023 年 8 月，高新技术产业产值占规模以上工业总产值的比重不超过 2%。哈密成为新疆唯一入选 2023—2025 年度创新驱动示范市（区）名单的城市，这是企业科协创新平台的成功典范。

服务国家战略需求。2023 年，怀柔实验室新疆基地、光伏材料与电池全国重点实验室和国家风力发电技术创新中心等高能级创新平台获批建设，重点解决“卡脖子”问题。定位地区特色产业优势，加强基础研究，新疆棉花技术创新中心、水资源高效利用新疆实验室创建工作取得突破性进展。新疆枣产业发展研究院启动揭牌，致力于打造新疆枣产品的国际品牌。2023 年 5 月，新疆青河国家农业科技园区成功升级为国家级农业科技园区。目前，新疆已成功创建 1 个国家农业高新技术产业示范区、10 个国家农业科技园区③。积极参与“一带一路”建设，获批丝绸之路经济带创新驱动发展试验区，组建丝绸之路创新研究院，建成 12 个国家级国际科技合作基地，2 个“一带一路”联合实验室，组织实施 420 个上合组织科技伙伴计划及国际科技合作计划项目，中乌医药科技城助力乌方研制抗疫药品取得重大突破，中塔生物资源保育与可持续利用联合实验室、中哈遥感技术与应用联合实验室列入中国—中亚峰会成果清单。

---

① 《新疆维吾尔自治区 2022 年国民经济和社会发展统计公报》，新疆维吾尔自治区统计局，http://www.xinjiang.gov.cn/xinjiang/tjgb/202303/a527e6eb22524c40bc7fca952a05710e，最后访问日期：2023-10-19。

② 《各省科技企业数量，江苏广东浙江山东湖北位居前五，北京流失较多》，搜狐网，https://www.sohu.com/a/722301024_121304879，最后访问日期：2023-10-19。

③ 《新疆青河国家农业科技园区通过第九批国家农业科技园区验收》，新疆维吾尔自治区科学技术厅网，http://kjt.xinjiang.gov.cn/kjt/c100263/202306/7763dc8d359a42d9a2c8ef6c88451642.shtml，最后访问日期：2023-10-19。

5. 培育创新人才，积蓄创新动能

新疆围绕实施创新驱动发展战略和科技兴疆战略，坚持以党对人才工作的全面领导为根本原则，党委决定由主要领导亲自挂帅担任人才工作领导小组组长，并集结了30家相关成员单位的主要负责同志作为小组成员，形成强大的组织保障体系，在引进、培养、使用及留住人才等各个环节实现全方位布局，为推进新疆高质量发展吸纳高素质干部人才。

设立百亿元人才发展基金。2022年6月，自治区党委和政府印发的《关于加强和改进新时代人才工作的实施意见》明确指出，由自治区和兵团共同筹集100亿元设立新疆人才发展基金。根据自治区经济社会发展的战略需求，明确规定将人才发展资金纳入财政年度预算。此外，鼓励社会各界积极参与，包括各企事业单位、部门和个人，通过捐资等形式支持新疆的人才事业，确保在各部门的工作经费预算中优先安排用于人才培养的专项资金，同时在重大工程项目和科技研发项目中设置专门的人才支持资金。紧扣新疆经济社会发展需要，自治区和兵团大力培养与引进战略科学家、科技领军人才和科技创新团队等高层次人才和创新团队，整合新疆高校、企业和科研机构的创新资源，建设一批科研创新平台、产业创新研究院等重大科研创新平台，以打造自主创新人才示范区。设立资金管理办法，把人才发展基金细分成科研资助经费、科研奖补经费、培养支持经费和生活补助等，坚持资金跟着项目走、项目跟着人才走。

实施“2+5”重点人才计划。该计划以促进人才发展为核心，致力于深度融合产业、学术和研究资源，为新疆在创新驱动战略下实现经济社会高质量发展提供了强有力的人才保障和智力支撑。这一计划紧密聚焦“八大产业集群”发展需求，集中力量推动“天山英才”培养计划、“天池英才”引进计划，以及产业技术创新团队支持计划、科研创新平台人才团队支持计划等5个重大专项人才支持项目。首批“2+5”重点人才计划已成功评选出超过5600名优质人才，并由人才发展基金给予支持，共提供了14.05亿元的资金，3年周期总计支持约27.72亿元。其中，首批引进1063名“天山英才”的领军人才和名师、名家等，以及48个创新团队、838名“天池英才”高层次急需紧缺人才，聘请院士和行业专家人才，组建小麦、核桃等11个产业技术体系专家团队，以及风电、油气等14家产业创新研究院，自治区重点奖补支持192个科研创新平台，面向新疆内外评审出涉及能源装备、新一代信息技术等

27 个重点项目[①]。对于入选“天山英才”“天池英才”计划的个人和团队，一般连续支持 3 年，其中，支持经费的 30% 可用于个人生活补助，作为政府奖金按规定免征个人所得税[②]。

优化人才发展格局。以《关于加强和改进新时代人才工作的实施意见》为指导纲领，从 4 个方面出台 31 项人才改革政策。在推动“授权松绑”方面，制定包括机构设置、岗位评聘等 27 项具体的授权事项清单，提供 1000 个周转编制供满编单位引进急需紧缺人才，同时将引进高层次人才自主权赋予高校和科研院所。在改革人才评价制度方面，完善了人才评价体系，修订了 21 个工程和农技各行业职称评审条件；推动实施了新时代技能人才“新八级”等级制度，允许符合条件的特殊人才直接获得高级职称认定等。在完善人才激励政策方面，进一步改革和完善绩效工资分配机制，对高校、科研机构及医疗卫生机构实行绩效工资动态调整，并针对高层次人才采取绩效工资总量单列等措施。在优化人才发展环境方面，制定了一系列优化人才工作和生活环境的政策，同时研究制定了“疆才卡”管理政策，进一步落实了教育、医疗等多方面的优惠政策及待遇保障。

6. 强化科技惠民，助力产业发展

秉持以人民为中心的发展理念。新疆坚持把人民利益作为党领导经济工作的根本出发点和落脚点，致力于以科技创新改善民生、推动产业发展，不断增强各族人民群众的幸福感、安全感和满足感。

深化科技惠民行动。新疆通过科技创新提升社会治理效能，利用大数据、人工智能等先进技术，着力建设数字政府、智慧城市，加强在社会安全及防震减灾等关键领域的科研攻关和技术研发，提高公共服务效率和透明度，确保公共财产和生命安全得到有力保障。深入实施自治区科协“六大行动”和“南疆科普专项行动”“脱贫攻坚专项行动”等科学素质提升行动和科普重点工程，通过线上线下相结合的科普传播渠道进一步强化科学普及和科技供给，不断提高各族人民群众科学素养。

推动产业发展。新疆农业特色鲜明、优势突出，坚持科技兴农，通过数

---

① 新疆举行“新疆推进高质量发展”系列主题发布会第五场：自治区人才发展与政策新闻发布会，中华人民共和国国务院新闻办公室，http://www.scio.gov.cn/xwfb/dfxwfb/gssfbh/xj_13856/202307/t20230701_718797_m.html，最后访问日期：2023-10-19。

② 《新疆启动“2+5”重点人才计划　首批 5600 多人已入选》，新华社新媒体，https://baijiahao.baidu.com/s?id=1766330273477652111&wfr=spider&for=pc，最后访问日期：2023-10-19。

字化、智能化手段赋能传统农业，充分利用科技创新提升农业生产能力和效率。通过航天育种技术，新疆农业在品种改良、产业提质增效方面取得了显著成效。目前，新疆粮食作物良种覆盖率达98%以上①。与此同时，新疆积极发展智慧农业，将人工智能、卫星遥感、北斗导航等先进技术应用于农业生产的各个环节，推广精准播种技术、智能灌溉系统等现代农业装备和技术，大幅提高了种植业的生产效率和管理水平。打造具有新疆特色的农业发展新业态。通过建设集农业生产、农业科普培训、生态旅游及研学拓展体验于一体的田园综合体，进一步挖掘农业产业链条中的附加值，有效拓宽了农民收入渠道，提高了农业经济效益。

7. 集聚科技资源，推动成果转化

近年来，新疆充分利用自身丰富的资源禀赋和特色优势产业基础，集聚各类科技创新资源，集中力量在关键核心技术领域进行原创性、引领性的攻关活动，尤其致力于解决制约产业发展的“卡脖子”技术难题。通过加强产学研合作，加快了科技成果从实验室走向市场、转化为现实生产力的步伐，促进了科技创新成果与产业链条的有效对接和深度融合。

2022年全年，自治区级科技新立项项目3583个，其中，自治区重大科技专项有41个，自治区重点研发专项达到了153个，这些重大项目瞄准的是对自治区经济社会发展具有重大战略意义和关键核心技术难题的研究，推动产业结构优化升级；自治区创新条件（人才、基地）建设专项高达2134个，着重培育科技创新人才队伍，建设和完善各类科研基础设施与创新平台。自治区科技成果转化示范专项共计998个，全年新疆获得了20528件专利授权，其中发明专利授权为1711件，反映了新疆创新能力不断提升。截至2022年末，新疆有效专利总量达到70159件，有效发明专利数量则为7429件，凸显了区域创新驱动发展的成效；技术市场交易活跃，全年登记的技术合同达2023项，技术合同成交金额总计32.08亿元，其中实际完成的技术交易额为29.65亿元，这表明新疆有力地促进了科技与经济的深度融合发展②。

---

① 《新疆：科技强农惠农　植入发展芯片》，中华人民共和国农业农村部，http：//agri.nais.net.cn/resourcenavigation/webinfo/9c5bd685-e69d-42f2-9044-5430fa1b2d03.html，最后访问日期：2023-10-19。

② 《新疆维吾尔自治区2022年国民经济和社会发展统计公报》，新疆维吾尔自治区人民政府网，http：//www.xinjiang.gov.cn/xinjiang/tjgb/202303/a527e6eb22524c40bc7fca952a05710e.shtml，最后访问日期：2023-10-19。

2023 年，自治区技术市场活力持续释放，技术转移和成果转化规模显著提升。6 月初，技术合同登记成交额达到 23 亿元①，在 2023 年自治区科技创新大会上共有 119 项成果获奖，包括自治区自然科学奖 6 项、自治区技术发明奖 4 项、自治区科技进步奖 109 项②；在 2023 亚欧博览会·教育国际论坛上，12 所新疆高校科技成果集体亮相，参展高校聚焦“八大产业集群”建设，带来了农业、装备制造等领域的 91 项科技成果和 100 余种产品③。

二、2023—2024 年新疆创新驱动发展的现实困境

新疆扎实推进创新驱动发展战略，在以科技创新推动经济高质量发展的道路上取得了突破性进展，但新疆科技创新仍然存在一些问题。

（一）科技创新体制机制和环境亟待优化

现有体制机制仍不能完全有效带动创新驱动发展，有些政策措施在激发市场创新活力方面仍需加强。一是有些政策措施在制定和执行上呈现跳跃性和不稳定性。从科技研发设计到成果转化是一项复杂且巨大的工程，短期内频繁更换政策措施，政策交叉及衔接不当，兑现给企业的优惠奖励政策手续烦琐、周期长，政策执行效率低等并不能真正惠及科创企业。二是有些政策措施与实际创新发展的匹配度有待提高。新疆存在创新资源布局不均衡的情况，直接照搬或者模仿内地发达省（区、市）或是对口援疆省市的做法可能并不合适，南北疆之间、各地州之间发展不平衡、联动不明显，若政策缺乏弹性，就会存在创新资源配置短缺与闲置并存的问题，不能充分发挥市场在资源配置中的决定性作用，资源浪费则不利于新疆创新能力的提高。

（二）自主创新能力有待提高

从中国科学技术发展战略研究院发布的《中国区域科技创新评价报告2022》来看，新疆在科技创新环境建设、科技活动投入力度、科技活动产出

① 《自治区科技厅“六学一行”联动推进主题教育走深走实》，新疆维吾尔自治区科学技术厅网，http：//kjt. xinjiang. gov. cn/kjt/c100263/202306/e78d345a7af344299f51f1640e46d199. shtml，最后访问日期：2023-10-19。

② 《新疆科技创新大会顺利举行，新特能源受邀参会并荣膺多项殊荣》，人民政协网，http：//www. rmzxb. com. cn/c/2023-09-18/3410645. shtml，最后访问日期：2023-10-19。

③ 《新疆高校科技成果亮相教育国际论坛》，中国一带一路网，https：//www. yidaiyilu. gov. cn/p/06MLHPQT. html，最后访问日期：2023-10-19。

效率、高新技术产业化进程和科技对经济社会发展的促进作用5个方面取得了显著的进步，较2012年的指数得分提高了5.55分，但在全国31个省（区、市）的排名中却下降了4名，仅高于西藏地区，位列全国第30名。截至2023年8月，新疆高新技术企业有1376家，低于同为西北五省区中甘肃的1685家、陕西的12049家；新疆科技型中小企业有2044家，低于甘肃的3008家、陕西的18492家①，如表2-1所示。新疆高新技术企业、科技型中小企业、技术开发机构、星创天地、科技企业孵化器等创新主体数量偏少、规模偏小、竞争力偏弱，高精尖创新平台少，关键核心技术攻关能力弱，科技创新能力还不能满足新疆战略发展需求。《全国科技创新百强指数报告2023》显示，在全国科技创新企业500强榜单中，新疆只有1家企业上榜，说明新疆科技创新企业中龙头企业较少，大部分中小企业创新投入少、规模小，企业自身缺乏创新研发的意愿，自主创新能力不足。同时，针对科创企业的多元化融资体系机制不完善。科创企业研发投入大、资金需求大，并且科创企业的研发风险大、回报周期长，按照传统信贷逻辑，银行等金融机构对其要么是放贷门槛高，要么是放贷总量小，导致科创企业融资难、融资贵。

表2-1　西北五省区科创企业数量（截至2023年8月）

类型	新疆	甘肃	陕西	宁夏	青海
高新技术企业（家）	1376	1685	12049	425	266
全国排名	28	25	12	29	30
科技型中小企业（家）	2044	3008	18492	858	237
全国排名	24	23	10	29	30

数据来源：网络数据。

（三）科技研发经费投入偏低

2022年新疆R&D经费投入91.0亿元，在全国31个省（区、市）中排名第27，在西北五省区中排名第3，如表2-2所示，低于西北五省区的甘肃（144.1亿元）、陕西（769.6亿元）。新疆R&D经费投入强度为0.51%，远低于全国平均水平（2.54%），在全国31个省（区、市）中排名第30，在西北

① 《各省科技企业数量，江苏广东浙江山东湖北位居前五，北京流失较多》，搜狐网，https://www.sohu.com/a/722301024_121304879，最后访问日期：2023-10-19。

五省区中排名最低，低于同在西北五省区的青海（0.80%）、甘肃（1.29%）、宁夏（1.57%）、陕西（2.35%）①。尽管新疆在科技研发经费上加大了投入，但其科技研发经费投入仍然是偏低的，很多科技创新工作的设计、实施、成果转化等很大一部分依赖政府财政支持，全社会研发经费投入强度不足会直接影响创新能力的提升。

表 2-2 2022 年西北五省区 R&D 经费情况

	新疆	甘肃	陕西	宁夏	青海	全国
R&D 经费（亿元）	91.0	144.1	769.6	79.4	28.8	30782.9
全国排名	27	26	14	28	30	—
R&D 经费投入强度（%）	0.51	1.29	2.35	1.57	0.80	2.54
全国排名	30	22	11	19	29	—

数据来源：国家统计局公布的《2022 年全国科技经费投入统计公报》。

（四）高端科技创新人才匮乏

高层次科技人才缺乏是制约新疆创新驱动发展的关键。一是高等院校较少。2023 年，新疆有 18 所本科院校、43 所专科学校，“双一流”大学只有新疆大学和石河子大学，本土人才科教优势不突出，高水平院校创新培养力较弱。二是人才引进难。对于新疆而言，高层次人才和创新团队在突破关键技术、支撑重点产业发展及带动新兴学科能力方面的重要性尤为突出。然而，此类人才与团队的严重缺乏成为制约新疆科技创新和产业升级的关键因素之一。新疆高层次人才入选各类国家人才计划、项目的机会和数量少，承担和参与国家项目的机会少，与国内高水平科研团队的合作交流不足，并且存在人才区域分布不均匀的情况。三是人才发展环境尚待优化。人才培养、评价、使用、激励制度还有待健全，绩效考核制度和职称评审制度不合理会降低科研人员的创新动力，科研成果转化收益分配机制不灵活会使科研人员缺乏从事新产品、新技术研发的积极性。

（五）科技成果转化能力有待加强

促进科技成果转化和产业化是加强科技与经济紧密结合、推动经济社会

① 《2022 年全国科技经费投入统计公报》，国家统计局，http：//www.stats.gov.cn/sj/zxfb/202309/t20230918_1942920.html，最后访问日期：2023-10-19。

高质量发展的重要环节。目前，专利申请量在逐年增多，但是能直接为现实生产力服务、产生经济效益的科技成果较少，科技创新增收带动效应仍需加强。一是科技创新的产学研融合不够，部分科技论文停留在纸面上，没有实际落地，导致创新资源和重点产业发展无法有效集聚和整合。二是促进科技成果转化的机制还需进一步健全，在知识产权保护、利益分配和促进技术转移等方面的政策有待完善。三是缺乏统一、权威的科技成果转化平台，科技成果资源无法在高校、科研机构、企业之间有效共享和流通，高质量科技成果研发活动和产业需求产生结构性错位。

三、新疆创新驱动发展的趋势分析与对策建议

（一）发展趋势分析

越是欠发达地区，就越需要实施创新驱动发展战略。新疆区域创新综合能力尚有较大的提升空间，新疆应坚持问题和目标导向，下大力气、花大功夫解决科技创新工作中出现的深层次问题。以习近平总书记关于科技创新重要论述精神为指导，切实加强党对新疆科技创新改革工作的全面领导，在完善政策制度、强化企业创新主体地位、搭建创新平台、培育创新人才等方面积极作为，充分证明新疆科技创新是有能力取得突破性进展、提升创新综合能力的，坚定不移地深入实施创新驱动发展战略，为推进中国式现代化新疆高质量发展提供强有力的科技支撑。

新疆在推动创新驱动发展战略上持续发力，紧扣自身战略定位和发展目标，紧密围绕关键领域和重点产业，全面加速创新型新疆的建设步伐。深入贯彻执行科技体制改革三年攻坚方案，确保“十四五”期间东、西部科技合作实施方案的有效落实，并结合自治区制定的各项政策措施，不断优化科技创新体系。积极推进与丝绸之路经济带沿线国家之间的科技互惠合作，建立更为密切的国际科技合作网络。进一步加大力度推动丝绸之路经济带创新驱动发展试验区、乌昌石国家自主创新示范区和阿克苏阿拉尔国家高新区等国家级创新载体的高质量发展，积极打造国家实验室新疆基地，不断提升高校和科研机构的创新能力及服务地方经济社会发展的能力。围绕“八大产业集群”等具有区域特色和竞争优势的领域，策划并实施一批重大创新工程，集中力量突破关键技术“瓶颈”，扎实推进农业现代化进程。大力推动数字化社会建设，实施“数字强基”工程，促进数字经济与实体经济深度融合；加快

建设“数字政府”，提升社会治理效能，为新疆经济社会的高质量发展提供强大科技支撑。

（二）对策建议

1. 强化顶层设计，统筹科创资源

第一，强化顶层设计。制定政策要注重长远规划，保证扶持政策的稳定性、连续性，引导形成合理的市场预期；全面提升政府创新治理能力和治理水平，进一步推动政府简政放权、放管结合、优化服务改革，强化政府的服务保障，将相关政策落地、落细、落实，提高企业对政府的信任度。注重科研人员思想政治教育，引领广大科研人员铸牢中华民族共同体意识，把科技人才凝聚在党的周围，为稳疆、兴疆贡献智慧和力量。

第二，统筹科创资源。立足新疆发展的实际情况，科学分析新疆科技创新面临的新形势，围绕丝绸之路经济带核心区建设、“八大产业集群”和生物医药、种业等特色优势领域调整现有的科技创新战略规划和资源分配体制，准确把握各地（州、市）科技创新的优劣势，因地制宜地制定发展规划，持续优化科技发展政策环境，持续深化科技项目和经费管理改革，持续完善科技评价和奖励制度，并安排科技创新重大专项资金用于实施重大项目，引导和鼓励各地（州、市）之间信息互通、资源共享，缩小南北疆之间、各地州之间的发展差异，让高水平地区带动低水平地区的科技创新发展，强化跨区域科技、产业协同，真正提升新疆整体的科技创新水平。

2. 培育创新主体，推动产业发展

第一，加快创新平台建设。要加快培育建设高能级创新平台，推动国有企业建设科技研发平台，加快推进“两区”（丝绸之路经济带创新驱动发展试验区和乌昌石国家自主创新示范区）建设，加大新型研发机构培育力度，推进自治区级高新区地（州、市）全覆盖，鼓励科研院所、高校、企业和政府共建技术创新中心，补齐理工科院校建设短板，推进产学研深度融合。深度融入“一带一路”建设，深化同周边国家科技合作，建设面向中亚五国的丝绸之路经济带区域科技创新中心。

第二，发挥企业创新主体作用。积极鼓励和大力支持创新型企业建设，强化实施高新技术企业和“专精特新”中小企业倍增行动，健全科技型企业“微成长、小升高、高变强”的梯度培育管理体系，加大对国家重点“小巨

人”、专精特新“小巨人”、“专精特新”中小企业的扶持力度，支持龙头企业、高校和科研院所共同建设一批专业化科技企业孵化器，为初创企业和创新项目提供孵化培育服务，营造良好的科技创新创业生态；合理配置和使用专项发展资金，切实落实科创企业所得税优惠和研发费用加计扣除等政策，降低企业创新成本，通过政策引导促进各类创新要素向企业集聚，提高关键技术的攻关能力。

第三，着力打造一批创新型龙头企业。支持新疆龙头企业牵头组建高质量创新联合体，增强创新发展的辐射带动效应，鼓励和引导有条件的科创企业参与重大科技项目，集中力量解决国家和新疆重大科技问题，提高科技成果转化和产业化水平。

3. 加大科研投入，完善金融服务

第一，加大对实施创新驱动发展的财政资金支持力度。加大研发经费投入，调整优化财政科技支出结构，用好自治区每年20亿元财政科技经费，鼓励各类企业、社会资本、社会组织和对口援疆省市投入创新驱动发展，形成持续稳定投入机制，提高全社会研发经费投入强度。加大对企业研发投入实行增量奖补和特别奖补，同时引导企业加大研发投入。加大对创新驱动发展的财税扶持力度，落实科创企业所得税优惠、研发费用加计扣除等政策。

第二，提供多渠道的创新金融服务。发挥政府监督引领作用，建立健全科技金融风控体系，鼓励银行、证券、保险等金融机构综合运用信贷、保险、期货交易等多种方式加大对科创企业的资金支持，充分撬动天使投资基金、创业投资基金等社会资本和小额贷款公司、融资性担保公司等民间融资服务组织支持科技创新活动；建立新疆科创企业信用评价体系，对信用评级高的科创企业采取“政府担保资金+企业自保资金”的形式建立风险资金管理池，降低科创企业间接融资成本；完善和规范新疆股权交易市场和债权交易市场，推进新疆资本市场高质量发展，提高创新主体对直接资本的需求，降低融资成本。

4. 做好人才发展规划，营造良好发展环境

第一，办好高质量教育。推进实施高等教育承载力提升工程，通过加大教育投入、优化教育资源配置、改善教育基础设施、提升教师队伍素质等提高新疆高等教育的质量和规模。加快推进新疆大学“双一流”建设进程，积极推动兵地共建合作，特别是支持高校、科研院所与企业联手，针对新疆重点产业发展所急需的专业技术人才进行联合培养，以解决产业转型升级中的关键人才“瓶颈”问题。聚焦自治区“八大产业集群”发展布局，实施职业教育提质培优行动计划，培育更多具有工匠精神的高素质技能人才。

第二，构建科技创新人才队伍体系。科学制定人才评审标准体系，有效利用百亿元人才基金，大力推行“2+5”重点人才培养计划。一方面，着力挖掘、培养和发展本地人才资源，尤其通过“少数民族科技骨干特殊培养计划”等政策对少数民族科技人才队伍进行有针对性的培育与扶持。另一方面，面向国内外广泛引进一批能突破关键核心技术壁垒、引领产业转型升级、带动学科发展的高层次科技人才和急需紧缺专业人才来新疆工作或合作交流。加快新疆重点领域科技领军人才和创新团队的培养引进速度，加强与国内高水平科研团队的交流合作。

第三，建立健全科技人才激励与保障机制。积极推动职称评审制度改革，破除原有职称评审制度中可能存在的唯论文、唯学历、唯奖项等倾向，完善一套能够激励和保障专业技术人员专心致志地研究与创新的科学职称评审体系；进一步完善人才激励与约束机制，实行灵活多样的薪酬分配形式，确保科技奖励措施的有效实施以及科技成果转化收益的合理分配；强化人才服务保障工作，加大对知识产权的保护力度，切实维护创新者的合法权益，以全社会尊重劳动成果、尊重人才、崇尚知识的良好风尚，营造一个有利于人才成长与发展的环境。

5. 促进产学研协同创新，加快科技成果转化

第一，推动产学研深度合作。瞄准“八大产业集群”建设，聚焦发展迫切和急需创新突破的重点领域，鼓励企业、高校、科研机构开展关键核心技术联合攻关，支持高校和科研机构在企业设立博士后工作站、研究生示范站，培养应用型技术创新人才，加快高校科技成果向企业转移转化，同时支持企业依托高校、科研机构建立新型研发中心，充分发挥高校科教资源优势，促进企业投身研发。

第二，健全科技成果转化机制。改进科技管理与服务体系，加快构建并优化专家库资源，持续改进项目评审系统，提高评审的专业性、公正性和科学性，为科研项目的立项、执行和验收提供更为精准、高效的评估指导；建立以企业为主体的技术创新成果转化体系，通过政策引导和资金支持，促使企业成为技术创新活动的主体和成果转化的核心载体，从而加速科技成果转

化为现实生产力；落实科技成果转化收益分配和考核奖励机制，明确科技成果转化收益分配比例，向那些真正作出创造性贡献的科研人员倾斜，税务、财政等部门要落实科技成果转化税收优惠政策。

第三，搭建统一、权威的科技成果转化平台。以市场实际需求为牵引，以新疆产业发展需求为导向，以信息渠道畅通、科技资源共享、服务功能齐全、交易活动有序为宗旨，构建集技术创新、成果转化、测试评价、产业培育、风险投资、科技智库于一体的科技成果转化平台，实现创新链、产业链、资金链、人才链深度融合，推动各类创新主体互动合作和创新要素高效集聚，解决创新技术与现实需求不匹配的问题，全力打通科技成果转化"最后一公里"。

参考文献

[1] 顾璟．创新驱动发展战略背景下江苏省人才高地建设的成效、困境与优化策略［J］．高校教育管理，2022，16（6）：93-101.

[2] 迟爱萍．习近平总书记关于中国经济高质量发展重要论述的发展历程与实践意义［J］．中国井冈山干部学院学报，2023，16（4）：22-35.

[3] 郭晶．"十四五"时期中国城市高质量发展的创新驱动体系构建［J］．西南金融，2022（10）：31-42.

[4] 崔友，平屈婷．坚持创新驱动发展，实现高水平科技自立自强［J］．中共党史研究，2022（5）：19-27.

[5] 宴丽琛，柳源．创新驱动贸易高质量发展的机制与路径研究：基于"双循环"新发展格局［J］．价格月刊，2022（8）：80-86.

[6] 杨骞，陈晓英，田震．新时代中国实施创新驱动发展战略的实践历程与重大成就［J］．数量经济技术经济研究，2022，39（8）：3-21.

[7] 张占仓．河南经济创新驱动高质量发展的战略走势与推进举措［J］．区域经济评论，2022（4）：70-78.

[8] 许红丹，杨武．中国科技创新驱动经济高质量增长时序性分析：基于TVP-VAR模型的实证研究［J］．科学学研究，2022（12）：2073-2085.

[9] 何立峰．深入实施创新驱动发展战略　努力实现高水平科技自立自强［J］．宏观经济管理，2022（10）：1，24.

[10] 李政．创新与经济发展：理论研究进展及趋势展望 [J]. 经济评论，2022 (5)：35-50.

[11] 杨娇，李刚．创新驱动对区域经济增长的影响：基于省际面板数据的实证 [J]. 商业经济研究，2022 (14)：183-187.

第三章　区域协调促进新疆经济高质量发展报告

拜黑提亚·阿不都秀库尔[①]

摘　要：新疆是我国的重要边疆地区，拥有丰富的自然资源和多元文化。本章的关注点在于区域协调如何推动新疆经济迈向高质量发展。通过对相关文献的梳理和分析，采用科学的研究方法，得出研究结果，并对结果进行讨论和分析，最终得出结论。加强区域协调促进新疆经济的高质量发展，已成为当务之急，因此，对该领域进行深入研究，有助于更好地理解和解决现实问题。本章首先论述了区域协调发展与经济高质量发展的意义、内涵及关系，从各方面对新疆区域协调发展概况进行分析后，提出区域协调发展中存在的现实问题，并提出相关对策建议。

关键词：新疆；区域协调；高质量发展

探索新发展模式，实现经济高质量发展，已成为当今发展共识。区域协调发展作为经济社会发展的重要方面，对于提升发展质量、缩小地区差距、促进全面协调可持续发展具有重大意义。区域协调发展有利于促进经济转型升级，推动产业结构优化升级，提高经济发展的质量和效益；区域协调发展有利于提升经济发展质量，加强地区间的合作与交流，促进生产要素的合理流动和优化配置，提高资源利用效率；区域协调发展有利于缩小区域发展差距，通过加大对欠发达地区的扶持力度，促进各地区之间的合作与交流，实现共同发展。

经济高质量发展是指在经济发展过程中，以提高全要素生产率为核心目

---

① 拜黑提亚·阿不都秀库尔，新疆社会科学院经济研究所助理研究员。研究方向：区域经济与可持续发展。

标，以创新为第一动力，以协调、绿色、开放、共享为基本原则，以实现人民群众对美好生活的向往为根本目的的发展模式。这种发展模式强调经济发展的质量、效益和可持续性，注重结构优化、转型升级和科技创新，是一种追求全面、协调、可持续发展的新型发展模式。经济高质量发展表现在经济效益提高、经济结构优化、创新驱动强劲、绿色发展实现、协调发展推进、国际合作增强等方面。

区域协调发展与经济高质量发展是相互促进、密不可分的关系。区域协调发展是经济高质量发展的基础和保障，而经济高质量发展则是区域协调发展的目标和方向。

一、新疆经济协调发展概况

（一）区域协调发展现状

立足中国市场，扩大内需，推动产业链、供应链和价值链的优化与升级，促进生产、分配、流通和消费的国内市场循环，体现了新疆在扩大内需、促进消费升级和推动产业升级等方面的战略思考。新疆将利用其独特的地理位置优势，深化与周边国家和地区的经济交流与合作，积极拓展开放空间，努力打造内陆开放高地。

为了实现经济高质量发展，新疆实施了多项重大战略举措。其中包括加强丝绸之路经济带核心区建设，推动一二三产业融合发展，加快基础设施建设，推进新型城镇化，促进乡村振兴，深化“放管服”改革以优化营商环境，推动文化润疆，建设美丽新疆，促进兵地融合发展，以及保障和改善民生等方面。这些举措涵盖了经济、社会、文化等多个领域，旨在全面提升新疆的发展水平和民生福祉。

通过这些战略举措的实施，新疆正在构建一个更加完善的内陆开放体系，加强与周边国家和地区的经济联系和合作。同时，新疆努力推进产业结构优化升级，促进经济发展和区域协调发展。此外，新疆还在积极推进社会进步和文化建设，提高居民的生活质量和幸福感。这些举措的实施将有助于实现经济高质量发展、深化改革开放、促进社会进步、保障和改善民生等方面的目标。

新疆地处中国西北边陲，拥有广阔的土地资源和丰富的自然资源，如石油、天然气、煤炭和稀土等。同时，新疆还具备独特的地理位置优势，可与中亚国家开展经济合作。与内地地区的互补合作，可以实现资源的共享和优势互补，促进全区域的协同发展。新疆加大了基础设施建设力度，包括交通、能源、水利等方面的投资。修建了一批高速公路、铁路、机场等交通网络，提高了区域内外的物流效率，进一步促进了区域协调发展。新疆在农业、能源、化工、物流等领域形成了一些特色产业。在农业方面，新疆以棉花、葡萄、苹果、核桃、红枣等农产品为主导，发展了现代农业和农产品加工业。在能源方面，新疆依托丰富的煤炭、油气等资源，积极发展能源产业。这些特色产业的发展促进了区域内经济的协调发展。中央政府给予了新疆重要的政策支持。例如，实施了一系列扶持新疆经济发展的政策措施，包括减税降费、增加投资、优化营商环境等，为新疆经济协调发展提供了政策保障。新疆积极参与国际合作和对外交流，通过开展国际贸易、招商引资等方式，推动了区域的对外开放。与中亚国家的合作、参与“一带一路”倡议等，为新疆的区域协调发展带来了更广阔的机遇。

（二）新疆城乡协调发展现状

新疆各级党委、政府对生产要素的引导，使资金、技术、人才等向乡村有序地转移和流动，不断健全城乡协调发展体制机制，城乡协调发展取得了积极进展。2022 年，新疆总人口 2587 万人，其中，城镇常住人口 1498 万人，城镇化率达到 57. 9%，低于全国城镇化率（63. 9%）。2023 年，新疆城镇居民人均可支配收入 40578 元，同比名义增长和扣除价格因素实际增长均为 5. 6%；农村居民人均可支配收入 17948 元，同比名义增长 8. 4%，扣除价格因素实际增长 8. 7%；城乡居民收入比为 2. 26 : 1，比 2022 年缩小 0. 06。

2022 年，基础设施投资同比增长 18. 6%，推动了城乡基础设施建设的显著进步，城乡之间的基础设施差距因此逐渐减小。农村的饮水安全和危房改造项目已全面完成，所有行政村都已接通动力电和光纤宽带。此外，农村卫生厕所的普及率已达到 85%，并且行政村的生活垃圾已得到有效处理。截至 2021 年底，新疆的农村公路总里程已达到 14. 77 万公里，所有乡镇和具备条件的建制村都已实现通硬化路和通客车，这使得城乡之间的交通往来更加便捷和畅通。

近年来，新疆不断加强城乡基本公共服务建设，逐步完善服务机制，使得城乡之间的公共服务差距逐渐缩小。在教育方面，新疆实现了城乡适龄儿童和青少年就学的全覆盖，南疆四地州（克孜勒苏柯尔克孜自治州、喀什地区、和田地区和阿克苏地区）更是率先实现了15年义务教育，大大提高了广大农村地区的教育水平。同时，新疆还采取一系列措施来提高医疗服务水平。通过城乡医保统筹、医联体建设等措施，农民可以享受更为优质的医疗服务。乡镇卫生院和村卫生室也实现了标准化建设率100%，并且在全国率先试行农村户籍人员在公立医院住院“先住院、后付费”的一站式结算，大大方便了农民看病就医。此外，新疆还积极推进社会保障体系建设。城乡基本医疗保险和大病保险的参保率均达到了99%以上，城乡居民最低生活保障也实现了应保尽保。这一系列举措使得广大农民能够更好地享受社会保障带来的福利。尽管新疆各地区乡村在公共服务方面取得了前所未有的发展，但相对于乌鲁木齐等大城市的公共服务水平仍存在一定的差距。尤其是在教育质量、医疗水平、文化等方面，南疆地区的一些偏远农村仍面临着教育资源匮乏、医疗条件差、文化活动单调等问题。

（三）促进新疆经济发展举措

1. 优化投资环境

新疆拥有丰富的自然资源和独特的地理位置，具有很大的经济发展潜力。近年来，我国政府采取了一系列措施，通过改善新疆商业环境、简化审批程序和提供更好的政策支持，鼓励国内外企业增加对新疆的投资。

为营造一个良好的商业环境，加强基础设施建设，提高电力、交通、通信等基础设施的覆盖率和稳定性，加大对新疆企业的扶持力度，为其提供更多的资金支持和政策优惠。推动新疆的数字化转型，提高信息技术的普及和应用水平。为了减少企业投资的审批环节和时间成本，对新疆的投资审批程序进行了大幅简化，取消一些不必要的审批环节，缩短审批时间，提供一站式服务，将多个部门的审批流程整合在一起，方便企业办理手续。

为了鼓励国内外企业增加对新疆的投资，制定了一系列优惠政策。例如，对新疆企业实行税收减免政策，降低企业的税负，为新疆的特殊产业提供更多的资金支持和政策优惠，实施金融扶持政策，为新疆企业提供更多的融资渠道和贷款支持。

2. 发展战略性新兴产业

新疆是我国重要的能源基地之一，拥有丰富的煤炭、石油、天然气和风能、太阳能等可再生能源资源。新疆在经济建设和区域协调发展中，应合理开发和利用既有资源，满足国内能源需求，并出口到周边地区。

新疆地处中亚能源枢纽位置，与中亚、欧洲等地区有着紧密的经济联系，石油和天然气资源可以用于发展炼油、化肥、塑料等石油化工产业。因此，在新疆发展石油化工产业，不仅能够提供能源产品，还能够促进下游产业链的发展，增加就业机会，促进经济增长。

新疆拥有广阔的农田和丰富的水资源，适宜发展农业和农产品加工业，特色农产品包括棉花、小麦、水果、葡萄等。新疆应加强农产品的深加工和品牌建设，提高附加值，促进农民收入增长，满足国内外市场的需求。此外，发展农产品加工业还能为就业提供更多机会，并带动相关服务业的发展。在资源开发利用过程中，要注重环境保护，采取可持续的方式进行生产，减少对生态环境的影响，并积极推进清洁能源的使用。

加强科技创新，提高技术水平和产业竞争力，推动产业升级和转型，以适应市场的需求变化和全球竞争。加强人才培养和引进，提供相关技能培训，以满足产业发展的人才需求，促进就业和人力资源的优化配置。加强与内地和邻国的经济合作，积极参与“一带一路”倡议，拓宽市场渠道，促进贸易便利化和区域一体化。

3. 推动基础设施建设

新疆地域广阔，交通发展对区域内外的贸易和合作至关重要。加强公路、铁路、航空和水运等交通基础设施建设，可以提高物流和交通连接能力。例如，修建高速公路和铁路网，改善区域间的物流运输效率；扩大机场和航空网络，提升航空货运和旅客运输能力；开发内河水运，促进与内陆省份和邻国的贸易往来。

新疆拥有丰富的能源资源，包括煤炭、石油、天然气和可再生能源等。为了有效利用这些资源，需要建设完善的能源基础设施。建设电力输电线路和变电站，确保电力的稳定供应；扩大石油和天然气管道网络，方便资源的输送和销售；发展可再生能源设施，如风电和太阳能发电站，促进清洁能源利用。

加强通信基础设施建设对推动信息化、数字经济和跨境合作具有重要意义。新疆可以优化宽带网络覆盖，提高互联网接入速度和质量；加强移动通信网络建设，实现全面的移动通信覆盖；推进数据中心建设，支持大数据和云计算发展；提升国际通信能力，加强与周边国家和地区的互联互通。

4. 加强教育和技能培训

注重提高教育质量，建立和完善教育体系，培养学生的创新思维、问题解决能力和合作精神，强调综合素质教育，培养学生的道德品质、文化修养和社会责任感。建立健全职业技能培训体系，提供多样化的培训课程和机会，满足不同行业和职业的需求。促进与企业的合作，根据市场需求调整培训内容和方式，紧密衔接培训与就业，提高毕业生的就业竞争力。

加强产业与教育机构之间的合作，建立行业导向的教育体系。与企业合作开发实习、实训项目，为学生提供实践机会，增强他们的职业技能和就业准备能力。同时，鼓励企业参与课程设计和教学内容的更新，确保教育与产业需求相匹配。

树立个人终身学习观念，建立健全继续教育体系，为劳动者提供学习和培训的机会。养成持续学习和不断提升技能的习惯，劳动者能够适应快速变化的科技和经济环境，增加就业机会和职业晋升的可能性。制定科学有效的人力资源评价指标和体系，定期对人力资源培养和开发进行评估，有助于发现问题、调整政策，并为制定人才发展战略和政策提供依据。

5. 推进区域合作和开放

加强基础设施建设，提升交通运输和物流能力，修建高速公路、铁路、港口和航空运输设施，以及改善边境口岸的设施以提高效率，支持更便捷的物流和贸易活动。发展跨境电子商务平台和仓储物流中心，提供更高效的货物清关和配送服务。简化贸易手续和文件、降低关税和非关税壁垒、优化海关监管，提升贸易便利化水平，推动新疆与内地和邻国之间的贸易便利化。抓住成立自由贸易试验区的契机，加强与周边国家的双边和多边贸易谈判，签署自由贸易协定或建立贸易便利化机制，以提升贸易自由化水平。通过制定优惠政策、提供投资环境和法律保障等方式，鼓励企业在新疆设立生产基地和办事处，开展投资合作。加强与内地和邻国的投资促进机构的合作，积极参与双边和多边的投资促进活动，拓宽投资合作渠道。

推动建立跨境支付和结算机制，提供便捷的金融服务。加强与内地和邻国金融机构风险管理、投融资等方面的合作，为经济合作提供更稳定的金融支持。推动文化交流和旅游合作，增进新疆与内地和邻国之间的了解和友谊，促进人员往来和经济合作。组织文化艺术交流活动、举办旅游推介会等，展示新疆的独特魅力和发展潜力，吸引更多的游客和投资。加强人才培养和交流。

建立与内地高校、研究机构的合作关系，推动教育资源共享和人才培养项目的开展。鼓励企业和组织开展人才交流活动，促进知识和技术的传播和共享。

二、新疆区域协调发展存在的问题

经济结构不合理。新疆产业结构以传统农业和资源型产业为主，高科技产业和服务业发展相对滞后。这种产业结构的相对单一，导致经济缺乏多样性和可持续性。虽然新疆拥有丰富的自然资源，但过度依赖资源开发，缺乏高附加值产业的发展，使得新疆的经济增长难以持续。

产业转型困难。出于历史和地理等原因，新疆的工业基础相对薄弱，技术水平相对较低，难以实现高附加值产业的发展。同时，新疆地理位置偏远，交通不便，缺乏完善的基础设施，也制约了产业转型和升级。因此，新疆需要加大基础设施建设和科技创新投入，推动产业转型和升级。

经济发展不平衡。新疆的经济发展相对滞后，城乡之间、地区之间的经济发展水平存在较大差距。这种不平衡不仅体现在不同地区的经济总量和人均收入方面，也体现在产业结构和发展质量等方面。这主要是由于地理位置、环境、历史和政策扶持等因素的影响，使得不同地区的经济基础和发展速度存在差异。例如，南疆与北疆的经济社会发展水平存在明显差距，贫困地区与发达地区的经济发展水平也存在较大差距。

基础设施建设不完善。虽然政府加大了基础设施建设的力度，但还存在一些短板和不足，如交通基础设施不够完善、信息传递速度较慢等。这些问题会影响居民的生活质量，阻碍经济的发展。因此，需要进一步完善基础设施建设，提高居民的生产生活水平。

社会事业发展不均衡。虽然政府在社会事业方面不断加大投入，但在教育、医疗、文化等方面的公共服务水平和质量还不均衡，一些偏远地区和农村地区存在社会事业发展相对滞后的现实问题。这会导致社会发展的不公平，影响居民的生活幸福感。这种现实差距必然会影响该地区资金、人才等生产要素的稳定，导致该区域经济发展的动力不足。因此，需要加强对农村地区的扶持和帮助，促进社会事业的均衡发展。

生态环境保护压力大。随着经济和社会的发展，新疆的生态环境面临着较大的压力，如水资源短缺、植被破坏、空气污染等问题需要得到有效解决。如果不采取有效的措施加以保护，将会对居民的生活和经济社会发展造成严重影响。因此，需要加强生态环境保护工作，采取更加严格的环保措施，确保生态环境的可持续发展。

三、促进新疆区域协调发展的对策建议

（一）制定差异化的优惠政策

第一，税收减免是吸引投资和项目落地的关键措施之一。可以给予新疆企业所得税、地方税费等方面的税收减免或减免期限延长。减轻企业负担，提高投资回报率，吸引更多的企业来新疆投资并扩大生产规模。此外，还可以对新疆的技术创新和研发活动给予税收优惠，鼓励企业加大技术创新投入，推动经济结构升级。

第二，财政支持是帮助新疆实现经济协同发展的重要手段。中央和地方政府可以增加对新疆的财政拨款，用于基础设施建设、人才培养、科研项目支持等方面。特别是对新疆的薄弱环节和重点领域，如交通运输、能源供应等，加大财政支持力度，提高基础设施水平，增强新疆的发展后劲。

第三，土地利用也是差异化优惠政策的一部分。通过划拨土地、降低租金价格、延长土地使用权期限等方式，为企业提供更便利和优惠的土地资源，以吸引投资和项目落地。同时，鼓励土地集约利用，推动农业现代化和工业园区建设，提高土地资源利用效率和产出水平。

（二）建设高标准自由贸易试验区

2023 年，《中国（新疆）自由贸易试验区总体方案》中明确指出的指导思想是这样的："以习近平新时代中国特色社会主义思想为指导，全面贯彻落实党的二十大精神，完整、准确、全面贯彻新时代党的治疆方略，坚持稳中求进工作总基调，完整、准确、全面贯彻新发展理念，加快构建新发展格局，着力推动高质量发展，更好统筹发展和安全，主动服务和融入国家重大战略，坚持推进高水平对外开放，加快实施自由贸易试验区提升战略，发挥好改革开放综合试验平台作用，把自贸试验区建设成为新时代改革开放新高地。"从指导思想中可以看出，中央对新疆政府提出了要高标准地建设好自贸试验区，并且要主动融入国家的重大战略，把自贸试验区建设作为改革开放新高地的要求。

以制度创新为核心，以可复制、可推广为基本要求，全面贯彻落实第三

次中央新疆工作座谈会精神，深入贯彻落实习近平总书记关于新疆工作的系列重要讲话和指示批示精神，牢牢把握新疆在国家全局中的战略定位，把依法治疆、团结稳疆、文化润疆、富民兴疆、长期建疆各项工作做深、做细、做实，努力打造促进中西部地区高质量发展的示范样板，构建新疆融入国内国际双循环的重要枢纽，服务"一带一路"核心区建设，助力创建亚欧黄金通道和我国向西开放的桥头堡，为共建中国—中亚命运共同体作出积极贡献。赋予自贸试验区更大改革自主权，充分发挥新疆"五口通八国、一路连欧亚"的区位优势，深入开展差别化探索，培育壮大新疆特色优势产业。传统的行政审批过程常常烦琐而耗时，不利于企业的投资和项目落地。在试验区内简化审批流程，缩短审批时间，提高效率。减少冗余的审批环节，降低企业的经营成本，吸引更多的投资者和企业家来新疆投资兴业。建立完善的服务平台，集中提供企业注册、税务登记、资金融通等各类服务，实现"一窗受理、一次办结"，大大方便企业的经营活动，提高企业的满意度和投资者的信心。加强人才引进和培养的服务支持，为企业提供专业的人力资源和技术咨询，提升企业的竞争力。

与金融机构合作，建立金融创新平台，推动金融产品和服务的创新，满足企业发展的融资需求。引入风险投资、股权投资等多元化的融资方式，为企业提供更多样化的资金来源。推动金融科技的应用，提高金融服务的便利性和效率，促进新疆金融业的发展。引进先进技术、优质项目和高端人才，引领和带动新疆的产业升级和技术创新。加强与国内外大型企业和知名品牌的合作，促进技术交流和合作研发，提高新疆的产业水平和竞争力。提供更灵活的政策环境和便利的营商环境，吸引更多的国际企业来新疆投资兴业。为外商投资企业提供更好的市场准入条件、税收优惠政策和知识产权保护等方面的支持。

（三）推动产业升级和转型

针对传统产业实施减税或免税政策，激励企业进行技术改造和创新升级。同时，对符合环保标准和能源效率要求的产业给予税收优惠，鼓励企业向环保型产业转型。对于新兴产业和战略性新兴产业，可以实行适度的税收优惠，吸引更多投资和项目落地。

加大对新疆的财政拨款，支持传统产业的技术改造和升级，提升其竞争力。加大对新兴产业和战略性新兴产业的资金支持，鼓励其发展壮大。设立专项基金，为符合条件的企业提供直接资金支持，推动新疆产业结构调整和升级。

鼓励企业加大研发投入，推动技术创新和成果转化。设立科技创新专项资金，通过科技创新项目申报和评审，向符合条件的企业提供经费支持。加强与高校、科研机构的合作，促进科研成果向实际生产力转化，推动新疆的技术创新和产业升级。

加大对技术工人和高层次人才的培养力度，提升劳动者的技能水平和创新能力。推动产学研用结合，建立产业技术创新中心和工程实验室，吸引高水平研发团队和科研机构来新疆合作开展科研项目。优化人才引进政策，为具有相关专业技能和创新能力的人才提供便利条件，吸引他们来新疆工作和创业。

培育和发展产业集群，形成完整的产业链和价值链，提升企业的合作能力和综合竞争力。提供土地、资金和政策等方面的支持，吸引相关产业的龙头企业和配套企业来新疆投资兴业。同时，加强与其他地区和国际市场的合作，促进资源共享和互利共赢。

（四）扩大对外开放

新疆要优化海关检查程序，加强预检、风险评估和信息共享，简化边境贸易手续和流程，致力于提高通关效率，减少不必要的延误和纠纷。此外，引入先进的技术和设备，如自动化识别系统和无人机监控，有助于加强货物检验和安全措施。建立电子商务平台，企业可以在线完成订单、支付和报关等流程，减少传统纸质文件的使用和时间消耗。引入单一窗口是简化贸易手续的另一个关键步骤，单一窗口整合了各相关部门和机构的信息和服务，提供统一的窗口来处理贸易事务。这样，企业只需通过一个平台提交相关文件和数据，就能减少烦琐的重复操作，提高办事效率。此外，新疆致力于减少贸易壁垒和非关税措施，降低进口关税、取消不正当的贸易限制，以及加强知识产权保护，促进贸易自由化。通过降低贸易成本和增加市场透明度，企业将更容易参与跨境贸易，并获取更大的竞争优势。

签署双边自由贸易协定有助于降低贸易壁垒和关税，促进贸易自由化，减少进口关税和非关税壁垒，进出口商品将更容易进入对方市场，从而扩大贸易规模和范围，为企业创造更多商机，提高市场准入率，并带动经济增长。双边自由贸易协定通常规定了投资者的权利和义务，包括知识产权保护、资本流动自由及争端解决机制等方面，有助于降低投资风险，增加企业对邻国投资的信心，鼓励跨境投资的进行。加强与邻国的基础设施建设和互联互通也是重要的合作方式，共同投资和建设基础设施，如交通运输、能源供应和通信网络等，提升贸易和物流的效率，促进商品和服务的流动，降低运输成本，缩短交货时间，有利于打造更紧密的经济联系。

区域协调是促进新疆经济高质量发展的重要手段和策略，通过与邻国的贸易合作、参与“一带一路”倡议，以及推动产业结构调整和升级等措施，可以拓宽市场渠道，促进贸易便利化和区域一体化，从而提升新疆的经济竞争力。在实施这些政策和措施的过程中，要求新疆注重政策协调、制度对接和风险管理，确保各方面的顺利推进和稳定运行。充分发挥新疆的地理位置优势，加强与邻国的经济合作和交流，推动资源优势互补，提升整体经济效益。总而言之，在未来的发展中，通过优势互补、基础设施建设、经济特色产业发展、政策支持和对外开放等措施，积极促进区域的协调发展，推动新疆经济的持续增长，提升人民生活水平，实现全区域的繁荣和稳定。

第四章　绿色低碳助推新疆经济高质量发展报告

陈鲲玲[①]

摘　要： 绿色是可持续发展的坚实基础，也是人民群众追求美好生活的鲜明象征。在人与自然和谐共生的理念指导下，新疆将绿色和低碳发展视为推动经济社会高质量发展的重要抓手。积极调整和优化能源结构，发展太阳能、光伏等清洁能源，减少化石能源的使用。但总体来看，新疆经济社会发展呈现能源高依赖特征，能耗碳耗“双高”问题较为突出。新疆实现碳排放量峰值的关键在于有效控制碳排放总量增长率和人均碳排放增长率，重点围绕绿色发展、绿色生活和绿色基建 3 个方面，在重点区域、重点领域、关键指标上实现新突破，着力降低碳排放。结合新疆发展阶段和实际情况，本章提出严守生态环境保护底线，加大重点行业、领域减碳力度，促使现代服务业低碳绿色发展，培育壮大战略性新兴产业，加强低碳绿色技术创新，建立区域联动协调推动机制，助推新疆高质量发展。

关键词： 绿色；低碳；高质量发展

绿色低碳与高质量发展是相互促进、相辅相成的。绿色低碳发展为高质量发展提供了坚实的基础，而高质量发展需要绿色发展方式，两者都旨在追求经济的长期稳定和社会的可持续发展，体现人们对美好生活的追求。以绿色低碳为抓手推进新疆高质量发展，必须深入破解制约新疆生态环境高水平保护与经济发展的矛盾和问题，锚定碳达峰碳中和（以下简称“双碳”）目标，统筹处理好发展和减排、整体和局部、长远目标和短期目标、政府和市场的关系，打造具有新疆特色的现代化产业体系，推动经济社会绿色化、低

---

① 陈鲲玲，新疆社会科学院经济研究所研究员。研究方向：农林经济管理。

碳化发展，实现新疆高质量发展。

一、新疆绿色低碳发展总体进展

（一）绿色低碳推动新疆高质量发展总方针

调整优化经济结构。积极调整和优化能源结构、产业结构、交通运输结构，以实现绿色发展为目标，让生态文明成为经济发展的重要支撑力量，使绿色成为推动高质量发展的普遍形态。积极推进新疆产业转型升级，加速发展新兴产业和高技术产业，同时对传统产业进行改造和升级。大力发展清洁能源，如太阳能、风能、氢能源等，逐步减少对化石能源的依赖。着力调控当前经济社会发展进程中对能源消耗的总量和强度，实现能源的高效利用和节约使用。在推进低碳综合交通运输体系建设的同时，积极发展公共交通和绿色出行方式，减少私家车的使用，从而降低交通排放对环境的影响。

发展绿色低碳产业。持续壮大节能环保、清洁能源等产业，并深入推动互联网、大数据、人工智能等新兴技术与绿色低碳产业实现深度融合。建设绿色制造体系和服务体系，支持大型绿色低碳龙头企业发展，并加快节能降碳先进技术创新、成果转化和推广应用。通过发展绿色低碳产业促进经济增长、改善环境质量，为全社会创造更多福祉，为构建可持续发展的未来奠定坚实基础。力促绿色低碳产业成为发展方式绿色转型的重要推动力，提高绿色低碳产品和服务的供给能力，拉动区域绿色 GDP。

实施全面节约战略。把节约资源贯穿经济社会发展全过程、各领域，全面提高资源利用效率。采取一系列措施，包括加快构建废弃物循环利用体系，推动企业清洁生产、园区循环发展、废弃物资源化利用等。通过循环利用废弃物和资源，减少对自然资源的依赖，提高资源利用效率，降低对环境的污染和破坏。推行绿色生活方式，注重环保、节能、健康等方面，推动新疆可持续发展。通过推行绿色生活方式，以及抵制浪费与过度消费等措施来形成全民崇尚节约的浓厚氛围，增强全民节约意识。

（二）绿色低碳推动新疆高质量发展总体思路

聚焦新疆重大决策部署、重大战略实施中的生态环保要求，深入打好污染防治攻坚战，解决好与人民群众生产生活息息相关的生态环境问题，自觉把绿色低碳发展方式融入新疆高质量发展大局当中。结合新疆发展阶段和实际情况，控制碳排放总量的增长率和人均碳排放增长率，平稳实现碳中和。碳排放总量增长率应控制在9%以内，人均碳排放增长率应保持在14%以内，确保2030年与全国同步实现碳达峰。重点围绕绿色发展、绿色生活和绿色基建3个方面，在重点区域、重点领域、关键指标上实现新突破，着力降低碳排放，助推新疆高质量发展。

（三）绿色低碳推动新疆高质量发展现状与成效

1. 绿色低碳推动新疆高质量发展现状

（1）新疆总体碳排放基本情况

新疆在国家碳达峰碳中和战略中具有重要地位，为服务国家“双碳”目标，新疆积极探索碳达峰碳中和战略路径。但总体来看，新疆经济社会发展呈现能源高依赖特征，能耗碳耗“双高”问题较为突出，碳排放长期保持刚性增长。截至2023年8月，新疆电网调度口径光伏装机2265万千瓦，发电量累计实现3240.5亿千瓦·时，比2022年同期增长3.0%（见图4-1）。其中，火力发电累计实现2477.3亿千瓦·时，比2022年同期增长2.77%，火力发电占总发电量的76.4%（见图4-2）。截至2023年8月，煤电装机容量6897万千瓦，1—8月发电量累计2258.05亿千瓦·时。

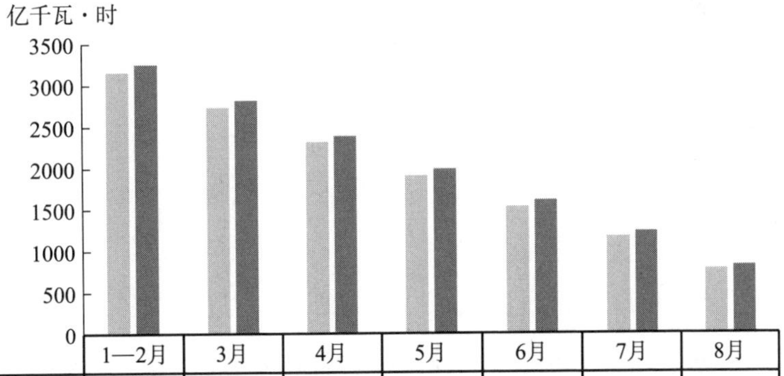

	1—2月	3月	4月	5月	6月	7月	8月
2022年发电量	763.4	1155.6	1518.7	1896.9	2302.1	2723.8	3146.6
2023年发电量	809.3	1217.4	1595.4	1975.9	2375.0	2805.5	3240.5

图4-1　新疆发电量（累计值）统计

数据来源：国家统计局。

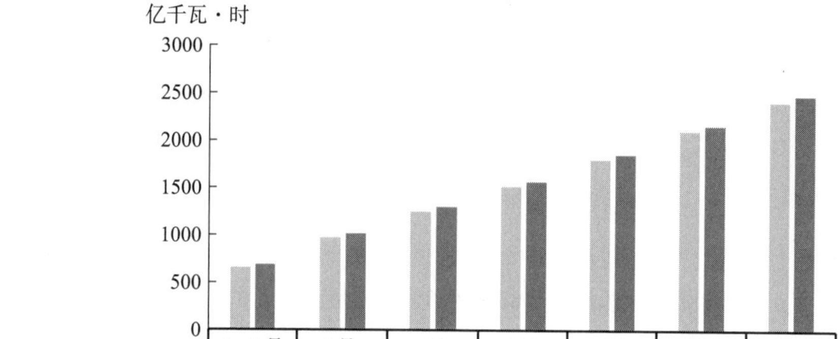

	1—2月	3月	4月	5月	6月	7月	8月
2022年火力发电量	656.6	973.7	1250.7	1513.4	1802.6	2102.5	2410.6
2023年火力发电量	689.8	1016.4	1298.6	1569.2	1855.1	2159.4	2477.3

图 4-2　新疆火力发电量（累计值）统计

数据来源：国家统计局。

与工业结构和布局相对应的地区，成为新疆碳排放的重点区域。目前，新疆的碳排放区域依然集中在七大区域，包括乌昌区域、奎—独—乌区域、克拉玛依市、石河子市、库尔勒市、哈密市及准东区域，覆盖了新疆 7 个地（州、市）及兵团 2 个市的 20 个县（市、区）。整体来看，新疆经济社会尚处于工业化、城镇化快速发展阶段，经济发展水平偏低，能源结构中“化石能源占比大”，能耗水平居高不下，碳排放压力大的现状短期内难以改变，面临结构性“碳锁定”效应。

（2）碳排放重点行业

新疆化石能源的开采与加工，以及与其相应的发电及供热行业配给与发展，成为新疆碳排放的增量主体。分行业看，新疆发电及供热碳排放量最高，其次是工业、农业及交通业。

新疆当前形成的以石油化工、电力工业、有色金属，以及钢铁、水泥为主的门类较为齐全的现代工业体系，是新疆能源消耗量、碳排放量增幅明显的主要原因。

交通运输行业作为国民经济发展和居民生活必需的基础产业之一，已成为继工业、建筑之后的第三大二氧化碳排放源，特别是公路运输占全国交通运输碳排放总量的85%以上。[①] 交通运输部门的节能减排情况对实现“双碳”目标起着关键作用。2023年，新疆汽车保有量达到612.33万辆，在新增的57.75万辆汽车中，新能源汽车达到6.56万辆，占比首次突破10%，累计保有量11.26万辆。[②] 首府城市乌鲁木齐情况相对较好，乌鲁木齐市机动车保有量155.44万辆，其中，新能源汽车保有量2.69万辆（纯电1.13万辆、混合动力1.56万辆），占车辆总数的1.7%。机动车能源类型主要包括汽油、柴油、天然气和电力，尤其是以汽油、柴油为主的机动车碳排放量大。其中，小汽车汽油占比为90%以上，其次电动汽车占比约为4%，柴油和天然气占比相对较低，与小汽车能源类型不同，各地公交车能源类型以电力和柴油为主。

（3）新疆清洁能源发展状况

在“双碳”目标引领下，新疆能源产业绿色低碳转型提速升级，立足“南风北光”的资源优势，大力发展风电、光伏等清洁能源产业。2023年上半年，新疆新增新能源装机容量高达701.7万千瓦，相较于2022年同期的新增新能源装机规模，实现了10.5倍的飞跃。其中，风电装机量为363.5万千瓦，光伏装机量为338.2万千瓦，风力和光伏发电项目的投资同比增长了2.3倍，新能源装机规模达历史新高。在新疆14个地（州、市）中，昌吉、乌鲁木齐、阿克苏地区的新增新能源装机容量位列前三，分别达到了149万千瓦、141.6万千瓦和116.5万千瓦，占新增新能源总装机规模的58.02%。紧随其后的是巴州、喀什、哈密、和田地区，呈现梯次发展的态势，各自的新增新能源装机容量分别为82万千瓦、55.9万千瓦、52.4万千瓦和32万千瓦。[③] 2023年1—8月风电装机3036万千瓦、水电装机938万千瓦，水力发电、风力发电和光伏发电分别实现了223.7亿千瓦·时、408.9亿千瓦·时和130.6亿千瓦·时，其中水力发电、光伏发电分别比2022年同期增长了3.23%和10.21%（见图4-3）。

---

① 《“双碳”目标下的公路交通绿色综合能源系统建设》，澎湃新闻网，https：//m.thepaper.cn/baijiahao_16443313，最后访问日期：2023-11-10。

② 《消费引擎强劲　市场活力十足：2023年新疆经济数据分析》，天山网，https：//www.ts.cn/xwzx/jjxw/202402/t20240222_19319011.shtml，最后访问日期：2024-07-22。

③ 《上半年新疆外送电量616.1亿千瓦时》，新浪财经，https：//finance.sina.com.cn/jjxw/2023-08-06/doc-imzffpwx6911237.shtml，最后访问日期：2023-07-22。

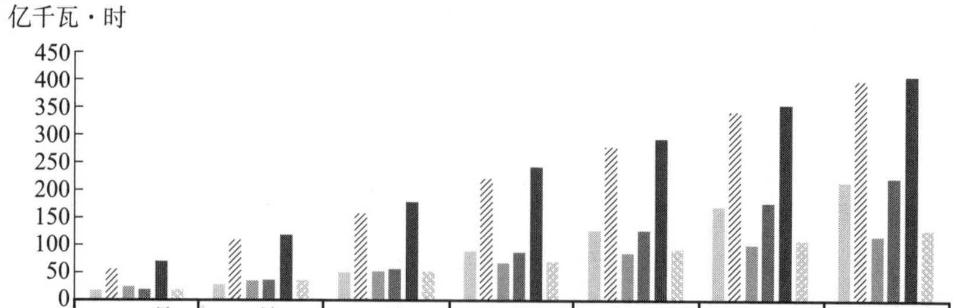

	1—2月	3月	4月	5月	6月	7月	8月
2022年水电	20.4	33.0	54.2	89.9	130.8	174.5	216.7
2022年风电	59.5	111.9	160.5	223.1	281.5	343.0	400.7
2022年光伏发电	27.0	37.1	53.3	70.4	87.2	103.7	118.5
2023年水电	23.5	39.9	59.6	88.7	130.7	179.5	223.7
2023年风电	73.4	121.6	181.4	244.2	295.8	354.9	408.9
2023年光伏发电	22.5	39.5	55.9	73.9	93.4	111.7	130.6

图 4-3　清洁能源发电量（累计值）统计

数据来源：国家统计局。

2. 绿色低碳推动新疆高质量发展成效

（1）政策引导，细化绿色低碳发展方案

在按照全国碳达峰碳中和工作领导小组积极构建碳达峰碳中和“1+N”政策体系的统一部署，以及2022年生态环境部等部委出台的《关于印发〈减污降碳协同增效实施方案〉的通知》等相关文件、法律法规的基础上，新疆出台一系列文件、法规，从全局减污降碳、污染治理到工业、农业、城乡建设等具体行业、领域，制定详细的降碳实施方案，确保实现“双碳”目标。

对标国家方案，紧密结合新疆实际，自治区生态环境厅编制完成《自治区减污降碳协同增效实施方案》，2023年伊始，自治区碳达峰碳中和工作领导小组办公室会议审议通过该方案，并于2月22日联合相关厅局正式印发实施。①

2023年2月，新疆政府发布了《新疆维吾尔自治区城乡建设领域碳达峰实施方案》。该方案旨在统筹规划城乡资源能源的节约集约利用，提升绿色低碳技术的创新与应用水平，推动城乡建设向绿色低碳方向转型。此举将促进新疆提高城乡建设绿色低碳发展水平，控制城乡建设领域的碳排放，助力实现自治区“双碳”目标。②

① 《〈新疆维吾尔自治区减污降碳协同增效实施方案〉政策解读》，环保在线，https://www.hbzhan.com/news/detail/163761.html，最后访问日期：2023-11-10。

② 《新疆发布城乡建设领域碳达峰实施方案　着力推进推动绿色低碳转型》，百度网，https://baijiahao.baidu.com/s?id=1758406783136063696&wfr=spider&for=pc，最后访问日期：2023-11-10。

2023 年 5 月，自治区发展改革委联合商务厅印发《2023 年自治区恢复扩大消费工作实施方案》。该方案明确提出，要加快新能源汽车的布局和推广，以促进自治区内的消费增长。为了实现这一目标，该方案提出了一系列具体的措施。首先，新疆将落实新能源汽车免征车辆购置税政策至 2023 年 12 月 31 日，以降低消费者购车成本。其次，新疆将推进车辆购置税全流程无纸化申报，使购车流程更加便捷。在新能源汽车推广方面，新疆将加快推进党政机关及公共机构推广新能源汽车试点建设。通过探索实施“购置+租赁”等新模式，加大党政机关新能源汽车配备更新力度。具体而言，计划在“乌—昌—石”区域新增及更新公务用车中，新能源汽车占比不低于 80%，其他各级党政机关及公共机构则不低于 60%。鼓励公共服务领域如公交、出租、物流、环卫等新增及更新车辆使用新能源汽车。为支持新能源汽车的发展，还将给予新能源机动车停车优惠，电动汽车充电桩标准充电时长内的服务收费包含停车费，不得另行收取停车费。同时，还鼓励各地（州、市）针对新能源汽车免费停车时间、停车服务费给予延长和折扣等优惠措施。这些措施的实施，将有助于加快新能源汽车在新疆的普及和推广，也将带动相关产业的发展，进一步推动新疆的经济繁荣和社会进步。①

2023 年 8 月，自治区交通运输厅正式发布《新疆维吾尔自治区公路行业绿色低碳发展实施方案》。该方案旨在构建一个高效且环保的绿色低碳交通运输体系，该体系不仅注重能源结构的优化，还强调提升运输设备的能源效率、调整交通运输结构，以及推动污染减排和碳排放减量的协同增效等方面的目标。这一方案不仅明确了公路行业未来的发展方向，也充分体现了交通运输厅对环保和低碳发展的高度重视。②

根据农业农村部、国家发展改革委 2022 年联合印发的《农业农村减排固碳实施方案》和自治区碳达峰碳中和“1+N”政策体系的相关要求，为推进自治区农业农村绿色低碳发展，结合新疆农业生产实际，2023 年 9 月，自治区农业农村厅会同自治区发展改革委制定《新疆维吾尔自治区农业农村减排固碳实施方案（2022—2030 年）》。该方案结合新疆独特的农业生产实际，

---

① 《自治区发展改革委等部门印发 2023 年自治区恢复扩大消费工作实施方案》，新疆维吾尔自治区发展改革委，http：//xjdrc. xinjiang. gov. cn/xjfgw/c112377/202305/f3439fe8015043479dd4d8b4dac1694b. shtml，最后访问日期：2023-11-10。

② 《新疆公路建设全面应用节能环保低碳材料》，搜狐网，https：//www. sohu. com/a/708620222_121414869，最后访问日期：2023-11-10。

明确了种植业节能减排、畜牧渔业减排降碳、农田固碳扩容、农机节能减排、可再生能源替代 5 项重点任务。为了确保这些任务的顺利完成，该方案进一步提出了新疆农业农村减排固碳行动。这个行动主要涵盖畜牧业低碳减排、化肥减量增效、农田碳汇提升等九大行动。这九大行动包含了 16 个具体的专栏，这些专栏详细阐述了各项任务的具体实施步骤和计划，以确保减排固碳目标的实现。该方案的制定和实施，将有力推动新疆农业农村的绿色低碳发展，对保护新疆的生态环境、提高农业生产效率、促进农村经济发展具有重要意义。同时，也体现了新疆在应对气候变化和推动可持续发展方面的积极努力和坚定决心。①

（2）系统谋划，经济发展“含绿量”显著提升

围绕新疆“八大产业集群”，加速推进产业结构优化调整，推动工业领域重点企业实施节能降碳技术改造，逐步将能耗“双控”转变为碳排放“双控”，凸显新疆绿色发展的导向。产业体系的绿色发展也在全面加速，从用地集约化、生产洁净化、废物资源化、能源低碳化等方面推动新疆工业企业转型。

2023 年 1—8 月，新疆规模以上工业增加值同比增长 4.6%。其中，煤炭开采和洗选业，电力、热力生产和供应业，有色金属冶炼和压延加工业，石油、煤炭及其他燃料加工业，石油和天然气开采业增加值同比分别增长 18.5%、6.1%、12.7%、4.2%和 3.4%。② 同时，新疆着力从企业绿色发展入手，推进绿色工厂、绿色产品建设。截至 2023 年 8 月底，新疆共创建自治区级绿色工厂 146 家，自治区级绿色供应链管理企业 7 家，开发自治区级绿色设计产品 53 种，推动建设绿色园区 10 家。此外，新疆还建成国家级绿色数据中心 2 家、国家级工业产品绿色设计示范企业 8 家，企业绿色制造内生动力进一步得到激发。③

（3）绿色低碳产品供给能力逐步提高

绿色低碳产品支撑城乡建设领域低碳发展，绿色供给能力显著增强。新

① 《关于印发〈自治区农业农村减排固碳实施方案（2022—2030 年）〉的通知》，新疆维吾尔自治区农业农村厅，http：//nynct. xinjiang. gov. cn/xjnynct/c113595/202309/d1ab98f7b8c046ebb2348aa77154e427. shtml，最后访问日期：2023-11-10。

② 《2023 年 1—8 月新疆经济运行简况》，新疆维吾尔自治区统计局，http：//tjj. xinjiang. gov. cn/tjj/tjfx/202309/9ddfc9b690ba42a584e748ebb4a303a7. shtml，最后访问日期：2023-11-10。

③ 《新疆：锚定“双碳” 绘就绿色发展新画卷》，百度网，https：//baijiahao. baidu. com/s? id=1775167552930764774&wfr=spider&for=pc，最后访问日期：2023-11-10。

疆作为国家重要的能源资源战略基地，其充足的“绿能”“绿电”成为主要的绿色低碳产品供给区内市场。同时，新疆加强绿色基础设施建设，路网综合管理平台已接入公路网高清视频资源约 1.16 万路，初步实现新疆路网“可视可测可控可服务”工作目标。持续推进综合养护管理平台等重点信息系统建设，推进 G0711 天山胜利隧道智慧工地工程等国家新型基础设施重点工程建设，交通绿色低碳发展不断加快。印发实施《新疆维吾尔自治区公路行业绿色低碳发展实施方案》。积极推动交通装备低碳转型，新增清洁能源（含双燃料）及新能源车辆 2.0 万辆，同比增长 1.7 倍；老旧柴油货车淘汰 2.2 万辆，同比增长 64.6%。2023 年 1—5 月，新疆区域比亚迪新能源车共计销售 8231 台，同比增长 177%。

（4）持续加大绿色信贷投放力度

金融机构不断深挖绿色金融潜能，加快绿色金融服务创新，各地持续助力绿色低碳高质量发展。自哈密市、昌吉回族自治州、克拉玛依市三地荣获全国首批绿色金融改革创新试验区以来，当地金融机构持续创新金融产品与服务，为新疆经济绿色、高质量发展提供有力支持，并就实现“双碳”目标展开有益探讨。截至 2023 年 6 月底，新疆金融机构绿色贷款余额达到 2530.8 亿元，占全部贷款余额的 10.5%，同比增长 18.15%。其中，3 个试验区绿色信贷余额 501.36 亿元，占三地总信贷余额的 18.67%。①

从 3 个试验区具体业务开展情况来看，在支持传统产业绿色化转型方面，哈密市加大对煤炭、钢铁、化工等传统碳密集型行业绿色低碳转型的支持力度。立足能源消费实际，中国人民银行哈密市分行建立煤炭产业贷款月度监测制度，及时梳理金融机构煤炭行业准入政策，积极引导金融机构保障煤电企业发电和煤炭企业生产的合理融资需求。哈密市商业银行切实将绿色理念与要求嵌入治理体系和工作流程中，通过设立 3 个绿色金融专营部门，形成总分联动，自上而下，加快绿色金融响应速度，提升执行力，共同推动绿色金融服务体系建设。截至 2023 年 6 月，哈密市绿色信贷余额 7.2 亿元，比 2022 年末新增 2.81 亿元，增幅为 64%。② 农业银行哈密市分行制定相关绿色金融工作专项政策及指引，调整能源行业业务结构，全面对接国家绿色产业

---

① 《新疆绿色金融改革创新多点开花》，中国环境报，http：//epaper.cenews.com.cn/html/2021-09/14/content_69842.htm，最后访问日期：2023-11-10。

② 《绿色金融赋能经济高质量发展》，中国新闻网，http：//www.xj.chinanews.com.cn/dizhou/2023-07-13/detail-ihcrenwx0584941.shtml，最后访问日期：2023-11-10。

指导目录，大力支持清洁能源、基础设施绿色升级等六大绿色产业发展；重点支持大型风电光伏基地、多能互补综合清洁能源基地以及特高压输电通道、智能电网、高效储能、抽水蓄能电站等项目；择优支持分布式光伏、光热发电项目及生物质能等其他清洁能源项目；继续发掘清洁能源替代、基础设施绿色升级等方面的信贷投放优势，做好碳减排支持工具、煤炭清洁高效利用专项再贷款明确的重点领域信贷投放。2023 年上半年支持绿色信贷项目 11 个，信贷余额为 29. 35 亿元，2023 年新审批绿色信贷项目 7 个，授信额度 100 亿元。①

在支持绿色农业高质量发展方面，昌吉回族自治州通过搭建 1 套机制，打造绿色金融项目、交流、数据三大平台，创新 N 种融资模式，形成绿色金融与普惠金融融合发展的“1+3+N”新模式。中国人民银行昌吉回族自治州分行指导农业银行昌吉回族自治州分行创新全国首笔“植物新品种权质押贷款”，为企业提供 5000 万元信贷支持，支持育种企业发展；落地畜禽活体抵押贷款，指导新疆昌吉农村商业银行创新提供“活畜+保单”组合抵押贷款 8600 万元，支持畜牧业发展；推动新疆昌吉农村商业银行创新建立绿色小额农户贷款管理系统，构建绿色农业贷款风险防范体系和绿色产业可追溯大数据体系。仅 2023 年第一季度，累计发放 5. 05 亿元再贷款，支持法人金融机构为绿色企业发放“绿碳融”贷款，加权平均利率为 5. 65%，较企业贷款利率下降 2. 15 个百分点，为企业节约融资成本约 1100 万元。中国人民银行克拉玛依市分行建立绿色票据和碳减排票据认定标准，专设绿色低碳票据再贴现专用额度，截至 2023 年 3 月末，累计为辖区内 36 家石油石化产业链绿色、具有碳减排效应的中小微企业办理再贴现 8. 99 亿元，贴现利率低于同期同类产品 10 个基点，有效降低了企业融资成本。②

围绕新材料、大型风电光伏、储能设备制造等重点领域，新疆各地金融系统加强与央企、国资国企能源平台及行业龙头企业合作，坚持“早布局、早对接、早审批、早投放”工作思路，开辟绿色通道，匹配专项资源，提升办贷效率。截至 2023 年 7 月末，农业银行新疆生产建设兵团分行绿色信贷余额达 147 亿元，较年初增加 62 亿元；绿色信贷增速达 73%，高于全行贷款平

---

① 《绿色金融“撬动”绿色发展》，腾讯网，https：//new. qq. com/rain/a/20230712A08T1W00，最后访问日期：2023-11-10。

② 《“双碳”三周年金融点绿成金　绿色金融改革创新的新疆实践》，中国金融新闻网，https：//www. financialnews. com. cn/zgjrj/202310/t20231009_280101. html，最后访问日期：2023-11-10。

均增速 55 个百分点，位列四大国有银行之首。

（5）厚植绿色底色，建设美丽新疆

加强区域生态环境联建、联防、联治，构建绿色发展典范，推动新疆生态文明建设。通过落实“三北”防护林工程项目，新疆持续拓展人工绿洲面积，相较于 30 年前的 6.5 万平方公里，现已增至 10 万平方公里，涨幅达到 53.85%。“三北”防护林工程为新疆筑起了一座抵御风沙、保持水土、护农促牧的绿色长城，给各族群众带来绿色和幸福。①

聚焦《“乌—昌—石”区域大气环境整治 2023 年行动方案》安排的 7 个方面 24 项任务，新疆采取有力措施，推进各项任务落地落实，加快“一企一策”实施进度，确保如期高质量完成各项既定任务。在散煤治理方面，实行清单化管理、台账式落实，选派专人进驻施工进度相对落后的乡镇村督导督查，加快项目进度，确保百姓温暖过冬；在工业重点行业污染深度治理方面，落实属地责任和部门监管责任，指导督促企业落实好“一企一策”，落实改造资金、加快项目立项和实施进度。“乌—昌—石”区域清洁取暖改造、农业散煤治理、工业污染深度治理、750 千伏骨干网架建设、交通运输结构优化、企业绩效分级“创 A 晋 B”，以及环境监测、污染源监控、监管执法等大气环境整治各项任务措施取得积极进展。2023 年 1—8 月，“乌—昌—石”区域空气质量优良天数比例同比上升 0.3 个百分点，$PM_{2.5}$平均浓度下降 4.0%，重污染天数比例下降 1.1 个百分点。② 已完成“乌—昌—石”区域 150 家重点企业“一企一策”污染治理方案，并形成钢铁、水泥、煤电等主要行业“一企一策”污染治理范例。2023 年上半年，有数据的 162 个区考河流断面中，Ⅰ～Ⅲ类优良水质断面比例为 95.1%；有数据的 70 个区考湖库点位中，Ⅰ～Ⅲ类优良水质点位比例为 71.4%。③

---

① 《“绿海”锁黄沙　民富生态美——新疆“三北”防护林工程建设扫描》，兵团在线，https：//www.btzx.com.cn/web/2023/6/17/ARTI1686978057250304.html，最后访问日期：2023-11-10。

② 《“乌—昌—石”加强大气环境整治》，新浪财经，https：//finance.sina.com.cn/jjxw/2023-09-18/doc-imznavsq9426622.shtml，最后访问日期：2023-11-10。

③ 《2023 年 1—6 月全区水环境质量状况及城市水环境质量排名情况》，新疆维吾尔自治区生态环境厅，http：//sthjt.xinjiang.gov.cn/xjepd/sth#jcspm/202307/953c5410ef684f15b2f403a219e8b156.shtml，最后访问日期：2023-11-10。

二、绿色低碳推动新疆高质量发展困难与问题

（一）煤炭消费占比仍然较高

新疆能源结构长期以来以煤炭为主导，其消费量占据了能源消费总量的约60%，然而，这种以煤炭为主的能源消费结构在带来经济发展的同时，也带来了环境污染问题。在碳排放方面，产生单位热量燃煤的碳排放比燃用石油和天然气分别高出约36%和61%。尽管新疆在降低碳排放强度方面已经采取了一些措施，但是这些措施的实施效果并不明显。由于新疆的经济相对落后，缺乏资金和技术支持，在一定程度上限制了其在降低碳排放强度方面的能力。这表明新疆能源供给和消费结构在未来很长一段时间内不太可能发生根本性的转变。

从2023年发电量情况来看，水电、风电占比偏小，煤炭（火电）占比依然偏大（见图4-4）。由于新疆的能源消费结构以煤为主，因此在降低碳排放强度方面，面临着很大的挑战。这也使得发展低碳经济成为新疆工业经济突破环境资源承载力“瓶颈”的必然选择。

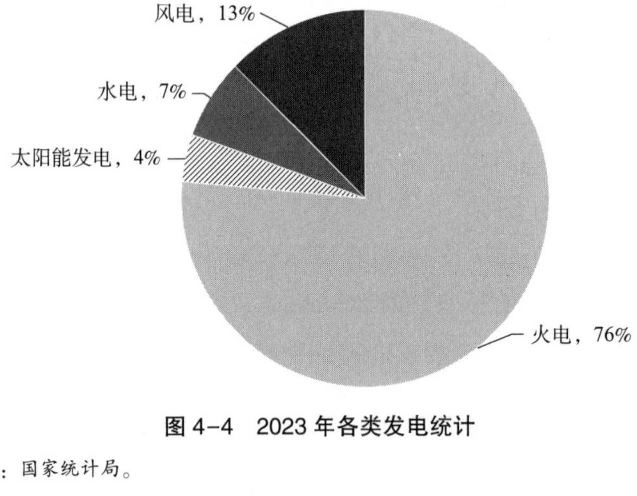

图4-4　2023年各类发电统计

数据来源：国家统计局。

尽管近年来新疆风、光等新能源取得了快速发展，但是能源消费结构中化石能源消费占比偏高这一现象并未发生根本性转变。因此，新疆降低化石能源发电比例以实现减排降碳的目标任务仍然艰巨。

（二）高碳经济发展模式转型艰难

当前，新疆结构性、根源性、趋势性压力尚未根本缓解，生态环境质量改善，尤其是天山北坡城市群大气环境质量改善成效还不稳固，实现碳达峰碳中和目标愿景及推进区域高质量发展任重道远，生态环境治理体系和治理能力尚不能满足新形势、新任务、新要求，协同推进减污降碳已成为经济社会发展全面绿色转型的必然选择。新疆产业“倚能倚重”的特征比较明显，实现碳达峰目标面临着控总量、控强度、控增速等多重现实困境。2023 年，新疆的产业发展呈现对煤炭、石油、电力、热力及冶金等资源消耗型工业的强烈依赖。这些行业的运行和发展对自然资源的消耗巨大，且多为高耗能、高污染产业。与此同时，新疆的制造业及新兴产业的发展相对滞后，没有形成足够的产业集群效应，无法有效地推动经济转型升级。新疆产业结构严重依赖重化工，能源结构过度依赖煤炭，经济发展方式过于依赖能源资源的加工转换，这种状况在短期内难以发生根本性转变。这种产业结构使得新疆的经济增长方式较为单一，对自然资源的依赖程度较高，也加大了环境压力，对生态环境构成了潜在的威胁。尽管自治区各级政府着力推动能源结构的调整和优化，但由于传统产业的强大惯性及新兴产业的薄弱基础，改革进程仍然面临诸多挑战。首先，新疆拥有丰富的煤炭、石油、天然气等化石能源资源，这些资源的开采和利用是导致该地区碳排放量大的主要原因之一。其次，新疆产业结构偏重于重工业和化工行业，这些行业的发展需要大量的能源支持，进一步加剧了碳排放量的增长。最后，新疆各地的城市化进程也在不断加速，城市交通、建筑等领域的能源消耗不断增加，这也导致了新疆碳排放量的上升。由于这些因素的影响，新疆的碳排放量和排放强度相对于其他东、中部省区一直处于高位，未来一段时期也将会保持高速增长的态势。

（三）重点地（州、市）节能减碳任务依然艰巨

从各地（州、市）来看，自 2023 年以来，虽然全疆的能源消费总量及单位工业增加值能耗增速均呈一定程度的下降趋势，但是能源消费总量整体上仍然呈现不断增长的态势。值得注意的是，昌吉回族自治州、哈密市、乌鲁木齐市、伊犁哈萨克自治州、克拉玛依市及阿克苏地区等能源消费较高的地（州、市）将要承担更为繁重的能耗“双控”和减碳任务。由于这些地区的

能源消费量较大，需要采取更加严格的节能减排措施，以确保如期完成节能降碳目标任务。[①] 2023 年 1—9 月，昌吉回族自治州的煤炭、电力、非金属行业均呈现强劲的增长态势，其增加值总和较上年同期增长了 18.9%，对全州规模以上工业增长的贡献率为 8.4 个百分点。昌吉回族自治州依托准东煤田丰富的煤炭资源，以推进世界级硅基新材料产业基地为目标加快构建现代化产业体系，积极促成硅基产业项目落地。目前，已吸引东方希望、特变电工、四川其亚等多家大型企业硅基相关产业项目入驻，通过提升产能补齐上游硅料生产短板，促进产业延链补链强链，实现硅基光伏产业全产业链集群发展，但是由于以高耗能产业发展为基础，区域面临的降碳任务仍然较重。

（四）科技创新体系需进一步健全完善

节能减排降碳对全球环境保护的重要性不言而喻，其关键在于科技创新。自“十四五”以来，虽然新疆节能减排降碳科技创新财政投入增速每年都接近 30%，但仍无法满足节能降碳技术的需求。这种状况凸显了科技创新在节能减排降碳中的重要性，也暴露了新疆在这方面仍然存在的巨大差距。在这一背景下，科技人才尤其是高端技术人才的严重不足，成为制约发展的一个重要因素。由于人才的匮乏，科技创新的推进步履维艰。新疆的创新平台总体规模较小且数量偏少，特别是针对节能减排和降碳领域的基础研究，以及成果产业化的科研平台稀缺，对技术的研发和应用无疑是一个巨大的挑战。此外，现行储能技术政策还不够完善，应用场景的边界也还不够清晰。这些问题不仅影响了节能减排降碳技术的研发和应用，也限制了新疆在这方面的发展。同时，储能商业模式单一，收益无法得到有效保障，使得节能减排降碳技术的发展缺乏持续的动力和稳定的支撑。在企业参与碳排放交易方面，新疆也刚刚起步。虽然专业人才、技术水平、碳排放水平等方面取得了一定的进步，但还需要加快完善提升。只有充分注重科技创新和人才培养，以及构建更加完善的政策体系和商业模式，新疆节能减排降碳工作才能取得更大的突破。因此，科技创新、人才培养和政策完善是新疆推进节能减排降碳工作的关键所在。

---

① 《新疆工业领域节能降碳需关注的问题及对策建议》，新疆维吾尔自治区发展和改革委员会，http：//xjdrc. xinjiang. gov. cn/xjfgw/hgjj/202302/f4cb90619fc54fc5bb588088606bd557. shtml，最后访问日期：2023-11-10。

三、绿色低碳推动新疆高质量发展的对策建议

（一）严守生态环境保护底线

贯彻落实新疆维吾尔自治区人民政府印发的《新疆维吾尔自治区国土空间规划(2021—2035 年)》《新疆维吾尔自治区“三线一单”生态环境分区管控方案》相关要求，将生态保护红线、环境质量底线、资源利用上线的硬约束切实落实到环境管控单元。坚定维护生态环境保护底线的原则，深入推行“三线一单”生态环境分区管控，实现环境保护与经济发展的有机融合。在国家、自治区规定的基础上，各地根据区域的环境承载能力构建差异化的生态环境准入清单，在环境准入、政策制定、监管执法、园区管理等领域进一步强化“三线一单”成果的应用。完善以环评制度为核心的前端预防体系，严格执行规划环评审查和项目环评准入标准。通过深入研究并制定针对“两高”(高能耗、高污染）行业的环保评估管理规范性文件，严控“两高”项目的准入门槛。围绕克拉玛依市和库车经济技术开发区碳达峰试点建设工作，推进区域经济社会的绿色转型，并起到典型示范作用。针对新疆干旱特征，关注气候变化对干旱地区的长远影响，建设性地参与到气候变化对干旱地区经济社会影响的研究与实践进程中。同时，建立健全新疆碳排放数据质量管理的长效机制，针对重大经济技术政策的实施要进行生态环境影响评估，确保所有政策和项目的实施都不会对新疆生态环境造成不良影响。

（二）加大重点行业、领域减碳力度

聚焦新疆产业发展状况，通过加大产业结构和能源结构调整优化力度，推进冶金、建材、化工等传统产业领域实施节能降碳改造，引导重点企业用能设备提高能源使用效率，擦亮绿色发展底色。

围绕新疆“八大产业集群”，聚焦重点行业、重点领域减排。在工业领域，发挥资源能源型产业的独特优势，积极推动传统产业的升级改造，进一步优化产业发展层次结构，使产业链条更加完善，形成具有持续竞争力的特色优势产业集群。致力于推进延链、补链、强链等一系列措施，确保产业链的完整性和协同性，打造低碳转型效果显著的先进制造业集群。重点培育和壮大油气生产加工产业集群，充分发掘能源资源潜力，通过科技创新和技术进步，不断提高油气增储上产的能力。为此，要坚定不移地推进油气勘探、

开发、生产等各环节的工作，确保自治区油气当量持续增长，为地方经济发展和国家能源安全作出贡献。在石化产业方面，健全下游产业链，大力发展高端聚烯烃，高性能合成树脂、合成纤维、合成橡胶等新型合成材料。这些新型合成材料具有高性能、低能耗、环保等特点，符合当前绿色、低碳、可持续发展的要求。通过技术创新和产业升级，不断提高这些材料的生产效率和产品质量，为推动石化产业的高质量发展作出积极贡献。推动煤炭产业高质量发展，优先释放优质产能，煤制油气领域应注重富油低阶煤的分类、分级及清洁高效利用技术研究。积极推进现代煤化工产业的发展，加速构建准东、哈密等国家煤制油气战略基地建设，发展煤制烯烃、芳烃、含氧化合物等基础化工原料生产，以及高端聚烯烃、高性能聚酯纤维等高附加值产品制造。

在农业领域，以粮食主产区、果蔬优势、农业绿色发展先行区等为重点，推进氮肥减量增效，促进农业可持续发展。通过广泛开展测土配方施肥，不断提高配方肥到位率，努力实现农业节本增效。同时，通过积极引导农民和新型农业经营主体积极施用有机肥等多种方式，促进有机养分资源的有效利用。在化肥减量增效示范区，大力推广应用水肥一体化、高效新型肥料等先进适用的农业技术，不断提高肥料利用率和农业生产效益。发挥秸秆还田和保护性耕作固碳作用，通过秸秆粉碎抛撒和机械还田技术的推广应用，将农作物残留物有效地转化为有机肥料，并配套生物腐解和碳氮调节等技术，使碳元素更好地保留在土壤中，在增加土壤有机质含量的同时，减少化肥的使用量，进一步降低农业对环境的影响。同时，保护性耕作固碳技术的应用也有助于减少大气中的二氧化碳含量，减缓全球气候变暖的速度。在推进绿色交通建设助力碳达峰方面，关键要将低碳交通治理与交通运输效率提升作为核心策略，促进新疆交通运输能源的转型，实现低碳交通治理体系和治理能力的现代化。新疆交通企业应高度重视并主动参与低碳交通技术创新，在交通运输的各个领域和环节大力推广可再生能源的应用，并充分挖掘减排潜力，推动能源转型。在绿色交通领域，要重视自主控制加油、气、氢、制氢燃料电池热电联供发电站，依托新疆氢联盟建设，发展氢燃料电池系统产品等公路交通综合能源产业链。积极推动交通与能源的深度融合，加快智能电网、储能、分布式能源等新能源技术的研发和应用，构建低碳、高效、智能的交通能源体系。

(三) 多方引导，推动现代服务业低碳绿色发展

首先，积极推进绿色生产性服务业的发展。在推进绿色金融产业的发展进程中，构建创新性的贷款评估体系，将环保指标纳入现有的会计核算体系，增强信贷决策过程中生态环保意识。针对有利于节约资源和保护生态环境的项目，从降低利率方面实施贷款优惠政策；对给生态环境造成严重影响的项目，实行高利率进行贷款限制。依托克拉玛依市等 3 个绿色金融改革创新试验区，加强金融产品创新，推出绿色信贷、绿色债券和绿色基金等金融产品，设立支持绿色金融和绿色技术投资的基金产品，开发与资源再生和环保产业相关的信贷业务及保险产品。其次，加快绿色物流业公共基础设施的规划和建设。深入研究新疆当前物流行业的发展状况，坚持绿色物流理念，逐步整合、改造现有物流基础设施的规模、布局和功能，提升基础设施的利用效率。充分利用先进的科技手段，如人工智能、大数据等，实现对物流过程的智能化管理，进一步降低物流行业的碳排放，推动绿色物流业的发展。最后，开展绿色采购和绿色消费，提高生活性服务业绿色低碳发展能力和水平。广泛宣传绿色消费理念，通过媒体和社交网络平台引导消费者积极参与绿色消费活动。持续在新能源汽车的促销方面发力，鼓励公交车、出租车、公用车率先使用新能源汽车。在公共设施建设领域推广使用绿色低碳技术和材料，在家装家居领域推广使用绿色建材，创新绿色采购和消费模式，开拓绿色服务途径，以实现更广泛的社会影响和可持续发展目标。此外，应在全社会开展绿色低碳的宣传教育，从而更加主动地倡导绿色消费，提升环保意识。围绕衣食住行方面的绿色标识、绿色包装等，加深消费者对绿色产品的理解，推动消费者能够更精准地识别和挑选绿色产品，既提升其辨别绿色产品的能力，也逐步提高其购买绿色产品的主动性和信心。倡导消费者适度消费，并积极推广循环消费理念。通过减少浪费、倡导循环消费及消费品回收利用，提高资源的利用效率，最终在全社会范围内广泛传播绿色消费观念，引导广大消费者树立正确的消费观，积极参与到绿色消费行动中。

(四) 培育壮大战略性新兴产业

在国家经济发展战略中，新能源和新材料的战略性新兴产业集群被视为重要的增长极。通过实施产业基础再造工程和建链、补链、强链专项行动，致力于打造一系列具有国际竞争力的产业链，包括氢能、能源装备、硅光伏、

硅化工、电子材料、碳基新材料、生物医药、软件和信息技术服务、网络和数据安全等领域。

在新能源领域，加快在准东、哈密北、南疆等地建成国家大型风能、太阳能千万千瓦级的新能源基地。此外，积极推进化学储能等新型储能方式的研发和应用，以实现风光水储一体化发展。为了推动氢能产业的快速发展，建设了一批氢能产业示范区，努力推动氢能产业链的集聚发展。在先进装备制造业领域，加快发展输变电、光伏、风电、农业机械、新型纺织机械、能源化工等优势特色产业。同时，推进重点地区先进装备制造业基地的建设工作。在新材料领域，围绕昌吉、库尔勒、哈密、阿克苏等重点区域，进一步拓展硅基、铝基、钛基、碳基、生物基等新材料生产加工能力。通过促进上游原材料与下游精深加工的协同发展，加快碳纤维、芳纶、超高分子量聚乙烯等化工新材料的研发和应用。同时，推动“新能源+煤电硅材一体化”的绿色发展模式进入新的阶段。在生物医药领域，推动生物医药产业的创新发展。大力发展中药材产业链，包括特色中医药、化学药、原料药（中间体）、疫苗试剂，以及生物医药衍生领域的日用化妆品、保健品等产业。

（五）加强低碳绿色技术创新

优化科研平台架构，提高绿色技术创新能力，打造以政府为导向、企业为主体、产学研紧密合作的节能环保产业技术创新体系。这一体系以推动技术创新为核心，注重知识、技术、信息、数据等新生产要素的支撑作用，强化对碳捕获、利用与封存（Carbon Capture，Utilization and Storage，CCUS）技术等负排放技术的开发和规模化、产业化应用，加速产业链低碳升级。在这个过程中，政府发挥引导作用，企业发挥主体作用，同时产学研协同为技术创新提供更强大的支持。加强先进适用技术的推广应用，鼓励探索绿色低碳技术推广新机制。同时，要支持符合条件的绿色低碳技术装备、绿色材料应用，推动数字化、智能化、绿色化融合发展。在推动数字化、智能化、绿色化融合发展方面，加快信息技术在绿色制造领域的应用。通过采用工业互联网、大数据、5G 等新一代信息技术，提升能源、资源、环境管理水平，深化生产制造过程中数字化的应用，助力提升行业绿色低碳技术创新、绿色制造和运维服务水平，并提高工业领域绿色转型发展效率和效益。

加强节能减排人才的培养、引进和利用。为加强节能减排工作的实施效果，需要重视节能减排人才的培养、引进和利用。首先，培养节能减排人才是关键。一方面，通过在高等教育机构中设立相关专业，开设节能减排方面的课程，培养出一批具备专业知识和技能的人才；另一方面，开展职业技能培训和继续教育，增强在职人员的节能减排意识和技能水平。其次，引进节能减排人才也非常重要。可以通过建立绿色人才引进机制，制定相关政策，柔性吸引更多具有国际视野和经验的专业人才，为新疆的节能减排事业贡献力量。

（六）建立区域联动协调推进机制

将能源消费、经济增长和碳排放作为相互关联的系统整体，通过加强各地（州、市）之间的密切合作及兵地之间的协调联动，共同采取科学合理的措施，促进区域碳排放、经济发展与环境保护三者之间建立起良好的关系。充分发挥各地（州、市）在资源、环境、政策等方面的优势，积极发展低碳产业，推动产业结构优化升级。通过加强区域间的深度合作，在技术创新、产业发展、公共服务、城市建设、旅游等领域展开全方位的合作，打破行政区域界限和体制机制障碍，从宏观和整体的角度出发，促进能源消费、经济增长和碳排放系统发展的协调性和持续性。首先，建立地（州、市）协同的碳中和管理机制，通过先进的科技手段实现碳减排、碳中和全流程、全地域的跟踪和监测，形成政府、企业和社会各方协同治理的良好格局，推动实现全疆范围内的“双碳”协同效应。其次，建立健全碳中和统计体系，不断完善碳中和治理体系，提升治理能力和水平。建立财税部门、产业部门等多方参与的联席制度，从财政、税收、能源消耗、产业升级、市场监管等多个方面全面统筹碳中和措施的实施。通过落实相关专项资金，对低碳技术研发、低碳企业给予必要的财政和政策支持，推动低碳技术和产业的创新发展。最后，鼓励民间组织、企业和个人参与低碳投资，共同推动绿色低碳发展的营商环境建设。从税收减免、贷款优惠、补贴等方面研究制定鼓励低碳投资的优惠政策，降低民间组织、企业和个人参与低碳投资的成本。选取具有代表性的低碳投资项目，发挥示范带动作用，引导更多民间组织、企业和个人参与低碳投资。

第五章　高水平开放推动新疆经济高质量发展报告①

方　波　帝娜·阿德力②

摘　要：高水平开放，是实现经济高质量发展的重要路径。近年来，新疆加快提升对外开放层次，创新开放型经济体制，积极打造内陆开放和沿边开放高地，在推动新疆经济高质量发展方面取得显著成效。本章通过熵值法对新疆2002—2020年高水平开放程度进行综合评价分析，并通过建立经济计量模型分析了高水平开放对新疆经济增长的影响。研究发现，新疆对外开放程度2002—2020年不断提高，年均增长率达到29.20%；高水平开放是新疆经济增长的重要原因，高水平开放程度每提高1%，会拉动新疆GDP增长0.54%；高水平开放可以从各个方面加速推动新疆的经济高质量发展，实现通道经济向枢纽经济、产业经济、落地经济的转变。基于上述研究结果，本章认为新疆在持续提高对外开放水平中应更加充分发挥区位优势，加快推进现代物流业建设；完善金融体系建设，打造一流营商环境；积极打造开放型特色产业体系；不断加强与周边国家经贸合作交流，加快推进中国（新疆）自由贸易试验区建设。

关键词：新疆；高水平开放；高质量发展

党的二十大报告指出："高质量发展是全面建设社会主义现代化国家的首要任务。""坚持高水平对外开放，加快构建以国内大循环为主体、国内国际双循环相互促进的新发展格局。"在建设中国式现代化的历史征程中，坚持以

---

① 本章系新疆社会科学院基金项目"高水平开放背景下新疆对外经贸高质量发展研究"（23QYJ05）的阶段性研究成果。

② 方波，新疆社会科学院中亚研究所助理研究员。研究方向：国际贸易、计量经济学。帝娜·阿德力，新疆社会科学院中亚研究所助理研究员。研究方向：区域国别学。

更高水平开放，推动新疆经济高质量发展，是完整准确贯彻新时代党的治疆方略，全面建设社会主义现代化新疆，为全面推进中华民族伟大复兴作出新疆贡献的重要工作。

一、新疆高水平开放的意义与优势

（一）新疆高水平开放的意义

高水平开放，是新疆经济社会发展的关键词，是实现新疆经济社会高质量发展的重要路径。高水平开放，决定了营商环境的持续优化方向，能增强经济活力、动力。同时，高水平开放，是增强市场信心，构建新发展格局，发展新型经济形态的必由之路。

党的二十大报告提出，推进高水平对外开放，要统筹好高水平对外开放中的五对关系：一是统筹好内与外的关系，增强国内国际两个市场两种资源的联动效应；二是统筹好流动型开放与制度型开放的关系，稳步扩大规则、规制、管理、标准等制度型开放；三是统筹好量与质的关系，加快建设贸易强国；四是统筹好开放先导与区域协调开放的关系，优化区域开放布局；五是统筹好中国开放与世界开放的关系，维护多元稳定的国际经济格局和经贸关系。这五对关系，是理解高水平开放的理论基石。高水平开放既符合经济发展客观规律，又适应现阶段中国经济发展的内在要求。

从高水平开放与高质量发展的内在逻辑来看，高水平开放，有利于凝聚高质量发展的共识。第三次中央新疆工作座谈会上提出，“把新疆自身的区域性开放战略纳入国家向西开放的总体布局中，丰富对外开放载体，提升对外开放层次，创新开放型经济体制，打造内陆开放和沿边开放高地”。2023 年自治区人民政府常务会议提出，进一步转变观念，立足区位优势，“积极构建开放型经济体制，加大‘走出去、请进来’力度”，拓展新疆与周边国家全方位多领域务实合作，坚定不移以更高水平开放，推动新疆经济社会高质量发展。①

以开放促改革，以改革助发展，以发展谋改变。开放带来空间观念的变化，统筹国际国内合作，兼顾国内国外两个循环体系，提高内陆开放与沿边开放层次水平。开放带来产业分工观念变化，出口扩大、吸引外资能力增长，

---

① 《自治区政府召开常务会议扎实推进新疆高水平对外开放》，新疆维吾尔自治区人民政府网，http：//www. xinjiang. gov. cn/xinjiang/zfxxzwhy/202304/1f4df3d9a5cb44359823ffdf7383505c. shtml，最后访问日期：2023-10-02。

产业分工体系也随着国际国内合作的增加更加科学，产业链、价值链和创新创业优势不断显现。开放带来发展观念的转变，新科技产业革命与供给侧改革成果的有机结合，激发新经济发展动能和效能提升。开放带来制度转变，政策洼地变为制度和创新高地，法治化、市场化、国际化水平不断提升。

高水平开放为高质量发展提供新动能。在高水平参与全球分工体系实现产业集群发展升级转型的同时，高水平开放进一步整合了新疆的经济社会资源与优势，提升了更具开放性的创新发展新形态，推动投资与经济贸易合作更高质量发展，在科技、人才、国际金融体系等各类要素聚集上，具有更强的竞争力、吸引力，产业布局更为贴近现实需求，优势领域更加彰显区域合作的巨大成效。

（二）新疆高水平开放的优势

1. 区位优势

新疆地处我国西北地区，位于亚欧大陆腹地、新亚欧大陆桥、中蒙俄、中国—中亚—西亚、中巴经济走廊交会处，是“东联西出”“西进东出”重要的进出口商品集散地和中转站，是中国大陆进入中亚地区最便捷的通道，同时新疆是沟通中国与周边其他国家的战略纽带，也是中国从陆地上与欧洲国家沟通的关键。当前，新疆拥有 18 个国家对外开放口岸，中欧（中亚）班列线路 23 条，通达 19 个国家、26 个城市。[①] 独特的区位条件为高水平开放平台聚集全球要素资源和服务西部、辐射全国经济提供了便利，同时给新疆带来了巨大的发展潜力。

2. 资源优势

新疆资源优势非常明显，在全国经济社会发展中，占有非常突出的重要地位。新疆矿产资源充裕、种类齐全，是中国矿产资源比较丰富、矿种配套比较齐全的省份之一。现已探明矿种 138 种，已探明储量的矿产 117 种，钠基、钙基膨润土储量 23 亿吨，氧化铍储量 4 万吨，均居亚洲第一。新疆日照时间长，全年日照数达 2550～3500 小时，居全国之首。新疆风力资源丰富，年风能理论蕴藏量为 3 万亿千瓦·时左右。新疆湖泊众多，水域面积 5504. 5 平方公里，年水能资源理论蕴藏量 3355. 45 万千瓦·时，约为西北其他四省

① 《〈大道如虹丨聚焦共建“一带一路”倡议提出十周年〉驭风前行　铺就联通亚欧之间“黄金通道”》，新疆网，http：//m. xinjiangnet. com. cn/article/138150，最后访问日期：2023-11-28。

区的总和。

新疆活立木总蓄积量 3.1 亿立方米，森林面积 197.8 万公顷，森林蓄积量 2.8 亿立方米。新疆拥有草原面积 8.6 亿亩，占全国草原面积的 22%。新疆细羊毛产量约占全国同类产品产量的 36.7%，羊肉、牛肉产量分别居全国第一位和第五位。新疆有野生植物 132 科、856 属、近 3569 种，有国家重点保护动物 116 种，约占全国保护动物的 1/3。

新疆旅游资源丰富，在 68 种基本类型中至少拥有 56 种，占全国实体旅游资源总量的 83%，居全国首位。在人文旅游资源上，以古"丝绸之路"主线为骨干框架支撑，纵深支线四通八达划区布点，其中，国家级重点文物保护单位 14 个，自治区级文物保护单位 154 个。①

3. 政策优势

2015 年 3 月，国家三部委联合发布《推动共建丝绸之路经济带和 21 世纪海上丝绸之路的愿景与行动》，提出"发挥新疆独特区位优势和向西开放窗口重要作用，打造丝绸之路经济带核心区"。2020 年 9 月，习近平总书记在第三次中央新疆工作座谈会上强调，新疆要"以推进丝绸之路经济带核心区建设为驱动，把自身的区域性开放战略纳入国家向西开放的总体布局中""打造内陆开放和沿边开放的高地"。2022 年 7 月，习近平总书记视察新疆时指出，随着我国扩大对外开放、西部大开发、共建"一带一路"等深入推进，新疆从相对封闭的内陆变成对外开放的前沿。②

新疆正积极将政策优势转化为经济社会发展的行动优势。2022 年 11 月，自治区党委十届六次全会提出，推进高水平对外开放，加快申建中国（新疆）自由贸易试验区，打造市场化法治化国际化营商环境，加快"一港、两区、五大中心、口岸经济带"建设。2023 年 1 月，自治区党委十届七次全会提出，推进高水平对外开放，推动丝绸之路经济带核心区高质量发展，积极打造亚欧黄金通道和向西开放的桥头堡。2023 年 11 月，中国（新疆）自由贸易试验区挂牌成立，充分体现出以习近平同志为核心的党中央对新疆开放发展的高度重视和充分肯定，对全面推进中国式现代化的新疆实践具有重要意义和

---

① 《新疆维吾尔自治区资源宝藏》，中华人民共和国国务院新闻办公室，http://www.scio.gov.cn，最后访问日期：2023-11-28。

② 《习近平在新疆考察时强调，完整准确贯彻新时代党的治疆方略　建设团结和谐繁荣富裕文明进步安居乐业生态良好的美好新疆》，新华网，https://baijiahao.baidu.com/s?id=1738417773019732194&wfr=spider&for=pc，最后访问日期：2023-11-20。

深远影响。

二、新疆高水平开放现状分析

（一）外贸现状分析

1. 外贸规模

2023 年 1—8 月，新疆外贸进出口总额 314.4 亿美元，同比增长 42.2%，其中，出口额 264.9 亿美元，同比增长 44.4%；进口额 49.5 亿美元，同比增长 31.6%。从历史趋势来看，2022 年新疆的对外贸易总额相较以前有了巨大的提升（见图 5-1）。2002 年新疆的外贸进出口总额为 26.92 亿美元，2022 年达到了 366.84 亿美元，约是 2002 年的 13.63 倍。新疆外贸整体保持平稳增长，2016 年呈下降态势，之后进入稳步回升阶段。从进口额和出口额来看，2002 年新疆的进口额和出口额分别占新疆贸易总额的 50%左右，2022 年分别为 15.19%和 84.81%。

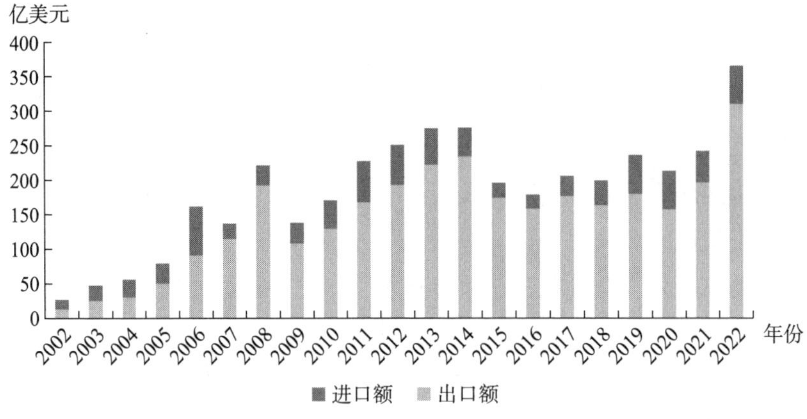

图 5-1　新疆 2002—2022 年对外贸易总额

从各地（州、市）的外贸规模来看（见图 5-2），2023 年 1—8 月，喀什地区、伊犁哈萨克自治州、乌鲁木齐市和博尔塔拉蒙古自治州的进出口额较大，分别为 73.4 亿美元、72.2 亿美元、65.8 亿美元和 42.8 亿美元。从同比数据来看，喀什地区、伊犁哈萨克自治州、巴音郭楞蒙古自治州、和田地区和克拉玛依市的增幅较高，均在 50%以上；吐鲁番市、哈密市、克孜勒苏柯尔克孜自治州和昌吉回族自治州呈现负增长。

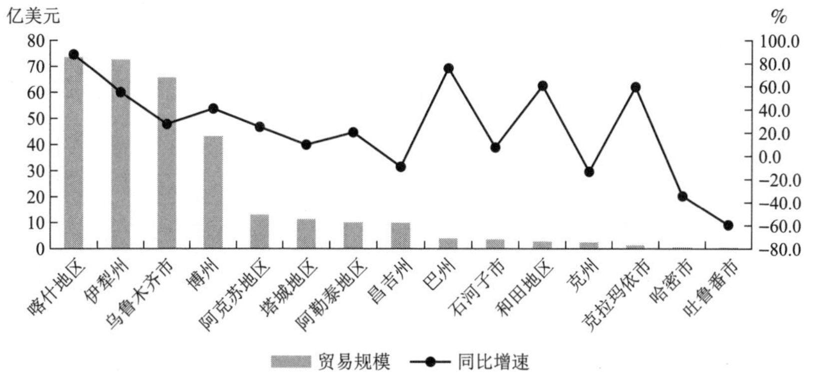

图 5-2　新疆 2023 年 1—8 月对外贸易总额及同比增速

2. 外贸结构

从出口的产品结构来看（见表 5-1），2023 年 1—8 月，新疆的机电产品和服装及衣着附件的占比较大，分别为 30.37%和 28.89%；高新技术产品、电动载人汽车等高科技产品的增速较快，均在 100%以上；钢材和焦炭及半焦炭等初级产品占比较小且增速呈负值。

表 5-1　2023 年 1—8 月新疆出口产品类别

商品	出口额（亿美元）	同比增速（%）
机电产品	85.98	65.3
服装及衣着附件	81.59	28.3
鞋靴	23.51	43.7
纺织纱线、织物及其制品	15.38	124.0
高新技术产品	11.84	116.3
玻璃及其制品	2.34	146.5
电动载人汽车	1.25	263.4
家具及其零件	0.86	135.1
钢材	0.61	-71.5
未锻轧铝及铝材	0.47	-41.3
木及其制品	0.07	-18.39
焦炭及半焦炭	0.06	-19.9
花岗岩石材及其制品	0.06	-39.1

从进口的产品结构来看（见表 5-2），2023 年 1—8 月，新疆进口的商品中金属矿及矿砂的占比较大，为 28.0%，且同比增速也较快，为 49.0%。机电产品和高新技术产品占比分别为 10%和 5%，同比增速分别为 73.1%和 39.7%。

表 5-2　2023 年 1—8 月新疆进口产品类别

商品	进口额（亿美元）	同比增速（%）
金属矿及矿砂	15.55	49.0
天然气	7.83	-3.3
农产品	6.71	34.1
食品	5.89	41.7
未锻轧铜及铜材	5.41	62.6
机电产品	5.22	73.1
高新技术产品	2.55	39.7
基本有机化学品	2.09	8.0
煤及褐煤	1.70	-11.9
纸浆、纸及其制品	1.62	142.5

从产品结构可以看出，目前新疆在进口方面多为原材料等产品，出口方面多为工业制成品，新疆的产品附加值逐渐提升，但对高附加值的高新技术类产品的进出口量仍较小。

3. 贸易方式

从贸易方式上看（见表 5-3），边境小额贸易是新疆支柱型贸易方式，边境小额贸易总额占新疆贸易总额六成以上，贸易额也快速增长，且这种增长速度是由边境小额贸易出口额的快速增长拉动的；新疆的一般贸易额趋势稳定，占据新疆贸易总额的四成左右，且一般贸易出口额占出口总额的比例基本稳定，而进口额的这一占比呈大幅上升趋势；2013—2022 年，新疆加工贸易总额仅占新疆贸易总额的 1%~2%，且呈下降趋势。2023 年 1—8 月新疆一般贸易额 75.82 亿美元，同比增长 13.4%；加工贸易额 4.75 亿美元，同比增长 64.2%；边境小额贸易额 197.02 亿美元，同比增长 52.3%。

从企业性质看，2023 年 8 月，新疆国有企业和民营企业进出口额分别为 3.21 亿美元和 46.88 亿美元，同比增速分别为-1.1%和 14.1%；2023 年 1—8 月，新疆民营企业累计进出口额为 293.63 亿美元，同比增速为 47.9%。

表 5-3　2013—2022 年新疆主要贸易方式进出口总额及占比　单位：亿美元

年份	主要贸易方式		
	一般贸易	加工贸易	边境小额贸易
2013	95.12（35%）	5.10（2%）	143.57（52%）
2014	110.00（40%）	4.51（2%）	142.25（51%）
2015	83.76（43%）	2.63（1%）	96.19（49%）

续表

年份	主要贸易方式		
	一般贸易	加工贸易	边境小额贸易
2017	56.56（27%）	1.32（1%）	137.47（67%）
2018	71.17（36%）	1.21（1%）	120.58（60%）
2019	81.74（34%）	1.47（1%）	142.27（60%）
2020	98.72（46%）	1.81（1%）	100.96（47%）
2021	99.02（41%）	2.01（1%）	129.05（53%）
2022	100.14（27%）	4.54（1%）	222.92（61%）

注：本表数据来自2002—2022年新疆统计公报，其中2016年关于贸易方式的数据于公报中没有记载，故本表没有统计此相关数据。

4. 贸易主体

2023年上半年新疆对外贸易合作的主要经济体进出口总额如图5-3所示。

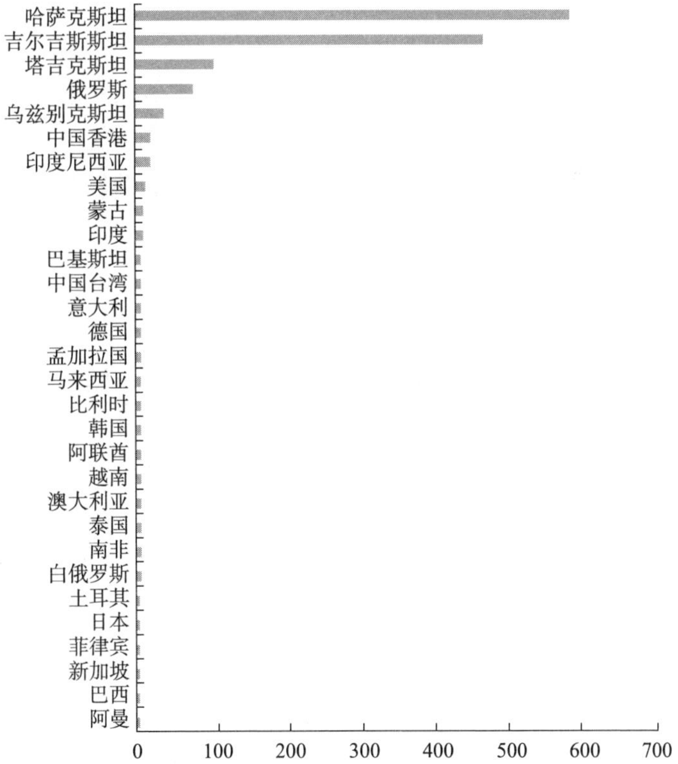

图5-3　2023年上半年新疆对外贸易合作的主要经济体进出口总额（单位：亿元）

资料来源：2023年1—6月新疆海关数据。

2023 年 1—6 月，新疆对中亚五国进出口总额为 1196.6 亿元，同比增长 75.1%，占全自治区贸易总额的 80%，其中，对哈萨克斯坦进出口额为 583.9 亿元，同比增长 99.7%；对吉尔吉斯斯坦进出口额为 466.6 亿元，同比增长 43.8%；对塔吉克斯坦进出口额为 106.1 亿元，同比增长 68.2%。对“一带一路”国家进出口额为 1383 亿元，同比增长 68.2%；对欧盟进出口额为 34.4 亿元，同比增长 14.8%；对 RCEP 其他成员国进出口额为 54.3 亿元，同比下降 1.6%；对美国进出口额为 13.65 亿元，同比增长 78.5%。

目前，新疆的主要贸易经济体是中亚国家和俄罗斯，虽然与南亚、欧洲、亚太、北美等国家存在贸易合作，对外贸易地区呈现多元化，但是贸易规模较小，贸易体量不大，新疆目前的进出口市场比较集中，而集中的外贸市场会加剧企业的内部竞争，产生明显的外贸摩擦，不利于出口市场的进一步拓展。

（二）基础设施建设及成效

1. 中欧班列

截至 2022 年底，中欧班列累计开行 65562 列，通达 23 个国家、180 个城市，物流服务网络覆盖亚欧大陆全境。目前，中欧班列铺划了西、中、东三条通道（见表 5-4），其中，西通道由新疆阿拉山口口岸、霍尔果斯口岸出境，通达欧洲各国。

表 5-4　中欧班列开行路线

中欧班列通道	西通道	中通道	东通道
出境口岸	1. 阿拉山口口岸； 2. 霍尔果斯口岸	内蒙古二连浩特口岸	1. 内蒙古满洲里口岸； 2. 黑龙江绥芬河口岸
通道路线	1. 经哈萨克斯坦与俄罗斯西伯利亚铁路相连，途经白俄罗斯、波兰、德国等，通达欧洲各国； 2. 经哈萨克斯坦跨里海，进入阿塞拜疆、格鲁吉亚、保加利亚等国，通达欧洲各国	途经蒙古国与俄罗斯西伯利亚铁路相连，通达欧洲各国	途经俄罗斯西伯利亚铁路，通达欧洲各国

从中欧班列五大口岸通行情况来看（见表 5-5），2022 年，阿拉山口口岸和霍尔果斯口岸共通行中欧班列 13273 列，占比约为 63%。截至 2022 年底，阿拉山口口岸和霍尔果斯口岸累计通行中欧班列分别为 30209 列和 27264 列，

占比分别约为33%和30%。可以看出，目前新疆的西通道是中欧班列的主要通行通道。

表 5-5　2022 年中欧班列五大口岸通行情况

五大口岸	通行数量（列）	累计通行数量（列）	累计占比（%）
阿拉山口	6209	30209	33. 35
霍尔果斯	7064	27264	30. 10
满洲里	4818	19818	21. 88
二连浩特	2555	11555	12. 76
绥芬河	820	1723	1. 90

截至 2022 年底，新疆共组织开行中欧（中亚）班列 6998 列。其中，2022 年新疆组织开行中欧班列 1440 列，占全国开行总数的 8. 7%，较 2021 年提高了 0. 9 个百分点，创历史新高。2018 年、2022 年新疆中欧班列组织开行情况受到国务院表扬。目前，新疆中欧班列开行路线已达 23 条，通达 19 个国家、26 个城市，形成了疆内多点始发、多地运行、多点到达的运输格局。①

2. 乌鲁木齐国际陆港区

2015 年，为认真贯彻落实第二次中央新疆工作座谈会精神，特别是会议提出的“研究开通乌鲁木齐至中亚国家主要城市的直达定点班列，以及新疆至欧洲直达货运班列”，结合优势和特点，乌鲁木齐经济开发区谋划建设了以中欧（中亚）班列发运为主要业务支撑的乌鲁木齐国际陆港区。

自乌鲁木齐国际陆港区按照“集货、建园、聚产业”的发展思路启动建设以来，国际陆港区班列年发运量从最初不足百列，到目前保持千列以上的规模，累计发运 7000 余列，运载货物包含 200 多个种类。开行线路从最初的 4 条，到现在的 21 条，通达亚欧 19 个国家、26 个城市。同时，欧亚各国的货物也聚集于此并转运至国内其他城市，从而带动了越来越多的物流、工业、商贸中心更加欣欣向荣。2023 年 1—7 月，乌鲁木齐国际陆港区开行中欧（中亚）班列 772 列，占全疆开行班列的 85. 6%，物流枢纽效能加速释放。

---

① 《奔腾之路 · 映象丨国际陆港连通亚欧服务“一带一路”》，阿勒泰新闻网，http：//www. altxw. com/yw/202308/t20230831_15650427. html，最后访问时间：2023-11-20。

3. 中欧班列（乌鲁木齐）集结中心

中欧班列（乌鲁木齐）集结中心扩建工程项目于2018年8月开工建设，项目总投资约15.7亿元，占地950亩。2019年8月，经中铁乌鲁木齐局集团验收的5条铁路装车线全面开通，年班发运能力3500列，远期可达7000列。2019年，乌鲁木齐国际陆港区入选首批国家物流枢纽建设名单，2020年，乌鲁木齐市与郑州市、重庆市、成都市、西安市五地集结中心被国家发展改革委确定为全国中欧班列集结中心示范工程。

中欧班列（乌鲁木齐）集结中心依托乌鲁木齐国际陆港区，由乌鲁木齐国际陆港区有限公司运行负责，按照“集货、建园、聚产业”总体发展思路，承担着疆内及内地集结货物发运的任务，截至2022年底，累计开行中欧（中亚）班列6998列，占全疆班列开行总数的80%，目前乌鲁木齐集结中心在自治区构建“一中枢三支点”中欧班列枢纽体系中的作用显著提升。中欧班列（乌鲁木齐）集结中心实现了货物快速集聚、集散分拨、仓储交易、满载开行、组团出海，形成多点多向的班列开行势头。

（三）新疆高水平开放的综合评价分析

1. 新疆高水平开放的指标构建

为实现对新疆高水平开放程度的综合评价，本章构建了新疆高水平开放的评价指标体系（见表5-6）。整个指标体系主要包含经济基础、社会基础、外贸规模、外贸发展程度、外贸竞争力、外贸潜力6个层面31个指标。

表5-6　高水平开放的评价指标体系

目标层	指标层Ⅰ	指标层Ⅱ	公式或含义	指标属性
高水平开放指标	经济基础（X_1）	地区生产总值（N_1）	地区GDP数据	正指标
		人均社会消费品零售总额（N_2）	社会消费品零售总额/地区常住人口	正指标
		人均固定资产投资（N_3）	固定资产投资总额/地区常住人口	正指标
		人均可支配收入（N_4）	地区可支配收入总额/地区常住人口	正指标
		金融机构存款（N_5）	金融机构各项存款（亿元）	正指标
		金融机构贷款（N_6）	金融机构各项贷款（亿元）	正指标

续表

目标层	指标层Ⅰ	指标层Ⅱ	公式或含义	指标属性
高水平开放指标	社会基础（X_2）	R&D 经费（N_7）	R&D 经费	正指标
		铁路网密度（N_8）	铁路里程/地区面积	正指标
		公路网密度（N_9）	公路里程/地区面积	正指标
		货运量（N_{10}）	货运量（万吨）	正指标
		客运量（N_{11}）	客运量（万人）	正指标
	外贸规模（X_3）	实际利用外资（N_{12}）	实际利用外商直接投资额	正指标
		外贸总额（N_{13}）	进口总额+出口总额	正指标
		旅游外汇收入（N_{14}）	入境旅游消费（万美元）	正指标
		旅游人数（N_{15}）	入境旅游人数（万人）	正指标
		对外直接投资（N_{16}）	新疆对外投资（万美元）	正指标
		外贸方式合作营业额（N_{17}）	对外承包工程和劳务合作实际营业额（万美元）	正指标
	外贸发展程度（X_4）	外商依存度（N_{18}）	外商直接投资/GDP	正指标
		外贸依存度（N_{19}）	进出口总额/GDP	正指标
		进口依存度（N_{20}）	进口额/GDP	正指标
		出口依存度（N_{21}）	出口额/GDP	正指标
		国际旅游收入占比（N_{22}）	国际旅游收入占比/GDP	正指标
	外贸竞争力（X_5）	外贸总额（N_{13}）	进口总额+出口总额	正指标
		实际利用外资（N_{12}）	实际利用外商直接投资额	正指标
		外贸依存度（N_{19}）	进出口总额/GDP	正指标
		服务业对 GDP 贡献率（N_{23}）	第三产业增量/GDP 增量	正指标
		服务业对 GDP 拉动（N_{24}）	第三产业增量/GDP 增量×GDP 增长率	正指标
		贸易优化度（N_{25}）	一般贸易/加工贸易	正指标
	外贸潜力（X_6）	加工贸易占比（N_{26}）	加工贸易/贸易总额	逆指标
		边境小额贸易占比（N_{27}）	边境小额贸易/贸易总额	正指标
		进出口能源密度（N_{28}）	能源进口额/能源出口额	正指标
		在校大学生人数（N_{29}）	普通高等学校大学生人数（万人）	正指标
		外贸方式合作合同额（N_{30}）	对外承包工程和劳务合作新签合同金额（万美元）	正指标
		利用外资协议额（N_{31}）	签订利用外资协议额（万美元）	正指标

2. 高水平开放程度的评价模型

熵是热力学的概念，主要用于刻画指标信息的离散程度。熵值法赋权的主要思想是指标的熵值越小，指标的离散程度越大，稳定性越低。熵值法是一种客观评价方法，主要用于多对象、多指标的综合评价，本章将利用这一方法对新疆高水平开放程度进行评价。

对原始数据进行指标无量纲化处理：

正向指标：
$$n_{ij}=\frac{N_{ij}-N_{\min}}{N_{\max}-N_{\min}} \tag{5-1}$$

逆向指标：
$$n_{ij}=\frac{N_{\max}-N_{ij}}{N_{\max}-N_{\min}} \tag{5-2}$$

其中，N_{ij}表示第 i 年第 j 项指标标准化后的变量值；n_{ij}表示第 i 年第 j 项指标的实际变量值。正向指标表示指标值越大为越优的指标，逆向指标表示指标值越小为越优的指标，除了第 26 项指标为逆向指标，其余的均为正向指标，将原始指标值进行标准化后，对标准化后的值利用熵值法进行赋权。

计算第 i 年在第 j 项指标上的贡献度：

$$P_{ij}=\frac{n_{ij}}{\sum_{i=1}^{m}n_{ij}} \tag{5-3}$$

其中，m 代表年份总和。

计算第 j 项指标的信息熵：

$$e_j=-k\sum_{i=1}^{m}P_{ij}\ln P_{ij}\text{，其中，}k=\frac{1}{\ln m} \tag{5-4}$$

计算第 j 项指标的效用值：

$$d_j=1-e_j \tag{5-5}$$

计算各指标的权重：

$$w_j=\frac{d_j}{\sum_{j=1}^{n}d_j} \tag{5-6}$$

其中，n 代表指标总和。

构建外贸高质量发展水平的综合评价模型：

$$Y_i=w_j\times n_{ij} \tag{5-7}$$

其中，w_j 表示各指标权重，n_{ij}表示第 i 年各指标标准化后的值，Y_i 表示

第 i 年高水平开放程度，Y_i 越大，表示高水平开放程度越高。

3. 新疆高水平开放的评价结果

本章数据主要来源于《新疆统计年鉴》（2003—2021）和《新疆维吾尔自治区国民经济和社会发展统计公报》（2003—2022），依据实际可操作性原则，选取 2002—2020 年新疆外贸高质量发展的 31 个相关指标的经济数据进行研究①。

本章对新疆高水平开放的评价结果如表 5-7 所示，2002—2020 年新疆高水平开放的程度得到了较高的提升，整体发展呈逐年上升趋势，年均增长率达到 29.20%；分时段看，2012—2015 年新疆高水平开放程度显著提升，2017 年和 2020 年出现较大幅度的下降。可以看出新疆在高水平开放的工作中取得了显著成效，新疆的高水平开放形势越来越明朗。

表 5-7　2002—2020 年新疆高水平开放指数

年份	经济基础	社会基础	外贸规模	外贸发展程度	外贸竞争力	外贸潜力	综合得分
2002	0.0004	0.0059	0.0061	0.0478	0.0196	0.0049	0.0802
2003	0.0031	0.0075	0.0048	0.0628	0.0306	0.0119	0.1066
2004	0.0077	0.0131	0.0096	0.0643	0.0287	0.0125	0.1206
2005	0.0122	0.0136	0.0136	0.0688	0.0350	0.0168	0.1385
2006	0.0179	0.0233	0.0189	0.0660	0.0412	0.0254	0.1672
2007	0.0251	0.0276	0.0407	0.0783	0.0545	0.0301	0.2192
2008	0.0339	0.0355	0.0451	0.0976	0.0698	0.0372	0.2621
2009	0.0442	0.0448	0.0488	0.0653	0.0503	0.0528	0.2705
2010	0.0603	0.0598	0.0812	0.0653	0.0547	0.0351	0.3173
2011	0.0788	0.0679	0.1061	0.0721	0.0783	0.0405	0.3916
2012	0.1011	0.0814	0.1241	0.0678	0.0852	0.0639	0.4651
2013	0.1256	0.0882	0.1503	0.0630	0.0826	0.0557	0.5008
2014	0.1469	0.1005	0.1525	0.0472	0.0809	0.1050	0.5754
2015	0.1671	0.0978	0.1676	0.0348	0.0785	0.1034	0.6007
2016	0.1765	0.1018	0.1604	0.0348	0.0971	0.1311	0.6595
2017	0.2017	0.1084	0.1377	0.0228	0.0673	0.1006	0.6097
2018	0.2056	0.1196	0.1532	0.0160	0.0732	0.1282	0.6696
2019	0.2197	0.1174	0.1396	0.0225	0.0864	0.1785	0.7232
2020	0.2275	0.1125	0.0655	0.0058	0.0279	0.1140	0.5252

① 截至 2023 年 10 月，新疆统计年鉴更新至 2021 年，由于中国 2001 年加入 WTO，考虑经济数据的滞后性，故本章选取数据的起始年份为 2002 年。

从构成新疆高水平开放的二级指标来看，经济基础、社会基础、外贸规模、外贸发展程度、外贸竞争力和外贸潜力的权重分别为24.29%、14.23%、21.87%、12.82%、14.05%和21.12%，可以看出，新疆的社会基础、外贸发展程度、外贸竞争力发展不足，尤其是外贸发展程度。从影响外贸发展程度的因素来看，近年来，外商依存度、外贸依存度和国际旅游收入占比都处于下降状态，故造成外贸发展程度出现较大幅度的下降。

4. 新疆各区域开放水平分析

为了解新疆各区域开放水平程度，本章将采用熵值法重新对新疆各地（州、市）的开放水平进行测度[①]，结果如表5-8所示。从新疆各地（州、市）的开放水平得分来看，样本期间，大部分地（州、市）的开放程度得到一定的提升，需要指出的是，乌鲁木齐市总体开放程度呈现下降态势。从综合得分的均值来看，伊犁哈萨克自治州直属县（市）综合得分最高，为0.7463，其次是乌鲁木齐市，为0.4099；综合得分最低的和田地区为0.0172，其次是阿克苏地区，为0.0313，可以看出新疆各地（州、市）的开放水平程度存在差异。

从新疆的三大区域来看[②]，北疆片区的总体开放程度较高，得分均值为0.2512；东疆片区次之，得分均值为0.0844；南疆片区开放程度最低，得分均值为0.0590。从新疆各地（州、市）的排序来看，排名前四的伊犁哈萨克自治州直属县（市）、乌鲁木齐市、阿勒泰地区和博尔塔拉蒙古自治州，均属于北疆，排名后两位的和田地区、阿克苏地区属于南疆，东疆片区的吐鲁番市和哈密市排名分别为第五位和第十三位。

伊犁哈萨克自治州直属县（市）、乌鲁木齐市、阿勒泰地区排名依次位于前三，说明这3个地（州、市）的开放水平相对较高。伊犁哈萨克自治州直属县（市）成为新疆开放水平最高的城市，伊犁哈萨克自治州直属县（市）独特的地理位置使其有“塞外江南”的美誉，使得旅游业发展迅速，自霍尔果斯国家级经济开发区成立以来，伊犁哈萨克自治州直属县（市）对外贸易

---

① 由于各地（州、市）的指标数据较难获取，本章借鉴相关文献（程晶晶，夏永祥．基于新发展理念的我国省域经济高质量发展水平测度与比较［J］．工业技术经济，2021（1）：153-160.）选取的指标，并结合高水平开放的实践作出了相应调整，起始时间节点选择“一带一路”政策实施年份。

② 根据新疆“三山夹两盆”的地貌特征，新疆被划分为3个区域，天山北部被称为“北疆”，天山东部被称为“东疆”，天山南部被称为“南疆”。北疆地区包括塔城地区、昌吉回族自治州、阿勒泰地区、克拉玛依市、博尔塔拉蒙古自治州、乌鲁木齐市和伊犁哈萨克自治州直属县（市）；东疆地区包括吐鲁番市和哈密市；南疆地区包括巴音郭楞蒙古自治州、阿克苏地区、克孜勒苏柯尔克孜自治州、喀什地区和和田地区。

发展迅速，对开放水平起到促进作用。乌鲁木齐市作为新疆的政治、经济、文化中心以及省会城市，具有独特的区位优势，这里聚集了新疆大量的资金、人才，吸引了大批的国外投资，对外贸易发展迅速，提升了乌鲁木齐的开放程度。强大的旅游业是阿勒泰开放水平的良好基础，阿勒泰素以“金山银水”著称，除可可托海、喀纳斯、阿尔泰山等秀丽的景色外，阿勒泰还是“中国雪都”，拥有将军山和禾木吉克普林等落差千米的滑雪场，目前阿勒泰已被新疆赋予冬季冰雪旅游经济发展核心区、阿尔泰山“千里画廊”生态旅游区等特殊定位。

阿克苏地区和和田地区排名位于后两位，说明这两个地（州、市）的整体开放水平相对较低。由于和田和阿克苏这两个南疆地区均受自然环境、交通条件等客观因素的影响，其在旅游、对外贸易和吸引外资等方面的开放程度相对较低。

表 5-8　新疆各地（州、市）开放水平综合得分

地区	2013 年	2014 年	2015 年	2016 年	2017 年	2018 年	2019 年	2020 年	均值	排名
伊犁哈萨克自治州直属县（市）	0.5188	0.5944	0.5974	0.6891	0.9148	0.9106	0.8651	0.8800	0.7463	1
乌鲁木齐市	0.5452	0.5432	0.4724	0.2404	0.4904	0.2692	0.3320	0.3863	0.4099	2
阿勒泰地区	0.3240	0.3189	0.2654	0.3305	0.3568	0.2873	0.4655	0.1663	0.3143	3
博尔塔拉蒙古自治州	0.1645	0.1698	0.1919	0.1761	0.2274	0.1707	0.1837	0.2893	0.1967	4
吐鲁番市	0.1399	0.1568	0.1999	0.1261	0.1419	0.0966	0.1738	0.0625	0.1372	5
石河子市	0.1516	0.1451	0.1740	0.0927	0.1781	0.1356	0.1270	0.0563	0.1326	6
喀什地区	0.0758	0.0708	0.0756	0.1397	0.1946	0.1085	0.0699	0.1461	0.1101	7
昌吉回族自治州	0.0736	0.1102	0.0942	0.0894	0.1096	0.0983	0.0703	0.0439	0.0862	8
克孜勒苏柯尔克孜自治州	0.0754	0.1216	0.0666	0.1148	0.1454	0.0555	0.0305	0.0665	0.0845	9
克拉玛依市	0.0107	0.0212	0.0354	0.3664	0.0445	0.0217	0.0066	0.0311	0.0672	10
塔城地区	0.0379	0.0572	0.0480	0.1579	0.0907	0.0410	0.0282	0.0340	0.0618	11
巴音郭楞蒙古自治州	0.0393	0.0960	0.0567	0.0423	0.0619	0.0186	0.0253	0.0746	0.0518	12
哈密市	0.0444	0.0256	0.0405	0.0508	0.0213	0.0209	0.0338	0.0146	0.0315	13
阿克苏地区	0.0507	0.0136	0.0098	0.0151	0.0148	0.0135	0.0753	0.0579	0.0313	14
和田地区	0.0023	0.0009	0.0112	0.0485	0.0005	0.0088	0.0094	0.0558	0.0172	15

三、高水平开放对新疆经济高质量发展的影响研究

（一）高水平开放对新疆经济增长的实证研究

1. 模型设定

从现代经济增长理论可知，长期经济增长主要是由内生因素驱动的，由于劳动在学习的过程中带来生产效率的提高，资本在技术研发、发明创造中形成的技术进步，提高了要素的生产效率，即在传统生产要素投入不变的情况下，全要素生产率提高，进而使得产出增加。高水平对外开放主要是通过创新和技术的外溢提高技术水平，促进经济增长。由此，本章在传统的经济增长模型中加入高水平开放要素进行分析。

本章对柯布-道格拉斯（C-D）生产函数进行转化：

$$Y=AK^{\partial}L^{\beta} \tag{5-8}$$

$$\ln Y=\ln AK^{\partial}L^{\beta}=\ln A+\partial\ln K+\beta\ln L \tag{5-9}$$

其中，L 和 K 分别表示劳动和资本，A 为全要素生产率。假设高水平对外开放通过优化资源配置，提高各要素在各区域之间的生产效率，即通过全要素生产率而影响经济的增长，且高水平开放与全要素生产率之间存在某种函数关系：

$$A=c\times open^{\lambda} \tag{5-10}$$

其中，$open$ 表示高水平对外开放程度，c 为高水平对外开放之外的因素对全要素生产率的影响系数，λ 为高水平对外开放对经济增长的影响系数。将式（5-10）代入式（5-9），得到计量模型：

$$\ln Y_t=\partial\ln K_t+\beta\ln L_t+\lambda\ln open_t+C+\zeta_t \tag{5-11}$$

其中，下标 t 表示年份，C 为常数项，ζ_t 表示随机扰动项。本章的被解释变量 Y 为新疆 GDP 指标；控制变量有：资本变量（K）为新疆固定资本投资指标、劳动变量（L）为新疆年底就业人数指标；核心解释变量（$open$）为本章构建的高水平开放指标。

2. 回归结果分析

从回归结果（见表 5-9）可以看出，当不加入劳动、资本等控制变量，高水平开放指标对新疆 GDP 增长影响显著；当分别加入劳动、资本等控制变量后，高水平开放指标对新疆 GDP 增长的影响仍然显著。从拟合程度来看，加入

劳动、资本等控制变量的拟合程度最好，其 R^2 为 0.976，拟合度较高，模型的解释力度较大。从回归系数来看，高水平开放对新疆的经济增长存在拉动作用，且弹性系数为 0.543，说明当高水平开放程度每提高 1%，就会引起新疆 GDP 增长 54.3%。可以看出，新疆的高水平对外开放程度对新疆的经济增长具有重要作用。

表 5-9 新疆高水平开放程度影响经济增长模型的基本回归结果

变量	(1)	(2)	(3)	(4)
open	0.976*** (0.0435)	0.725*** (0.1405)	0.597*** (0.1949)	0.543** (0.1999)
L		0.719* (0.3857)		0.469 (0.4277)
K			0.282* (0.1422)	0.201 (0.1595)
常数项	9.744*** (0.0579)	4.457 (2.836)	4.430 (2.6787)	2.511 (3.1856)
R^2	0.967	0.973	0.973	0.976

注：***、**、* 分别表示变量在 1%、5%、10%的水平上显著。

3. 稳健性检验

在对时间序列数据分析的过程中，为解决内生性问题，需要对变量进行单位根检验，避免因内生性问题而导致“伪回归”的出现，为验证本章模型设定的正确性，本章对核心解释变量高水平开放指标和被解释变量 GDP 指标进行平稳性检验，其结果如表 5-10 所示。可以看出，本章的被解释变量和核心解释变量在 5%的水平下是平稳序列，故上述回归结果较为稳健。

表 5-10 单位根检验结果

变量	*t* 统计量	1%水平临界值	5%水平临界值	10%水平临界值	*P* 值
Y	-2.702	-3.75	-3.00	-2.63	0.0737
open	-3.192	-3.75	-3.00	-2.63	0.0205

4. 协整分析

从表 5-10 中可以看出，虽然新疆的 GDP 指标和高水平开放指标在 5%的水平下不存在单位根，但是在 1%的临界水平下是非平稳序列。本章对新疆的 GDP 指标和高水平开放指标进行协整分析发现，在加入三阶滞后项的情况下，*Y* 和 *open* 之间存在协整关系，结果如表 5-11 所示。

表 5-11 协整检验

变量	特征值	似然比	临界值	结果
Y	0. 728	46. 883	26. 797	有一个协整关系
open	0. 312	49. 869	5. 973	

由于 *Y* 和 *open* 之间存在协整关系，故本章通过构建误差修正模型，*Y* 和 *open* 之间各项系数的回归结果如表 5-12 所示。从长期均衡关系系数可知，新疆高水平开放与 GDP 存在正向协整关系，协整关系系数达到 0. 839。调整速度表示当各变量偏离它们达到均衡状态时，各变量向它们共同随机趋势调整的速度，从修正系数（调整速度）来看，新疆 GDP 与新疆高水平开放之间的修正系数为负，说明符合反项修正原则，修正系数的绝对值不大说明误差修正项的回调力度不大，也说明各变量的波动幅度不大。

表 5-12 误差修正模型的回归结果

变量	长期均衡关系系数	调整速度
open	0. 839*** (0. 0319)	-0. 757*** (0. 2427)
常数项	9. 63	—
F 统计量	690. 60	53. 53

注：***表示变量在 1%的水平上显著。

5. 格兰杰因果检验

从上述的分析中得知，高水平开放与新疆 GDP 之间存在协整关系，但是这两个变量之间的因果关系仍需检验，格兰杰因果关系检验可以用来分析经济变量之间是否存在因果关系。本章对新疆高水平开放和新疆 GDP 进行因果检验，检验结果如表 5-13 所示。由表 5-13 可以看出，新疆高水平开放是新疆 GDP 增长的格兰杰原因，而新疆 GDP 的增长并不是新疆高水平开放的格兰杰原因。从长期来看，新疆的高水平开放是新疆经济增长的重要因素，高水平开放带动了新疆的经济增长。

表 5-13 格兰杰因果检验结果

变量		滞后期	*F* 统计量	*P* 值
Y	*open*	3	1. 388	0. 308
open	*Y*	3	2. 828	0. 098

（二）高水平开放推动新疆经济高质量发展的案例分析

1. 国际陆港区推动新疆经济高质量发展

为发挥新疆亚欧黄金通道的积极作用，加速新疆经济的高质量发展，自2015年底乌鲁木齐国际陆港区启动建设以来，乌鲁木齐国际陆港区围绕“集货、建园、聚产业”的发展思路，从硬件设施到软性制度，从“东联西出”到“西联东出”，进行了持续探索发展，中欧班列（乌鲁木齐）集结中心、综合保税区、多式联运中心、铁路快件中心等多个功能区不断建设完善，商贸物流、加工制造、跨境电商等领域加快创新发展。陆港区国际物流枢纽的形象逐渐清晰、效能加速释放。

新疆围绕商贸物流、先进制造、高端服务业等重点产业，加快推动通道经济向枢纽经济、产业经济、落地经济转变。通过中欧班列、国际陆港区等运输出口，新疆特色优势产品得以快速运往世界各地，如美克化工的丁二醇（BDO）、蓝山屯河的聚对苯二甲酸丁二酯（PBT）、中泰化学的聚氯乙烯（PVC），以及特色轻工、番茄酱、纺织服装等。陆港区目前累计新引进山港陆海国际物流（新疆）公司、新铁国际物流公司等企业187家，注册资本金共计约34.91亿元。据海关统计，2017年至2023年8月陆港区累计带动贸易额2297.8亿元。目前，“中欧班列+跨境电商”的新型电商产业在乌鲁木齐和喀什等地快速发展，助力新疆经济高质量发展。

2. 现代商贸物流业推动新疆经济高质量发展

新疆现代商贸物流业[①]以供需联动、开放合作为重点，按照“一核十区多节点”商贸物流空间布局要求，积极建设乌鲁木齐商贸物流核心圈，打造多个商贸物流集聚区。新疆将加强商贸物流网络和国家综合运输大通道及国家物流枢纽衔接，统筹推进城市商业设施、物流设施、交通基础设施规划建设和升级改造，布局建设一批国家骨干冷链物流基地，支持大型农产品批发市场、进出口口岸等建设改造冷冻冷藏仓储设施，健全农村商贸服务和物流配送网络，新疆现代商贸物流业将加速释放新疆通道经济的潜力。

2022年，自治区登记注册商贸流通企业4万家，其中A股上市企业5家，

---

① 《关于印发〈新疆维吾尔自治区现代物流业发展“十四五”规划〉的通知》，新疆维吾尔自治区人民政府网，https://www.xinjiang.gov.cn/xinjiang/zfgbml/202208/da8fcc37792543c1bcbfb9c9acea63eb.shtml，最后访问日期：2023-11-20。

国家 A 级以上物流企业 53 家，国家级多式联运示范工程企业 4 家，网络交易额实现 2616.66 亿元，同比增长 0.46%，2023 年 1—5 月，新疆实现网络交易额 1318.55 亿元，同比增长 17.24%，其中网络零售额 265.97 亿元，同比增长 19.40%[①]，网络交易额和零售额持续保持两位数增长。目前，新疆“通道+枢纽+网络”现代物流运行体系已基本建成，规模逐步扩大。中欧班列（乌鲁木齐）集结中心建设加快推进，国家物流枢纽地位显著提升，现代物流在推动丝绸之路经济带核心区建设、创新改善产业组织模式和服务保障城乡生活需求等方面发挥着越来越重要的作用。

四、研究结论与对策建议

（一）研究结论

近年来，新疆加快提升对外开放层次，在推动新疆经济高质量发展方面取得显著成效。本章研究发现，新疆高水平开放程度在 2002—2020 年不断提高，年均增长率达到 29.20%；高水平开放是新疆经济增长的重要原因，对新疆经济增长存在显著正向影响，高水平开放程度每提高 1%，就会拉动新疆 GDP 增长约 54%；高水平开放可以从各个方面加速推动新疆的经济高质量发展，实现通道经济向枢纽经济、产业经济、落地经济的转变。

（二）对策建议

新疆正站在新的历史高点，以更高水平开放的姿态，推动经济社会更高质量发展。结合前述研究分析，本章提出以下对策建议：

1. 充分发挥新疆“五口通八国、一路连欧亚”的区位优势，构建现代综合交通枢纽体系，加快推进现代商贸物流业建设

当前，新疆“东联西出”与疆内大小环线的通道建设尚未完全畅通，与国内外中心城市连接不够紧密，干支衔接和联运、转运环节效率较低；物流设施与产业集群协同布局不足，现代物流与制造、农业、商贸嵌入深度、广度不足，物流引导产业布局重构能力不强。

新疆应积极探索“通道+枢纽+网络”的现代物流运行体系，推动建设国

---

① 《前 5 月新疆网络交易额同比增长 17.24%》，阿克苏新闻网，https：//www.aksxw.com/sy/rdxw/xj/202306/t20230618_14188141.html，最后访问日期：2023-11-28。

家骨干冷链物流基地。强化国际邮件互换局（交换站）功能，探索建设“中国邮政中亚—中欧海外仓枢纽站”。加快引进国际物流企业，完善流通加工、包装、信息服务、物流金融等物流服务，探索建立符合沿边地区多式联运发展特点的业务模式和规则标准，加快与国际联运规则衔接和标准互认，推动多式联运规则标准“走出去”。

2. 完善金融体系建设，打造一流营商环境，实现新疆贸易市场的自由化、国际化

受限于特殊的地理位置和自身经济发展，新疆的贸易发展存在资金短缺和融资困难等问题，目前的主要贸易方式中边境小额贸易规模最大，进行这类贸易的企业绝大部分是中小外贸企业、民营外贸公司。这些公司在申请贷款时有较高的金额限制，严重阻碍了新疆进出口商对国外市场的开拓。同时新疆企业办事流程较为烦琐，市场准入门槛较高，进入市场的成本较高。

新疆应积极建立地方民营银行、设立外资银行分支机构为新疆民营企业提供资金保证和政策支持，简化贷款手续。同时国家应给予新疆金融业更大的自我发展空间和优惠力度。新疆也要积极推动商业服务高端化发展，通过服务业商业模式、内容、界面及技术等创新，蜕变成新型高端专业化商业服务。同时积极对标国际高标准投资贸易新规则，以更大的力度推动规则、规制、管理、标准与国际对接，吸收借鉴国际成熟市场经济制度的经验和成果，以更多的举措破除深层次体制机制障碍，构建更加高效便捷、与国际高效衔接的营商发展环境。

3. 打造开放型特色产业体系，做大做强传统优势产业，实现制造业转型升级，推动数字经济创新发展

当前新疆产业基础较为薄弱，产业结构仍以“原字头”重化工产业为主，产业链短，产品整体处于产业链低端，附加值较低，战略性新兴产业增加值占 GDP 比重较低，多数战略性新兴产业尚未建成完整产业链，难以发挥协同效应和规模效应。

新疆要积极承接东部地区出口导向型，特别是劳动密集型产业链转移，通过整合中亚国家初级产品、欧洲国家科技创新和高端部件制造能力，打造亚欧大陆产业链合作的重要节点；围绕“八大产业集群”建设，通过延链、补链、强链，构建先进制造业集群，形成具有新疆特色的产业体系；加快数字基础设施建设，构建综合数字服务平台，充分发挥新疆能源和气候优势建设数据中心，推动新疆积极参与“东数西算”工程建设，融入国家算力网络体系，助力数字丝绸之路建设。

4. 不断加强与周边国家经贸合作交流，积极落实中国—中亚共同体建设成果，加快推进中国（新疆）自由贸易试验区建设，形成亚欧黄金通道和向西开放的桥头堡

2023 年 5 月，中国—中亚峰会在陕西省西安市成功举办，中国同中亚五国全方位互利合作进入一个新高度。新疆要做好西安峰会清单，以及中国新疆友好交流访问团和自治区政府代表团的成果跟踪落地工作，充分发挥上海合作组织、“中国—中亚五国”合作机制、中亚区域经济合作（CAREC）等国际交流平台和多双边机制作用；高质量举办中国—亚欧博览会；探索与共建“一带一路”国家特别是中亚国家、上海合作组织国家合作举办国家主题展会和行业专题展会，优化合作中心出入境通行证办理程序；借助自由贸易试验区平台，打造我国向西开放大通道，构筑和谐发展增长极与资源环境友好区，加强与中亚国家的经济合作，共建中国—中亚命运共同体。

第六章　共享理念助推新疆经济高质量发展报告

何　剑　古再丽努尔·麦海提①

摘　要：高质量发展是我国全面建成现代化国家的首要任务。以共享理念推动新疆经济高质量发展是破解新疆经济发展难题、扎实推进共同富裕的现实需要。本章基于新疆 14 个地（州、市）2010—2023 年面板数据，运用熵权法分别构建共享发展和新疆经济高质量发展的多维度、深层次综合评估指标体系，分析共享理念对新疆经济高质量发展的影响。研究发现，全疆共享发展稳步推进，但南北疆共享发展水平存在较大差异；共享发展显著促进新疆经济高质量发展，其中设施共享影响最大；共享发展在南北疆及沿边地区的促进作用具有区域异质性。鉴于此，实现新疆经济高质量发展要持续贯彻落实新发展理念，以共享发展解决新疆经济发展不平衡的问题，着力促进全疆经济高质量发展，推动中国式现代化的新疆实践。

关键词：共享发展；经济高质量发展；新疆

党的十九大以来，习近平总书记多次强调新发展阶段要加快构建现代经济体系，在共享经济、人力资本服务等领域培育新增长点、形成新动能。党的二十大报告再次指出坚持新发展理念，着力推动高质量发展。新疆作为我国面积最大的省份，凭借独特的区位优势和丰富的资源禀赋成为中国向西开放的桥头堡、重要的战略区域。习近平总书记多次亲临新疆视察，发表重要讲话，主持召开了第二次、第三次中央新疆工作座谈会，作出重要指示，深刻阐述新疆工作一系列重大理论和实践问题。2023 年 8 月 26 日，习近平总书记视察新疆时指出，构建新发展格局、推动高质量发展、推进中国式现代化，

---

① 何剑，新疆财经大学教授。研究方向：经济统计与金融计量。古再丽努尔·麦海提，新疆财经大学在读博士。研究方向：经济金融理论与政策。

新疆面临新机遇，要有新作为。推动新疆迈上高质量发展的轨道，同全国一道全面建设社会主义现代化国家。因此，推进新疆经济高质量发展，积极融入和服务我国新发展格局迫在眉睫。

实现新疆经济高质量发展，必然要依靠共享发展破解经济发展难题。在区域经济一体化背景下，区域经济发展表现出了高度的相互依存，区域之间的联系与合作越发频繁。习近平总书记 2013 年提出“构建人类命运共同体，实现共享共赢”中国方案，完成了从理论到实践的跨越，事实证明，过去“一枝独秀”的传统思想已不再适应经济社会发展的要求，只有“百花齐放”才会兴盛，只有共享才能持续发展和进步。共享理念是基于我国发展实际与马克思主义相结合而提出的，是与时俱进的思想和开拓创新的举措相互融合的结果。在高质量发展的道路上新疆面临的新机遇和新挑战相互交织，只有共享发展理念才能把全疆各族人民凝聚在一起，只有全疆人民共享改革发展的成果，才能调动全疆人民的积极性、主动性，广泛汇聚民智，最大激发民力，抓住发展机遇，实现新疆经济的高质量发展。

党的二十大报告提出，未来 5 年是全面建设社会主义现代化国家开局起步的关键之年，是新疆加快推进高质量发展的重要时期。2023 年，自治区党委十届八次全会审议通过《中共新疆维吾尔自治区委员会　新疆维吾尔自治区人民政府关于深入学习贯彻习近平新时代中国特色社会主义思想　推动新疆经济社会高质量发展行动方案（2023—2025 年）》及《中共新疆维吾尔自治区委员会　新疆维吾尔自治区人民政府关于促进南疆高质量发展的若干政策措施》，为推动新疆经济高质量发展作出全面部署，充分释放新疆发展优势、补齐发展短板，不断推动高质量发展取得新成效。然而，在推进新疆经济高质量发展的同时，一系列矛盾和问题也日益凸显：经济发展相对滞后、区域及城乡经济发展不平衡、收入差距不断扩大、高质量发展所需人才不足、基本公共服务短板突出等阻碍新疆经济高质量发展。共享发展是经济高质量发展的根本目的，是实现共同富裕的关键路径，如何推动共享发展是实现新疆经济高质量发展亟须解决的现实问题。基于此，本章构建了共享发展对新疆经济高质量发展影响的理论分析框架；在深刻剖析新疆共享发展的实践演进基础之上，实证研究共享发展对新疆经济高质量发展的影响效应及在不同维度和区域中的异质性，通过分析实证结果，思考并提出共享理念助推新疆实现经济高质量发展的几点建议。

一、经济高质量发展与共享理念

党的十九大报告首次提出了“高质量发展”的概念，并明确指出我国经济已从高速发展转向高质量发展阶段。“高质量发展”一经提出，学术界就对其内涵、评价指标、影响因素及实现路径进行了积极的研究和探讨，得出了一系列相关结论。

经济高质量发展的持续推进使其内涵不断丰富。研究初期，经济高质量发展的内涵侧重于经济增长，包括创新激励、高效供给体系、经济发展方式转变等。随着研究的不断深入，学者阐释经济高质量内涵时不再只从经济增长角度出发，还包括人民生活水平提高、经济结构优化、绿色可持续发展等。目前，学术界普遍认为经济高质量发展具有多维特征，钞小静和任保平从经济发展质量视角对其内涵进行了补充和测度。

经济高质量发展的内涵不断延展，其测度指标及分析方法也逐渐多样化。早期测度经济高质量发展主要用投入产出比和全要素生产率等单一指标；部分学者质疑这种测度方法过于片面，无法充分代表经济高质量发展的情况。因此，屈小娥在全要素生产率的基础上引入环境因素，并采用非期望产出的SBM模型来计算绿色全要素生产率。此外，还有一些学者使用劳动生产率、投资效率、增加值率等指标来衡量经济的高质量发展水平。随着研究的深入，经济高质量发展的测度不断扩展，师博等采用了Malmquist指数法，并将能源纳入指标进行测算；金碚认为经济高质量发展既包含经济发展，又与环境保护、资源利用、社会服务等密切相关，既体现在经济发展结果方面又注重经济发展的过程与方式；王永昌和尹江燕提出高质量发展应该按照创新、协调、绿色、开放、共享的理念，更好地满足人民日益增长的美好生活必需的物质需求和精神需求；任保平和李禹墨认为需要考虑经济结构的协调性，从增长结构、经济稳定性、资源环境成本和民生福利四个维度进行了研究，并提出了一种新的微观视角的测量方法。随后，钞小静等提出以经济高质量发展的条件、过程和结果为出发点，构建指标评价体系，成为本章构建指标的理论基础。

共享与发展是辩证统一的。共享是发展的目的，发展是共享的前提，二者统一于马克思与恩格斯共享思想的内涵之中。党的十八届五中全会提出的共享发展理念受到学术界的关注，学者从不同视角和维度界定共享发展理念，进一步拓展了共享思想的理论广度。从内容来看，共享理念是人人平等享有社会发展的成果，更侧重于对社会发展成果的分配；从实现方式来看，共享理念是一种共享型的发展理念，通过建立相应的制度体系，使得全民共同参与社会发展、共同享有社会发展的成果；从作用来看，共享理念能够促进共同富裕、提升公共服务等。

对共享理念的测度聚焦在共享发展，并依据不同维度分为 3 种测度方式。其一，共享发展的内涵维度。以全民共享、全面共享、共建共享和渐进共享作为衡量共享发展的二级指标，包括失业、图书、文化机构、教育投入、公共卫生、养老保险等方面的多个三级指标，并采用德尔菲法、熵权法等建立指标体系。其二，共享发展的目的维度。以解决社会公平正义问题为目的，构建包括经济、医疗卫生、养老、就业、社会保障等各方面的共享发展指标体系，使用定基极差法和熵值法评价共享发展水平；以贯彻“将蛋糕做大的同时切分好蛋糕”为目的，利用熵权法从经济发展和收入分配两个维度构建共享发展的测度指标；从经济、政治、文化、社会、生态 5 个方面对共享发展水平进行测度和评价。其三，共享发展的成果维度。包括发展速度、发展结构、发展质量及发展效益 4 部分，借助修正引力模型赋权。

目前，对于共享发展理念与经济高质量发展的研究还较少，但是二者之间联系紧密。一方面，共享发展是实现经济高质量发展的目标要求和行动准则。学者以新发展理念的五个维度来测度经济高质量发展，将共享发展内嵌于高质量发展的基本理论框架。另一方面，经济高质量发展是实现共享发展的关键前提和重要路径。经济高质量发展可以通过社会保障、转移支付等方式实现社会财富的再分配，提高基本公共服务水平，缩小收入差距，实现经济共享；经济高质量发展也能够鼓励社会资本进入医疗领域，推动床位向基层和农村地区流动，通过资金引导地方政府和企业增强对农村地区宽带建设的积极性，提高偏远地区的互联网普及率，加大对文化事业的投入力度，支持文化设施建设等方面的工作，以此实现包含医疗、网络、文化的设施共享。

经济高质量发展指标已形成较为完整的测度体系，为新疆经济高质量发展研究提供了良好基础，但仍存在以下不足：一方面，学者们对高质量发展的标准体系构建主观性较强，尚未达成统一共识，且研究多以全国为视角，对各区域经济高质量发展的深度剖析稍显不足；另一方面，关于共享理念的探讨以定性研究为主，主要研究共享理念的时代内涵与意义，对“共享”的测度研究较少，影响了对“共享”理念实践路径的进一步探索。与此同时，现有文献较少从共享理念与经济高质量发展之间的关系入手进行梳理分析。

实际上，新发展理念中的共享思想与经济高质量发展有着密切联系，具有非常重要的研究意义。基于此，本章可能的边际贡献在于：①从共享理念的视角出发，结合新疆近年相关权威统计数据，量化“共享”发展，为“共享”发展测度提供具体、客观的参考依据；②深化地区经济高质量发展的维度，分析当前新疆经济高质量发展面临的与共享发展理念不协调的问题并尝试找出解决的思路与办法；③从共享发展理念视角对新疆经济高质量发展进行系统化与逻辑化研究，以此深化共享理念与新疆经济高质量发展之间关系的认知，以期为施策者提供客观依据和政策启示。

二、共享发展对新疆经济高质量发展的测度

（一）模型构建与指标选取

1. 基准模型设定

在计量方法的选定上，考虑新疆 14 个地（州、市）的地区差异和时间差异使共享发展对经济高质量发展的作用存在显著的差异性，这将导致估计偏误。而双向固定效应分析兼顾时间与个体异质性两方面特性，从而能较好地解释各地（州、市）共享发展对经济高质量发展的作用。为充分验证所选计量方法的准确性，本章进行了 F 检验，得出 P 值为 0，说明存在固定效应，但 F 检验没有使用稳健标准误，故而进一步运用 LSDV 法，得出 P 值仍然为 0。因此，本章选用双固定的计量模型分析共享发展对经济高质量发展的作用。构建固定效应模型：

$$HQD_{it}=\alpha_1+\alpha_2 SID+\alpha_3 controls+\mu_i+\gamma_t+\varepsilon_{it} \tag{6-1}$$

其中，下标 i 和 t 分别表示地区和时间，被解释变量 HQD 表示新疆经济高质量发展指数，核心解释变量 SID 表示共享发展水平，$controls$ 为控制变量，μ_i 为个体固定效应，γ_t 为时间固定效应，ε 表示随机扰动项。本章依据已有的相关文献对经济高质量发展影响因素的研究，选取规模经济水平、产业结构水平和人力资本水平等作为控制变量。

2. 变量选取

（1）共享发展水平（SID）

本章依据习近平总书记对共享理念内涵的解读，参考《中国经济高质量发展报告（2020）：践行共享发展理念》中的“中国经济共享发展评价指标

体系”以共享发展作为一级指标建立共享发展评价指标体系。共享发展理念并非简单的经济发展问题，而是涉及全社会共同参与、共同发展、共同享有的综合性、全局性问题，体现以人民为中心的发展思想。共享发展的主体包括个人、社会、政府等全体成员的共同参与；共享发展的内容涉及社会经济发展、基础设施建设、服务建设等物质层面和精神层面的共同发展；共享发展的成果包含收入、就业等社会物质成果和教育、文化等精神成果的共同享有。因此，本章从物质共享与精神共享相结合的视角测度共享发展，考虑数据收集的客观性和可查性，尝试以经济共享、服务共享、设施共享 3 个方面作为二级指标。在二级指标下共选取 9 个支撑变量作为三级指标，以充分反映二级指标涉及的维度（见表 6-1）。

表 6-1　共享发展评价指标体系

一级指标	二级指标	三级指标	指标属性
共享发展	经济共享	城乡居民人均可支配收入比	正向
		人均公共服务支出	正向
		基本公共服务支出占财政总支出比重	正向
	服务共享	社会保险覆盖率	正向
		社会保障和就业投入比	正向
		失业率	负向
	设施共享	每万人拥有医疗机构床位数	正向
		互联网普及率	正向
		文化建设支出占财政比重	正向

（2）经济高质量发展指数（*HQD*）

经济高质量发展不是片面地追求经济增长，而是涉及经济、社会、环境等全面、协调、可持续的发展。目前，学术界并没有对经济高质量发展综合评价指标达成共识，学者在构建指标时主观性较强，已有文献多以新发展理念即创新、协调、绿色、开放、共享为指标测度经济高质量发展。本章认为经济高质量发展的根本体现在高质量，包括发展能力的高质量、发展结构的高质量和发展成果的高质量；再者，本章的研究变量即共享发展与经济高质量发展存在紧密联系，出于避免指标数据过度重叠而影响研究结果的考量，借鉴钞小静和任保平提出的从条件、过程及结果三个维度构建指标体系，并结合新疆实际发展，以及数据的可得性，尝试从经济发展动能、经济发展结构和经济发展成果三个维度的 12 个指标（见表 6-2），对新疆 14 个地（州、市）的经济高质量发展水平进行全面测度。其中，经济发展动能包括投资动能、消费动能、支出动能和外贸动能；经济发展结构包含产业结构、工业发展、金融深度及对外贸易；经济发展成果包括经济增长、物价稳定、充分就业和经济前景。经济发展动能是高质量发展的条件，经济发展结构是高质量发展的载体，经济发展成果是高质量发展的最终目标。

表 6-2　经济高质量发展评价指标体系

一级指标	二级指标	三级指标	指标属性
经济发展动能	投资动能	社会固定资产投资额/GDP	正向
	消费动能	社会消费品总额/GDP	正向
	支出动能	一般公共支出/GDP	正向
	外贸动能	实际利用外商直接投资金额	正向
经济发展结构	产业结构	第三产业占比	正向
	工业发展	工业增加值/GDP	正向
	金融深度	金融机构存贷款余额/GDP	正向
	对外贸易	外贸总额/GDP	正向
经济发展成果	经济增长	GDP 增长率	正向
	物价稳定	CPI 增长率	正向
	充分就业	城镇登记失业率	负向
	经济前景	人均 GDP	正向

本章基于表 6-1 和表 6-2 关于共享发展及经济高质量发展评价指标体系，采用熵权法确定指标权重，计算步骤如下列公式所示：

对第 i 年第 j 项的原始指标数据进行标准化处理：

$$X'_{ij}=\frac{X_{ij}-\min\{X_{ij}\}}{\max\{X_{ij}\}-\min\{X_{ij}\}} \tag{6-2}$$

测算第 i 年第 j 项指标所占比重：

$$Y_{ij}=\frac{X_{ij}}{\sum_{i=1}^{n}X_{ij}} \tag{6-3}$$

计算第 j 项指标的信息熵：

$$e_{ij}=-k\sum_{i=1}[P_{ij}\ln(P_{ij})] \tag{6-4}$$

令 $k=\frac{1}{\ln n}$ 且 $k>0$，使得 $e_j\geqslant 0$。

计算第 j 项指标信息熵的冗余度：

$$d_j = 1 - e_j \tag{6-5}$$

计算第 j 项指标的权重：

$$w_j = \frac{d_j}{\sum_j d_j} \tag{6-6}$$

计算综合指数：

$$Q_{ij} = \sum_j w_j x_{ij} \tag{6-7}$$

（3）控制变量（*controls*）

规模经济水平：经济的规模化会降低生产的边际成本，生产规模越大边际成本越低，从而提高社会的经济效益，规模经济水平能够反映经济社会发展水平。基于已有文献，本章选用规模以上工业企业主营业务利润率（利润总额/主营业务成本）衡量规模经济水平。

人力资本水平：高质量发展需要高水平、高层次的人力资源支撑，高质量的人力资本是经济高质量发展的动能。参考已有文献，本章选用科研人员数占城镇就业人数比例作为衡量人力资本水平的指标。

产业结构水平：共享的前提是把生产发展到能够满足所有人需要的规模，产业基础是共享发展的前提。本章选用第三产业产值占 GDP 的比重来衡量产业发展水平。

公共支出水平：政府支出在新疆经济社会的发展中占有举足轻重的地位，社会的稳定发展主要以政府支出与投资为支撑。本章选用各地区财政支出占地区 GDP 的比重衡量公共支出水平。

（二）数据来源

本章选取 2010—2023 年新疆 14 个地（州、市）面板数据，数据来源于 Wind 数据库及 EPS 数据库、中经网统计数据库和国家统计局网站。表 6-3 给出了相关变量的描述性统计情况。

由表 6-3 可知，新疆经济高质量发展平均值为 0. 236，与全国平均值相比发展水平较低，且最大值与最小值之间较大的差异说明新疆各区域经济高质量发展不均衡；共享发展的最小值与最大值之间的差异表明地区之间共享发展水平差距较大，共享发展水平较高的地区是共享发展水平较低的地区的 4 倍；人力资本水平和产业结构水平较高的标准差反映出这两个方面的发展在新疆具有空间上的非均衡性，这对新疆实现经济高质量发展具有一定影响。

表 6-3 描述性统计

变量	观测值	平均值	标准差	最小值	最大值
新疆经济高质量发展	196	0.236	0.073	0.115	0.418
共享发展	196	0.290	0.070	0.130	0.530
规模经济水平	196	0.124	0.144	0.160	0.680
人力资本水平	196	97.500	56.724	0.000	195.000
产业结构水平	196	42.877	13.551	17.700	79.340
公共支出水平	196	0.410	0.330	0.090	1.420

三、实证结果分析

（一）基准回归分析

共享发展及其三个维度对新疆经济高质量发展的线性影响回归结果如表 6-4 所示。模型（1）中共享发展对新疆经济高质量发展的回归结果通过了 1%的显著性水平检验，说明共享发展显著促进新疆经济高质量发展，共享发展水平每提高 1 个百分点，新疆经济发展质量提升 10.9%；模型（2）至模型（4）分别是经济共享、服务共享与设施共享对新疆经济高质量发展的影响，经济共享与服务共享在 5%的置信区间通过显著性检验，服务共享在 1%的显著性水平上通过检验，且三者都与经济高质量发展呈正相关。可得出结论：共享发展及其三个维度均能有效提升新疆经济发展质量；三个维度的共享进一步对比分析发现，设施共享对新疆经济高质量发展的影响最大，医疗条件的充足、互联网的覆盖与普及及图书馆等文化设施的充裕会加速实现新疆经济高质量发展。值得注意的是，控制变量回归结果表明人力资本水平对新疆经济高质量发展具有极大的影响。

表 6-4 双向固定效应模型估计的基准结果

	新疆经济高质量发展			
	(1)	(2)	(3)	(4)
共享发展	0.109*** (0.061)	—	—	—
经济共享	—	0.078** (0.038)	—	—

续表

	新疆经济高质量发展			
	（1）	（2）	（3）	（4）
服务共享	—	—	0.060** （0.024）	—
设施共享	—	—	—	0.125*** （0.046）
规模经济水平	0.020 （0.023）	0.003 （0.022）	0.019 （0.022）	0.020 （0.022）
产业结构水平	0.001 （0.000）	0.001 （0.000）	0.000 （0.000）	0.002 （0.000）
人力资本水平	0.003*** （0.001）	0.004*** （0.001）	0.003*** （0.001）	0.004*** （0.001）
地区固定	Yes	Yes	Yes	Yes
时间固定	Yes	Yes	Yes	Yes
Constant	0.031** （0.085）	0.171*** （0.101）	0.042* （0.084）	0.137** （0.089）
Observations	196	196	196	196
N	14	14	14	14
R^2	0.138	0.144	0.152	0.159

注：***、**、*分别表示在1%、5%和10%的显著性水平下通过检验。

（二）稳健性检验

为保证研究结果的真实性和可靠性，本章进行了如表6-5所示的稳健性检验。

表6-5　稳健性回归结果

	2SLS	增加控制变量	剔除特殊年份	面板校正标准误	全面FGLS
共享发展	0.432*** （0.077）	0.096** （0.086）	0.052*** （0.104）	0.045*** （0.087）	0.083*** （0.084）
规模经济水平	0.019 （0.041）	0.012 （0.035）	0.093* （0.049）	0.023 （0.026）	0.002 （0.038）
产业结构水平	0.001 （0.001）	0.002*** （0.000）	0.001** （0.001）	0.001 （0.001）	0.001 （0.001）

续表

	2SLS	增加控制变量	剔除特殊年份	面板校正标准误	全面 FGLS
人力资本水平	0.018** (0.000)	0.000* (0.000)	0.000 (0.000)	0.003*** (0.001)	0.000 (0.000)
公共支出水平	—	0.095*** (0.019)	0.091*** (0.023)	0.027 (0.032)	0.067** (0.026)
Constant	0.339*** (0.037)	0.220*** (0.030)	0.219*** (0.035)	0.290*** (0.055)	0.186*** (0.045)
Observations	182	196	140	140	140
R^2	0.024	0.193	0.202	0.875	—

注：***、**、*分别表示在1%、5%和10%的显著性水平下通过检验。

1. 2SLS 工具变量法

为解决本章可能存在的内生性问题，运用2SLS 工具变量法进行回归。回归结果表明，共享发展与新疆经济高质量发展在1%的置信区间显著为正，共享发展对新疆经济高质量发展具有显著的促进作用，这与前文结果完全一致。

2. 增加控制变量

政府支出对新疆经济社会的发展具有举足轻重的作用，尤其在南疆地区，经济社会的稳定发展主要以政府支出与投资为支持。因此，样本期内经济高质量发展还有可能是公共支出所致，而与共享发展不相关。基于此，本章在控制变量中加入公共支出水平以消除干扰，重新回归后的结果在5%的置信区间显著为正，表明增加控制变量后，共享发展仍然对新疆经济高质量发展具有显著的促进作用。

3. 剔除特殊年份

2019 年新冠疫情的暴发给全球经济带来了严重冲击，新疆经济社会发展也受到了较大程度影响。因此，对新冠疫情发生后 3 年的数据进行剔除处理，即剔除 2020—2023 年数据，再次进行稳健性检验。检验结果显示剔除特殊年份后，共享发展对新疆经济高质量发展回归结果的显著性及系数的正负向没有发生任何变化，只是改变了回归系数的大小，再次证实了前文的研究结论。

4. 面板校正标准误估计

在增加控制变量、剔除特殊年份之后，考虑扰动项中可能存在异方差性与自相关性，本章选择了对新的数据进行面板校正标准误估计，更精准地量化共享发展对新疆经济高质量发展的影响，回归结果表明，共享发展始终对新疆经济高质量发展具有显著的促进作用。

5. 全面 FGLS 估计

面板校正标准误只解决组内自相关问题，充分考虑组内自相关、组间异方差或同期相关这三个因素的估计，为了使结论更具有可靠性，运用全面 FGLS 估计进行稳健性分析，回归结果与之前一致，通过了 1%的显著性检验，回归系数显著提高，表明共享发展对新疆经济高质量发展具有较强的助推作用，为结果的稳健性提供了依据。

（三）异质性分析

1. 南北疆共享发展对比

表 6-6 分别考察了共享发展对南北疆地区经济高质量发展的影响。新疆地缘辽阔，南北疆之间距离较远，以天山山脉来划分南北。天山以北为北疆，包括乌鲁木齐、克拉玛依、吐鲁番、哈密、昌吉、伊犁、塔城、阿勒泰、博州、巴州等地区；天山以南为南疆，包括阿克苏、喀什、克孜勒苏、和田等四地州，俗称南疆四地州。①

表 6-6　南北疆异质性回归结果

	南疆	北疆	南疆	北疆
共享发展	0.262* (0.148)	0.250*** (0.085)	0.472*** (0.149)	0.018*** (0.106)
规模经济水平	—	—	0.181*** (0.054)	0.120** (0.049)
产业结构水平	—	—	0.0021** (0.000)	0.002*** (0.001)
人力资本水平	—	—	0.001** (0.000)	0.000 (0.000)
公共支出水平	—	—	0.074*** (0.019)	0.120*** (0.022)

① 2023 年 5 月，《中共新疆维吾尔自治区委员会新疆维吾尔自治区人民政府关于促进南疆高质量发展的若干政策措施》将巴音郭楞蒙古自治州及兵团南疆各师市纳入支持范围。本部分主要基于新疆 2010—2023 年数据，沿用之前的界定，将巴州划分在北疆。

续表

	南疆	北疆	南疆	北疆
Constant	0.302*** (0.043)	0.313*** (0.026)	0.238*** (0.032)	0.201*** (0.045)
Observations	56	140	56	140
R^2	0.055	0.059	0.383	0.275

注：***、**、*分别表示在1%、5%和10%的显著性水平下通过检验。

对比分析发现，在没有加入控制变量的情况下，北疆地区回归结果通过了1%的显著性检验，但南疆地区在10%的置信区间显著正相关，表明北疆地区共享发展对推动经济高质量发展具有更加显著的促进作用，而这一作用对南疆地区效应较弱。原因可能是北疆各地（州、市）发展本就具有较大的差异性，如乌鲁木齐作为首府，拥有较好的发展，克拉玛依凭借丰富的石油资源成为资源型城市，吐鲁番较高的对外开放水平带动经济等，因此，共享发展对北疆各地区的经济高质量发展更能发挥能动性。南疆四地州经济发展水平普遍较低、发展差距较小，经济环境较为不稳定，共享发展对南疆经济高质量发展影响显著性不高。在加入了控制变量之后对其进行回归，结果显示，共享发展对南北疆经济高质量发展都通过了1%水平的显著性检验。南疆地区的回归系数为0.472，高于北疆地区回归系数（0.018），并且南疆地区控制变量的回归结果均显著。因此分析得出：规模经济水平、产业结构水平、人力资本水平、公共支出水平等因素极大程度地影响南疆经济高质量发展，需要从人力资本共享、产业结构共享等方面破解南疆经济发展落后的难题，做活南疆这个“棋眼”，缩小南北疆差距，下好新疆一盘棋。

2. 沿边地区与非沿边地区共享发展对比

新疆是“一带一路”的重要枢纽，对外与哈萨克斯坦、俄罗斯、巴基斯坦等8个国家相邻，具有十分重要的战略地位。全疆14个地（州、市）有8个沿边地区，分别为哈密市、阿勒泰地区、塔城地区、博尔塔拉蒙古自治州、阿克苏地区、伊犁哈萨克自治州、喀什地区及克孜勒苏柯尔克孜自治州。共享发展对沿边地区的经济高质量发展与非沿边地区具有空间的异质性，实证结果如表6-7所示。

分析结果表明，沿边地区共享发展回归结果在1%的置信区间显著正相关，在加入控制变量的情况下，结果没有受到任何影响，说明沿边地区共享发展对新疆经济高质量发展具有显著的促进作用。可能的原因是沿边地区具有较大的区位优势和对外开放的经济环境，较高的对外开放水平必然会带动市场化水平的不断提升，活跃经济环境，带动经济发展。因此，沿边地区应该积极推进共享发展，牢牢抓住“一带一路”开放战略机遇，实现新疆的经济高质量发展。非沿边地区的回归结果显著性较弱，仅在10%的显著性水平上通过检验，控制了影响变量之后结果不显著，说明共享发展在非沿边地区的能动性较差，但观察控制变量发现对非沿边地区的经济高质量发展影响较大的因素是产业结构水平和公共支出水平，说明政府支出和产业发展对非沿边地区经济的发展具有较大影响。

表 6-7　沿边地区与非沿边地区异质性回归结果

	沿边地区		非沿边地区	
	(1)	(2)	(3)	(4)
共享发展	0.579*** (0.156)	0.510*** (0.183)	0.126* (0.074)	0.067 (0.080)
规模经济水平	—	0.076 (0.051)	—	0.094** (0.038)
产业结构水平	—	0.001* (0.001)	—	0.003*** (0.000)
人力资本水平	—	0.003** (0.000)	—	0.000 (0.000)
公共支出水平	—	0.041 (0.037)	—	0.093*** (0.023)
Constant	0.408*** (0.045)	0.440*** (0.061)	0.265*** (0.023)	0.109*** (0.024)
Observations	112	112	84	84
R^2	0.111	0.163	0.034	0.704

注：***、**、*分别表示在1%、5%和10%的显著性水平下通过检验。

四、研究结论与主要启示

以上研究结果表明：①从整体来看，共享发展对新疆经济高质量发展具有显著的促进作用。②分维度来看，设施共享对新疆经济高质量发展具有更强的能动性。③分区域来看，共享发展对北疆地区和沿边地区的经济高质量发展具有更强的效用。④从影响因素来看，人力资本水平、公共支出水平等外部因素对新疆经济高质量发展具有一定影响，通过共享发展能够提升人力资本水平、公共支出效率。因此，积极践行包括共享发展在内的新发展理念是扫除新疆经济发展阻碍，推动新疆经济高质量发展的重要途径。

（一）新疆共享发展整体特征和面临的挑战

1. 新疆共享发展水平整体呈稳定增长趋势

通过熵权法计算得出新疆 14 个地（州、市）2010—2023 年的共享发展水平综合得分，本章分别选取样本期内“新发展理念”提出 1 年后的 2016 年与 2010 年和 2022 年进行对比，对比结果如图 6-1 所示。

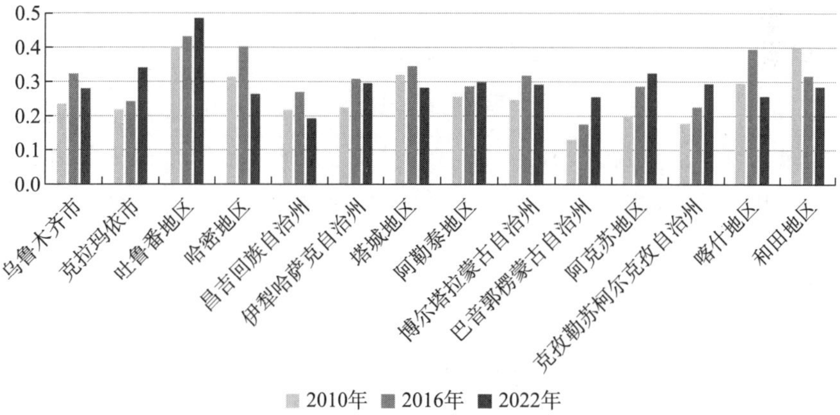

图 6-1　2010 年、2016 年、2022 年新疆 14 个地（州、市）共享发展对比

分析对比发现，2010—2022 年新疆 14 个地（州、市）的共享发展水平整体呈稳定增长趋势，数据表明新疆持续稳步推进共享发展并取得成效。2016 年共享发展水平增幅显著提高，这是因为 2015 年 10 月在党的十八届五中全会上，习近平总书记提出了新发展理念，共享发展得到了进一步关注，因此加快了共享发展。这说明新疆的经济发展对国家制定的针对性、扶持性政策响应较快。因此，在研究新疆经济发展时，应充分考虑国家政策对区域经济的驱动作用。2016—2022 年增幅减弱，甚至北疆的哈密、昌吉，南疆的喀什、和田等地区出现了“退化”现象，主要原因在于国际环境日趋严峻，加之新冠疫情给新疆经济社会的发展带来了更大考验和挑战，发展动力减弱，影响了共享发展。

值得注意的是，北疆的吐鲁番市共享发展水平明显高于其他地州。吐鲁番人口基数不大，但充分利用丰富的电力资源和旅游资源带动了当地经济发展，人均经济发展水平在全疆名列前茅，吐鲁番市的“共享电杆”① 说明吐鲁番市已很好地打开共享格局，创造了共赢与持续发展的局面。与此同时，南疆的和田地区共享发展表现出了“高开低走”的趋势。自西部大开发以来，国家对新疆，尤其是南疆地区给予了很大力度的扶持，在一定程度上促进了当地的共享发展，但地处塔克拉玛干沙漠南缘的和田地区，一直处于深度贫困之中，以农业和畜牧业为主的单一产业结构和脆弱的生态环境等诸多原因严重阻碍和田地区的发展，即使国家的扶持已十分充沛，但本地科技创新能力不足、技术人才缺乏等短板迟迟无法让和田地区走上经济快速发展的轨道，加之近几年新冠疫情的冲击与影响，更是重创了经济，因此积极探索区域合作，参与“一带一路”建设等国家发展战略，推动与周边地区的互联互通，实现共享共赢成为破解和田地区经济发展难题的新思路。

2. 北疆共享发展水平高于南疆共享发展水平

通过计算得出南北疆 2010—2023 年共享发展水平的综合得分平均数，进行对比分析，结果如图 6-2 所示。对比分析发现，总体来看，南北疆共享发展均呈波动增长趋势，北疆共享发展水平高于南疆共享发展水平。

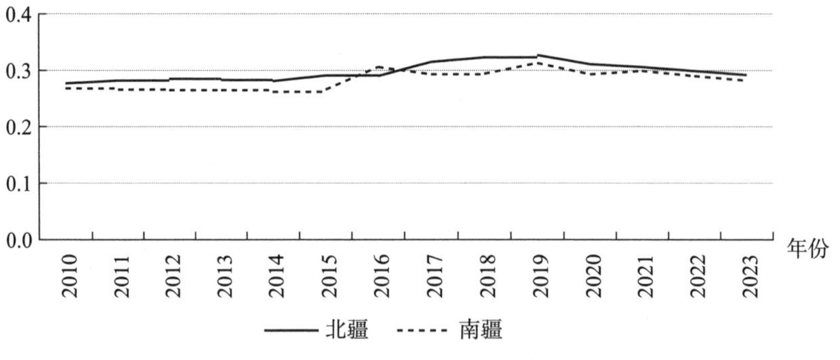

图 6-2　2010—2023 年南北疆共享发展水平对比

阶段性分析发现，2010—2016 年，南北疆共享发展水平曲线几乎是一上一下的两条平行线，表明 2016 年之前南北疆的共享发展较为缓慢，且共享发展处于分化格局，北疆共享发展水平明显高于南疆共享发展水平；2016 年共享发展水平有所上升，尤其是南疆的共享发展极速增长，甚至超过了北疆的

① 《新疆吐鲁番：“共享电杆”推动节约型社会发展》，人民网，http：//xj. people. com. cn/n2/2021/1012/c394722-34952920. html，最后访问日期：2023-10-12。

共享发展水平，这说明2015年习近平总书记提出新发展理念之后，新疆积极践行共享发展，尤其是南疆地区，取得了明显成效；2016—2019年，共享发展得到持续推进，北疆的共享发展显著快于南疆，南北疆2019年均达到共享发展的最高水平；2019—2023年因受新冠疫情影响，南北疆共享发展水平均有所下降，尤其是北疆下降幅度较大，和南疆的共享水平差距大幅缩小，南北疆共享发展水平趋于一致。

3. 共享发展三个维度中，设施共享发展水平明显滞后

通过熵权法分别计算新疆14个地（州、市）2010—2023年经济共享、服务共享和设施共享等三个维度共享发展的综合得分平均值，进行对比分析，结果如图6-3所示。分析发现，经济共享发展水平相对较高，而设施共享发展水平明显滞后。

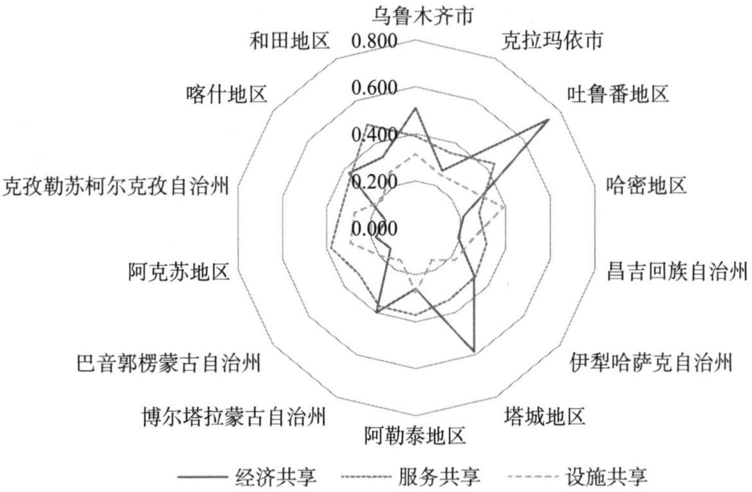

图6-3 2010—2023年新疆14个地（州、市）三个维度共享发展水平对比

首先，从经济共享维度来看，过去的10年间，在“一带一路”倡议推动下，新疆经济共享处于较高的发展水平。整体经济发展趋势较好，人均收入不断提升，公共服务支出比重不断加大；北疆的经济共享水平高于南疆，经济共享的高点位出现在吐鲁番、乌鲁木齐、塔城、博州等北疆地区，南疆除喀什地区之外，其余地区经济共享水平普遍较低。南疆地区共享经济不发达与经济发展水平有关，南疆因偏远的地理位置，区域间的联合互动并不密切，与外界的交流与合作较少，经济一直较为落后。虽然南疆接壤中亚五国，具有较好的地缘区位优势，且在“一带一路”倡议中具有极其重要的战略地位，

但口岸基础设施建设、经济结构、体制机制、人才队伍等方面仍然存在明显的“瓶颈”制约，与周边国家的经贸往来活跃度不高，因此并没有很好地发挥自身优势来提升经济共享度。其次，从服务共享维度来看，全疆服务共享发展较好，各地（州、市）发展水平较为均衡。新疆已建立覆盖全民的社会保障体系，城乡基本养老保险参保率超过95%，贫困人口基本医疗保险报销比例逐年升高，《中国统计年鉴》数据表明2021年新疆失业率为2%，通过劳动力就业转移等一系列惠民政策，稳稳把控就业，保持新疆社会稳定发展。最后，从设施共享维度来看，全疆设施共享水平明显滞后，南疆设施共享水平更是明显低于北疆的设施共享水平。乌鲁木齐作为首府，交通、网络等基础设施较为完善，因此设施共享水平相对较高。哈密、阿勒泰等北疆沿边地区因其区位优势，相较于其他地区设施共享发展也较好；南疆地区落后的设施共享水平是南疆经济社会发展的短板，其中，喀什地区设施共享水平最低，作为南疆地区人口密度最高的地区，喀什地区医疗资源、文化资源仍旧短缺。南疆目前的设施共享水平与经济发展不协调，阻碍新疆经济高质量发展，因此，需要在设施共享方面加大投入，提升设施的利用效率和共享程度。

（二）共享理念助推新疆经济高质量发展的对策建议

以经济共享发展促进共同富裕。共享发展的稳固之基是保持经济增长，新疆经济发展依赖政府投资与转移支付的格局仍然没有改变，不断推进共享发展，充分调动民间资本的积极性，激发共同富裕的内生动力，强化全体人民的主动性、创造性，使人民群众强大的创新能力转化为实现新疆经济高质量发展的强劲动力。

以设施共享加快推动现代化设施建设。“要想富，先修路”，经济的发展高度依赖现代化设施建设，新疆基础设施建设发展水平实现了跨越式提升，交通、物流等保障性设施覆盖全疆，但5G、大数据、人工智能等新型现代化设施建设体系尚未形成，成就显著的同时短板犹存。因此，要加快构建现代化设施体系，推动现代化设施建设，注重设施共享，为新疆经济高质量发展提供硬件支撑。

以服务共享强化公共资源的合理配置。区域间发展不平衡已经成为新疆经济发展中的突出问题，区域发展不均衡会导致社会财富的分配不均，可能产生一些不利于社会稳定和民族团结的因素。因此，在保障北疆、城市经济发展的同时，要加大对南疆、乡村的扶持力度，为南疆落后地区提供更多公共资源，增加投资和就业，加快南疆经济发展，有效破除新疆经济发展不均衡的窘境。对于北疆、沿边地区等区位优势明显、经济发展环境相对较好的地区而言，可鼓励其发挥自身优势，积极对接“一带一路”建设，抓住机遇，制定切实可行的经济高质量发展策略。

持续加大人力资本培育和开发力度。新疆的经济发展缺乏相应的人力资源支撑，应加快建立人才引进和培养机制。一是抢抓“一带一路”合作机遇，不断完善创新人才引进机制，加大人才引进力度，优化人才结构。二是加强南北疆人才交流合作，强化南疆地区人力资源培训，在提高人力资本综合素质的同时提升地区人力资本专业化程度。三是充分发挥新疆高校、科研机构和职业技术培训机构对人力资本的培养和提升作用，强化高校与企业的合作创新，满足新疆经济社会对专业技术人才的需求。

参考文献

［1］马兴瑞．加快打造新发展格局的战略支点　努力走在全国前列创造新的辉煌［N］．学习时报，2021-01-20.

［2］辜胜阻，吴华君，吴沁沁，等．创新驱动与核心技术突破是高质量发展的基石［J］．中国软科学，2018（10）：9-18.

［3］国家发展改革委经济研究所课题组．推动经济高质量发展研究［J］．宏观经济研究，2019（2）：5-17，91.

［4］陈昌兵．新时代我国经济高质量发展动力转换研究［J］．上海经济研究，2018（5）：16-24，41.

［5］任保平，文丰安．新时代中国高质量发展的判断标准、决定因素与实现途径［J］．改革，2018（4）：5-16.

［6］逄锦聚，林岗，杨瑞龙，等．促进经济高质量发展笔谈［J］．经济学动态，2019（7）：3-19.

［7］张军扩，侯永志，刘培林，等．高质量发展的目标要求和战略路径［J］．管理世界，2019，35（7）：1-7.

［8］钞小静，任保平．中国经济增长质量的时序变化与地区差异分析［J］．经济研究，2011，46（4）：26-40.

［9］王蕴，姜雪，盛雯雯．经济高质量发展的国际比较［J］．宏观经济

管理，2019（5）：5-11.

［10］唐晓华，孙元君．环境规制对中国制造业高质量发展影响的传导机制研究：基于创新效应和能源效应的双重视角［J］．经济问题探索，2020（7）：92-101.

［11］张江洋，袁晓玲，王军．高质量发展下城市投入产出指标体系重构研究［J］．北京工业大学学报（社会科学版），2020，20（5）：58-67.

［12］本刊记者．以提高全要素生产率推动高质量发展——中国社会科学院副院长蔡昉访谈［J］．宁波经济（财经视点），2019（8）：3-4.

［13］唐松，赖晓冰，黄锐．金融科技创新如何影响全要素生产率：促进还是抑制？——理论分析框架与区域实践［J］．中国软科学，2019（7）：134-144.

［14］屈小娥．考虑环境约束的中国省际全要素生产率再估算［J］．产业经济研究，2012（1）：35-43，77.

［15］陈诗一，陈登科．雾霾污染、政府治理与经济高质量发展［J］．经济研究，2018，53（2）：20-34.

［16］贺晓宇，沈坤荣．现代化经济体系、全要素生产率与高质量发展［J］．上海经济研究，2018（6）：25-34.

［17］唐毅南．中国经济真是“粗放式增长”吗——中国经济增长质量的经验研究［J］．学术月刊，2014，46（12）：82-96.

［18］师博，姚峰．中国经济增长的能源尾效测算与分析：基于拥挤效应的实证研究［J］．南京财经大学学报，2018（3）：23-31.

［19］金碚．关于“高质量发展”的经济学研究［J］．中国工业经济，2018（4）：5-18.

［20］王永昌，尹江燕．论经济高质量发展的基本内涵及趋向［J］．浙江学刊，2019（1）：91-95.

［21］任保平，李禹墨．新时代我国高质量发展评判体系的构建及其转型路径［J］．陕西师范大学学报（哲学社会科学版），2018，47（3）：105-113.

［22］钞小静，薛志欣．以新经济推动中国经济高质量发展的机制与路径［J］．西北大学学报（哲学社会科学版），2020，50（1）：49-56.

［23］孙玉阳，宋有涛，杨春荻．环境规制对经济增长质量的影响：促进还是抑制？——基于全要素生产率视角［J］．当代经济管理，2019，41（10）：11-17.

[24] 胡雪萍，侯志强，吴贵华．文创旅游地游客创意体验对分享行为的影响——基于面子倾向的调节作用 [J]．福建农林大学学报（哲学社会科学版），2020，23（5）：64-73.

[25] 许可，张亚峰．绿色科技创新能带来绿水青山吗？——基于绿色专利视角的研究 [J]．中国人口·资源与环境，2021，31（5）：141-151.

[26] 贾洪文，张伍涛，盘业哲．科技创新、产业结构升级与经济高质量发展 [J]．上海经济研究，2021（5）：50-60.

[27] 杨伟中，余剑，李康．金融资源配置、技术进步与经济高质量发展 [J]．金融研究，2020（12）：75-94.

[28] 刘国斌，韩宇婷．新时代县域经济实现高质量发展的思路与对策 [J]．税务与经济，2019（6）：55-61.

[29] 王帅龙，李豫新．创新型人力资本对经济高质量发展的影响 [J]．统计与决策，2022，38（14）：174-178.

[30] 刘超，张庆雯，聂心容．激励性政策规制推动中国数字经济高质量发展机制研究 [J]．亚太经济，2023（5）：98-113.

[31] 蔡春林，张霜．外贸高质量发展助力经济高质量发展机制研究 [J]．亚太经济，2023（1）：143-152.

[32] 李志洋，朱启荣．中国经济高质量发展水平的时空特征及其影响因素 [J]．统计与决策，2022，38（6）：95-99.

[33] 陈文通．更新和端正发展理念具有决定意义 [J]．经济纵横，2016（4）：1-8.

[34] 赵振华．关于共享发展的若干问题 [J]．理论探索，2016（4）：5-12.

[35] 赵满华．共享发展的科学内涵及实现机制研究 [J]．经济问题，2016（3）：7-13，66.

[36] 高质量发展研究课题组，韩保江，邹一南．中国经济共享发展评价指数研究 [J]．行政管理改革，2020（7）：14-26.

[37] 乔俊峰，张春雷．转移支付、政府偏好和共享发展：基于中国省级面板数据的分析 [J]．云南财经大学学报，2019，35（1）：15-28.

[38] 马海涛，文雨辰，田影．以减税助推共享发展：机制分析与实际效果检验 [J]．税务研究，2022（2）：5-13.

[39] 李晖，李詹．省际共享发展评价体系研究 [J]．求索，2015（10）：

87-95.

［40］阮敬，刘雅楠．共享理念视角下发展成果测度及其动因分析［J］．统计与信息论坛，2019，34（7）：35-43.

［41］詹新宇，崔培培．中央对地方转移支付的经济增长质量效应研究：基于省际面板数据的系统 GMM 估计［J］．经济学家，2016（12）：12-19.

［42］王婉，范志鹏，秦艺根．经济高质量发展指标体系构建及实证测度［J］．统计与决策，2022，38（3）：124-128.

［43］师博，张冰瑶．新时代、新动能、新经济：当前中国经济高质量发展解析［J］．上海经济研究，2018（5）：25-33.

［44］马建堂．加快发展新经济　培育壮大新动能［J］．中国经济报告，2016（9）：4-6.

第三篇

专题报告

第七章　新疆油气产业高质量发展报告

潘元双[①]

摘　要：新疆油气资源丰富，承担保障国家能源安全的战略任务。当前，新疆油气生产加工产业逐步壮大，油气输送、储备设施日益完善，油气资源就地转化加工能力不断提升。但也存在发展制约，建议新疆进一步加快推动潜力释放，加大增储上产力度，提高大型油气田勘探开发效率，提升油气生产供应保障能力。完善现代化产业体系，推进产业基础高级化、产业链现代化，大力推动集群集聚发展，实现油气产业高质量发展和绿色低碳转型。深化央企和地方合作，加大油气就地加工转化力度，持续推进“疆油疆炼”，扶持和带动地方石油化工产业发展，加快推动新疆油气产业高质量发展，为保障国家能源安全作出更大贡献。

关键词：油气产业；产业集群；能源

油气资源是现代社会发展的重要物质基础，是工业经济运行的“血脉”，对保障国家能源安全、满足生产生活需要、实现经济社会高质量发展具有不可替代的作用。新疆油气资源丰富，已探明石油资源量居全国第一位，已探明天然气资源量居全国第二位。油气产业不仅是新疆工业的重要支柱，在保障国家能源安全、服务“一带一路”建设中也发挥着不可替代的作用。在第三次中央新疆工作座谈会上，习近平总书记指出“要推动工业强基增效和转型升级，培育壮大新疆特色优势产业，带动当地群众增收致富”。油气生产加工产业集群是自治区重点发展的“八大产业集群”之一。近年来，新疆聚焦特色优势资源，大力推进油气产业快速发展，基本形成了油气开采及就地加

① 潘元双，新疆准东经济技术开发区经济发展局产业科副科长。研究方向：产业发展与规划编制。

工转化的产业体系。

一、新疆油气产业发展现状

新疆油气资源丰富，承担保障国家能源安全的战略任务，石油预测资源储量 213 亿吨，占全国的 20%；天然气预测资源储量 10.3 亿立方米，占全国的 32%。2022 年，新疆原油产量 3213 万吨、天然气产量 407 亿立方米，分别占全国总产量的 15.7%、18.7%；经陆上油气管道进口原油 1280 万吨、天然气 432 亿立方米；向外输出原油 1440 万吨，天然气 651 亿立方米。2022 年全国各省份原油产量和 2022 年全国各省份天然气产量如图 7-1 和图 7-2 所示。

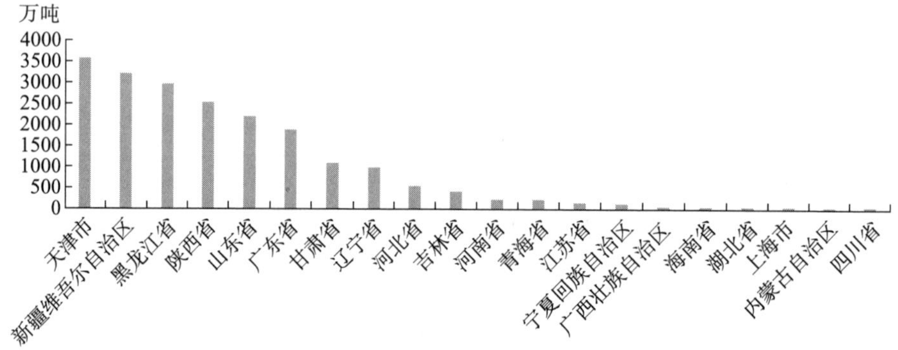

图 7-1　2022 年全国各省份原油产量

数据来源：国家统计局。①

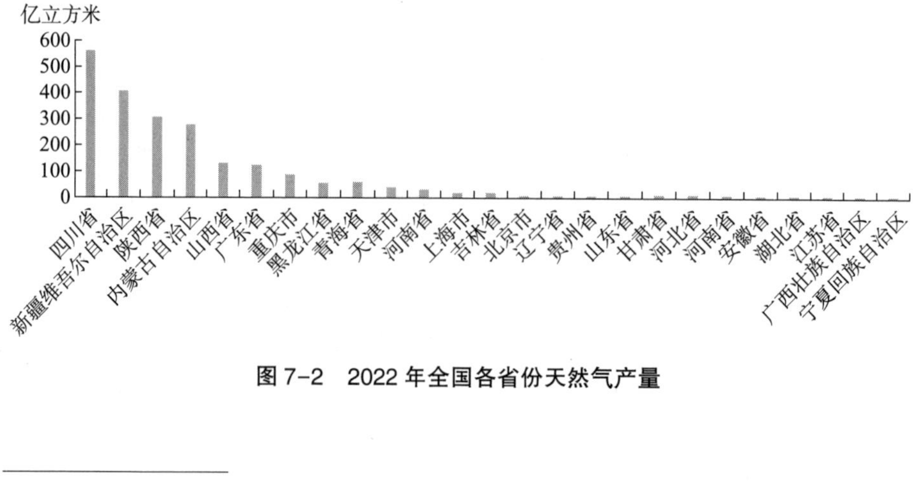

图 7-2　2022 年全国各省份天然气产量

① 本章以下图表数据来源如无特殊说明，均来自国家统计局。

（一）油气生产加工产业逐步壮大

近年来，新疆立足油气资源丰富的优势和保障国家能源安全的使命，加快推动油气资源潜力释放，加大油气资源勘探开发区和增储上产力度，提高大型油气田勘探开发效率，提升油气生产供应保障能力。2022 年，新疆石油产量 3213.34 万吨，增长 7.5%；天然气产量 406.68 亿立方米，增长 4.9%。油气生产加工产业工业增加值增速为 5.8%，规模以上工业增加值增长 20%。1997—2021 年新疆原油和天然气产量变化分别如图 7-3、图 7-4 所示。

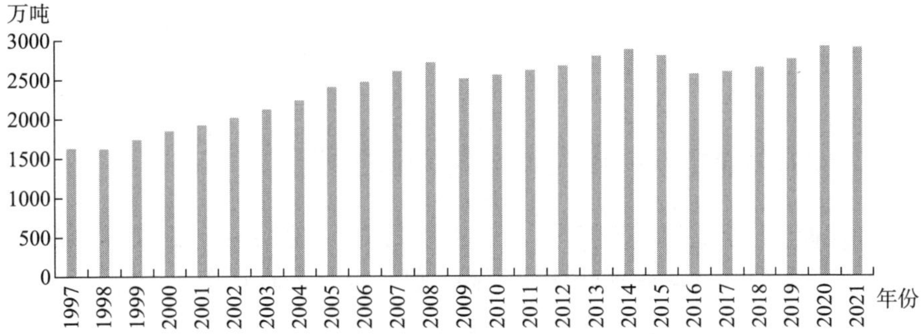

图 7-3　1997—2021 年新疆原油产量变化

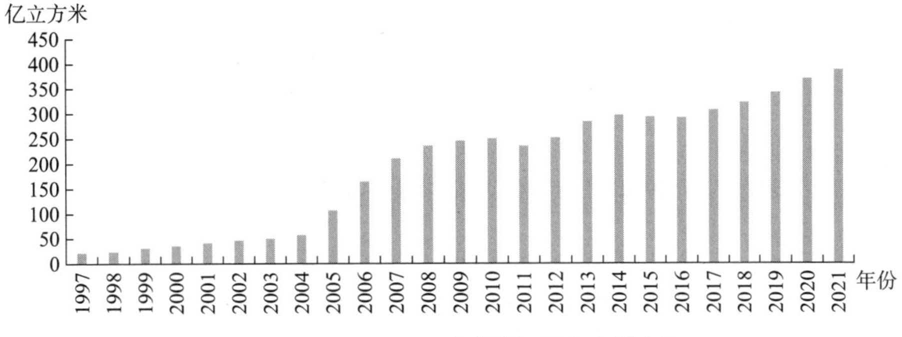

图 7-4　1997—2021 年新疆天然气产量变化

（二）油气输送、储备设施日益完善

经过多年发展，新疆基本形成横跨东西、区域联通、调度灵活的疆内石油和天然气管网系统，建成原油支线管道 4434 公里，成品油管道系统 3144 公里，西气东输天然气干支线管道 9500 公里；建成各类原油库 24 座、储罐 243 座，总库容 1088 万立方米。

（三）油气资源就地转化加工能力不断提升

为加快油气资源就地转化，大力发展油气生产加工产业集群，重点以加强综合能源化工基地建设，促进资源开发和清洁高效转化协同，推动石油、天然气化工和现代煤化工产业高端化、多元化、低碳化发展为方向。培育发展芳烃、乙烯、丙烯、聚氯乙烯、可降解材料、纺织服装 6 条下游产业链，发展纺织、塑料、汽车配件、化学建材等下游产业链，推动“炼化纺一体化”发展。围绕国家“三基地一通道”建设，新疆持续加大油气勘探开发力度，油气保障能力显著提升，初步建成国家大型油气生产加工和储备基地，在全国能源体系中的重要地位日益凸显，为保障全国能源安全稳定供应提供重要支撑。

二、新疆油气产业高质量发展存在的问题

新疆油气产业发展虽然取得了一定的成效，但仍存在一些发展“瓶颈”和短板。一是油气资源就地转化率不高，富乙烷气、轻烃资源未能有效精深加工。二是产品高端化程度不足，高端精细化工产品和化工新材料产能相对较小，特色产品和高附加值产品开发不足，产业链条延伸不够。三是产品市场竞争力不强，本地市场容量相对较小和长距离外输高成本矛盾长期存在。四是基础设施效能发挥不够充分，现有干线油气管网和储气设施等难以满足逐年上产油气资源输送需要等。五是油气产业科技创新力量薄弱，科研人才短缺。

三、新疆油气产业高质量发展的战略定位

依托新疆油气资源禀赋，统筹发展与安全、发展与减排，以煤炭为基础、油气为关键、新能源为方向，以保障油气供应安全为目标，充分发挥油气资源和可再生能源优势，实施油气资源增储上产行动计划，促进“就地转化”和“减油增化”发展，补齐增强高端化学品和新材料产业链，加快构建供应安全稳定、上下游紧密关联、开发利用清洁高效的油气生产和加工产业集群发展新格局，为保障国家能源安全和推动自治区经济高质量发展提供坚实可靠的保障。

（一）强化国家能源资源安全保障能力的战略基地

加快提升油气勘探能力和增储上产，确保油气资源量和产量稳步增长，

同步强化储备能力建设，加快打造亿吨级油气当量国家大型油气生产和储备基地。同时利用新疆丝绸之路经济带创新驱动发展试验区、乌昌石国家自主创新示范区区位优势，用足中哈油气管道能力，加大力度引进中亚和俄罗斯油气资源，建立国家能源资源陆上大通道，用好国际国内两种资源，成为应对极端情况下保障国家能源资源安全的战略基地。

（二）增强产业链供应链韧性，构建新发展格局的战略支点

推进油气资源就地加工和“减油增化”发展，进一步提高油气就地转化比例，实现更高水平的疆油疆气开发利用，延伸发展高端化学品和新材料产业链，形成上下游高效耦合发展新格局，同时结合疆内丰富的风光资源，积极探索开发利用可再生能源，实现产业发展与绿色低碳协同并进，将疆内资源优势最大限度地转化为产业优势和经济优势，促进产业转型升级发展，为中央支持新疆发展奠定产业基础。

（三）畅通亚欧黄金通道和向西开发战略门户的前沿阵地

油气、石化、化工、新材料产业是国民经济基础性产业和支柱产业，也是工业发展进程的关键环节。推动产业集群建设，拓展新材料产业链，增强国内国际两个市场两种资源联动效应，全面向西拓展中西亚乃至欧洲市场，以产品升级促进贸易畅通，丰富对外开放载体，切实发挥新疆区位优势，有力推进丝绸之路经济带核心区建设，全面融入国家向西开放总体布局，打造内陆开放和沿边开放高地。

（四）推进南北疆协同发展，维护国家地缘安全的战略屏障

党中央坚持把社会稳定和长治久安作为新疆工作总目标，强调推动工业提质增效和转型升级，培育壮大新疆特色优势产业。加快建设新疆油气生产加工产业集群，统筹发展油气开发和加工、下游新材料、化纤纺织等特色产品链，发展多层次产品拓展疆外和“一带一路”市场，实现产业高质量发展和人民安居乐业，有力支撑新疆社会大局长期稳定。

（五）促进区域协调发展，带动实现共同富裕的先行示范

在国家大力支持下，新疆经济社会经过长期发展，已逐步形成稳定发展大局，人民群众物质与精神生活基础更加坚实。但是新疆发展仍然面临南北疆发展不平衡、不充分的“瓶颈”。油气生产加工产业规模大、链条长、产品

多，具有较强的产业经济带动性。通过推动新一轮油气加工产业高质量发展，进一步夯实新疆现代化产业体系基础，带动下游相关制造业转型升级，有助于形成东西联动、南北联通区域协调发展格局，加快实现民族团结、人民安居乐业的良好局面，打造共同富裕先行示范区。

四、新疆油气产业高质量发展的总体布局

统筹南北疆油气产业现状。新疆油气生产加工产业集群按照北疆、南疆协同发展原则，实施“两带四区多节点”的总体布局，分类施策推动产业转型升级，重点推动油气生产和加工产业向南拓展，做大做强油气产业，进一步巩固自治区的油气资源战略地位。

依托南疆塔里木油田、西北油田资源，积极打造南疆石油化工产业带，重点推进化工新材料产品链，生产新能源、电器电子、建筑等关联产业所需高端合成材料和高性能工程材料。利用南疆地区丰富的风光资源，融合发展低碳氢能产业，先行先试建设石化产业低碳集聚区。

“独—克—乌”石化产业带是新疆石化产业向西开放的桥头堡，重点依托克拉玛依油田等疆内重油稠油资源和进口原油资源，深度整合、优化疆内化工原料，以“减油增化”为重点，进一步提升“炼化一体化”水平。

立足将新疆打造成为国家重要油气资源战略保障基地的战略定位，油气生产产业围绕勘探开发、油气管道、油气储备 3 个方面构建多节点布局。一是加快勘探开发。稳步推进上游体制改革，加大勘探开发投资、鼓励新技术新工艺研发，积极提升区内油气资源产量，巩固国产油气资源的基石地位。二是布局油气管道。进一步完善区内干线油气管网布局，突破区内自产资源外输“瓶颈”。同时实施好南北疆天然气利民管道扩建工程，提升区内天然气管网的覆盖服务水平。三是增加油气储备。全面加快储气设施建设，形成多点突破的储气库发展格局。

五、推动新疆油气产业高质量发展的政策建议

（一）把握战略机遇期，争取国家产业政策支持

产业集群应深刻把握当前全球产业链重构，国家推进富民兴疆、长期建疆，以及集群产业继续增链、补链、强链等重大叠加机遇期，充分利用国家

扶持新疆纺织服装产业发展政策，合理运用疆内油气资源，积极争取国家政策支持，发展关键基础化工原料和新材料产品链，加快布局建设一批石化化工新材料项目，打造油气战略基地，扎实推进产业集群发展，维护国家产业链供应链安全。

（二）加大油气勘探力度和增储上产

一是加快推进油气资源基础地质调查和非常规油气资源勘查，明确勘探助攻方向，尽早形成新的油气资源战略接续区。二是提高老油田采收率，促进油气增储上产，实现资源良性接替。三是加快推进非常规油气资源效益开发，加大页岩油勘探力度，加强重点区带勘探，推进页岩油资源调查评价。

（三）强化油气管道和储备能力建设

充分发挥国家能源资源陆上大通道重要作用，加快天然气输干线和下游支线建设，着力构建布局合理、覆盖广泛、安全高效的油气管输系统。加快西气东输四线天然气管道等工程建设。积极推进南北疆天然气利民管道扩建工程，提升区域天然气保障供应水平。牢固树立能源安全底线观念，认真落实国家能源安全储备制度，加快推进地下储气库前期评价、技术储备和项目建设，优先依托“大库大站”履行储气责任。配合做好国家原油、成品油储备工作。

（四）加强资源就地转化增强原料配套

新疆油气资源和可再生能源储量丰富，在确保国家能源资源供应安全的前提下，充分利用疆内现有和未来上产油气资源，发挥南疆地区天然气富含乙烯、轻烃的资源优势，尽可能地推动疆油疆气就地加工和“减油增化”发展，在国家相关部门支持下，推动新疆逐步由资源供应地向产品供应地转型升级，将新疆资源优势最大限度地转化为产业优势和经济优势，促进产业转型升级发展，为中央支持新疆发展政策奠定产业基础。

（五）延伸发展新材料增强产业链韧性

以园区化、基地化、集群化、高端化、绿色化为导向，利用疆内“减油增化”增加大宗化工原料，延伸发展高端化学品和新材料产品链，包括功能新材料、纺织新材料、生物材料、新能源材料、碳中和材料等产品链。一是构建油气加工产业链。二是适度延伸深加工产品链、增强功能新材料产品链、加快构建纺织材料产品链、增加生物材料产品链。三是对接国家发展新疆纺织服装产业支持政策，发挥央企、地企、民企协同引领作用，依托疆内优质棉花、原油、天然气等资源，建设原料疆内供给、产业链条完整、市场向西拓展的多元一体高端化纤混纺基地。四是合理利用天然气资源，推进规模化、特色化、绿色化，延伸发展化工新材料产品链。

（六）推动全产业链绿色低碳发展

国家提出碳达峰碳中和战略目标，要求石化产业调整依靠大量使用传统化石能源带动产业发展的思维惯性，创新绿色低碳发展路径，依托疆内丰富的风光资源优势，积极探索开发利用可再生能源，实现产业发展与绿色低碳协同共进。一是积极推进存量减碳。研究油气集群内各企业清洁高效利用方案，持续实施绿电替代、节能升级改造等，提高已建项目能效水平，全面降低现有能源消费和二氧化碳排放强度。二是大力推动“增量近零”。进一步提高集群清洁能源占比，积极引入周边风电、光伏、氢能等低碳能源，鼓励油田、石化企业新增用电负荷通过发展风电、光电、光热、氢能等新能源实现替代，实现新能源与勘探开发、油气加工协同发展，有效降低新建项目能耗水平，实现节能低碳发展。三是努力探索碳资源化。研究碳捕集与封存、二氧化碳资源化利用生产高值化学品等减碳路径，与其他产品链融合联通，开发新能源材料、生物降解塑料等绿色低碳产品，有效消纳排放二氧化碳，先行先试建设绿色低碳产业集群。四是积极争取可再生能源开发和使用指标。切实推进集群绿色低碳示范发展，尽早实现碳达峰碳中和目标，集群各基地应积极向自治区争取可再生能源发电和土地配置指标，利用沙漠、戈壁、荒漠等建设大型风电光伏基地，加快可再生能源发电、制氢等项目立项建设。

（七）探索推进科技和产业自主创新

统筹创新资源和发展要素，依托疆内央企联合地方国企、民企，搭建创新平台、吸引产业人才，加强与国内先进一流油气产业集群战略合作，促进科技资源共享公用和对接转化，提升产业链供应链现代化水平。一是加大基础研究和科研攻关力度，加强跨领域协调攻关，积极开展能源技术创新平台试点示范，促进能源新技术产业化、规模化应用。二是围绕化工新材料发展共性需求，采取企业主导、院校协作、多元投资、成果分享等新模式，探索建设产业技术研究院和中试基地，加速新技术、新成果就地转化和规模化生产。支持以企业为主体开展技术攻关，支撑解决石化新材料产业“卡脖子”问题。三是加强云计算、大数据、物联网、移动互联等先进技术与油气生产加工领域创新融合，加快智慧油田、智慧官网、智慧工厂建设，提升核心设备、材料、装备、工艺和软件国产化水平，探索构建油气生产加工工业互联网智能化管理平台。

（八）向西拓展国际市场合作范围

石化化工新材料和纺织服装产业是国民经济基础性产业和支柱产业，也是工业化发展进程的关键环节，应筹划进一步加强国内外石油合作，加快建设新疆油气生产加工产业集群，推动油气资源上产并就地转化生产低碳新材料和高端混纺产品，紧抓国家“一带一路”建设契机，充分发挥新疆区位优势，依托公路、铁路、航空等“立体大交通”体系建设和中欧班列物流基础，大力推进产业向西开放，深度挖掘中亚、西亚、欧洲等“一带一路”沿线地区新材料产品市场，推动基地产品链提档升级和产能优化，实现区域联动发展，带动地区经济社会持续稳定发展。

（九）多方位发力促进中央和地方企业深度合作

产业集群建设需要统筹区域内的央、地、民企通力协作。强化上游资源合作，协调央企、地企化工重质原油、天然气、氢气等资源，相互支撑重大项目建设，提高资源利用效率，补齐纺织新材料产品链短板，拓展新兴材料领域。探索创新合作机制，深化产品下游产品链多元化合资合作，促进基地基础产业、主导产业、战略产业、配套产业项目全方位、宽领域、多层次对接，合作发展下游高附加值产业，带动区域经济和企业自身高质量发展。

（十）加强安全管理体系建设

按照“管行业必须管安全、管业务必须管安全、管生产经营必须管安全”和“谁主管谁负责”的原则，严格落实相关部门行业领域安全监管职责，强化生产、储存、使用、经营、运输、处置等环节相关安全监管；加强源头治理，强化安全风险管控，严格涉危化学品安全生产、经营许可和建设项目安全审查；强化企业主体责任落实，推动涉危化学品企业建设安全生产内审机制和承诺制度，完善风险分级管控和隐患排查治理预防机制，全面推进安全生产标准化建设，加大失信约束力度；强化基础支撑保障，提高科技与信息化、智能化水平，加强专业人才培养，加强应急救援能力及队伍建设，切实以高质量安全保障高质量发展。

参考文献

［1］新疆维吾尔自治区发展和改革委员会．新疆维吾尔自治区国民经济和社会发展第十四个五年规划和 2035 年远景目标纲要［EB/OL］．（2021-06-03）［2023-08-11］．http：//wap. xjdaily. com/xjrb/20210603/175750. html.

［2］国家能源局．中国天然气发展报告（2023）［EB/OL］．（2023-07-21）［2023-08-11］．https：//www. nea. gov. cn/2023-07/21/c_ 1310733569. htm.

［3］搜狐网．中国能源大数据报告（2023）［EB/OL］．（2023-10-30）［2023-12-11］．https：//news. sohu. com/a/717711231_ 121614580.

［4］中华人民共和国中央人民政府．国家发展改革委　国家能源局关于印发《“十四五”现代能源体系规划》的通知［EB/OL］．（2022-01-29）［2023-08-11］．https：//www. gov. cn/zhengce/zhengceku/2022-03/23/content_5680759. htm.

第八章　新疆煤炭煤电煤化工高质量发展报告

吴　强[①]

摘　要：能源是经济社会可持续发展的重要基础，在国家安全和国民经济发展中占据重要地位。中国资源禀赋决定了煤炭工业的能源基础地位，而新疆作为我国西部煤炭资源丰富的地区，基于煤炭基地建设的新疆煤电、煤化工产业发展具有重要的地位。同时，新疆作为我国向西开放的重要门户，煤电、煤化工产业的发展对于新疆经济社会发展的各个层面也将产生重要的影响。本章基于新疆煤炭资源赋存特征，立足新疆煤炭能源资源禀赋，优化产业布局，调整产业结构，注重提高煤炭供给保障能力，大力发展先进煤电和现代煤化工，同时着重分析新疆煤炭行业高质量发展面临的机遇与挑战，并对发展前景提出相关政策建议。

关键词：煤炭产业；煤电产业；煤化工产业；新疆

新疆地域辽阔，煤炭资源丰富，尤其是在“十三五”期间，通过推进优势资源转换战略，承接内地煤炭产业转移的力度不断加大。随着“西煤东运”“西气东输”和“疆电外送”等国家战略的实施，以及煤电、煤化工和煤制气等资源转换工程的落实，新疆煤炭工业正在由产能优势逐步转化为经济优势，未来开发前景广阔。

2023年新疆政府工作报告提出，加快建设“八大产业集群”是新疆的重点任务之一。报告指出，有效释放能源资源潜力，以煤炭为基础、油气为关键、新能源为方向，全面推进新时代国家“三基地一通道”建设，全力保障国家能源安全。新疆是我国重要的煤炭资源接续区和战略性储备区，资源储量丰富、煤炭种类齐全。近年来，新疆不断引进先进技术，致力于煤炭资源开发利用低碳化、多元化、高端化。现阶段，各大煤炭化工企业紧紧抓住新

① 吴强，新疆社会科学院经济研究所副研究员。研究领域：区域经济和产业经济。

疆“十四五”时期大力发展煤炭煤化工产业的有利时机，依托新疆丰富的煤炭资源，推进煤化工产业发展，提高经济质量效益和核心竞争力。在自治区党委、政府的大力推动下，新疆煤化工产业规模持续扩大，同时随着产业链的完善，初步形成了准东、伊犁、吐哈、库拜、和克五大煤化工基地。然而，随着国内外经济形势的变化和油价的波动，新疆煤化工产业的能源转化率有待提高，深层次的矛盾也逐渐显现，如产业布局和园区基础设施有待完善，产业装备水平和创新驱动力不足等影响了行业的健康可持续发展。

一、新疆煤炭资源开发利用情况

我国富煤、贫油、少气的资源禀赋决定了石油并非战略能源，因此发展煤炭产业成为我国能源发展的必然选择。新疆煤炭煤电煤化工产业在近年来取得了显著的发展，成为新疆地区经济的支柱性产业之一。其发展情况主要体现在以下方面：

煤炭资源丰富。新疆地域辽阔，煤炭资源储量丰富，煤炭储量占全国总储量的15%以上。特别是“十三五”规划期间，新疆着力推进优势资源转换战略，加大对煤炭资源的勘探和开发力度，成为内地煤炭产业转移的重要承接地，煤炭产业逐步成为该地区的经济支柱。

国家战略的实施。新疆的发展得益于国家战略的实施，尤其是“西煤东运”“西气东输”和“疆电外送”等战略的实施。这些战略推动了新疆煤电、煤化工和煤制气等资源转换工程的快速落地，为新疆煤炭煤电煤化工产业的升级提供了有力支持。

产业转型升级。随着“十四五”时期的到来，新疆政府明确提出加快建设“八大产业集群”成为发展的关键任务之一。其中，以煤炭为基础的煤炭煤电煤化工产业受到特别关注。产业转型升级得以推动，煤炭工业不仅是产能的优势，而且正在逐步转化为经济的优势。

区域基地初步形成。新疆煤化工产业规模持续扩大，产业链逐步完善，初步形成了准东、伊犁、吐哈、库拜、和克五大煤化工基地。这些基地在提升新疆煤炭煤电煤化工综合产能和核心竞争力方面发挥了积极作用。

技术创新和可持续发展。新疆煤炭煤电煤化工产业不断引进先进技术，致力于资源开发的低碳化、多元化、高端化。企业在“十四五”时期积极抓住发展机遇，推进煤化工产业的发展，提高经济质量效益。

随着国内外经济形势的变化和油价的波动，新疆煤炭煤电煤化工产业面临一些深层次的矛盾，如产业布局和园区基础设施有待完善，产业装备水平和创新驱动力不足等问题，对行业的健康可持续发展提出了一定挑战。因此，未来需要通过加强创新、优化布局、提升管理水平等手段，进一步推动新疆煤炭煤电煤化工产业朝着更加可持续、高效的方向发展。

（一）新疆煤炭基地分布情况

新疆煤炭主要分布在4个区域：准噶尔区包括昌吉、塔城等地区，以开发煤电、煤化工等示范性项目为主，合理优化布局大型工业园区，同时参与“疆煤外运”和“疆电外送”项目，“十四五”新增产能达到6340万吨。吐哈区包括吐鲁番市、哈密市等地，以“疆煤外运”和“疆电外送”为主，“十四五”新增产能达到8600万吨。伊犁区主要为伊犁哈萨克自治州，以开发煤化工示范项目、煤电为主，实施煤炭就地转化，“十四五”新增产能达到800万吨。库拜区主要为阿克苏地区，以满足当地发电、城市供热、工业生产用煤和居民生活用煤需求为主，“十四五”新增产能达到250万吨。

（二）新疆煤炭资源主要特点

新疆煤炭资源具有储量丰富、赋存范围广、分布相对集中、埋藏深度浅、煤层厚度大且煤层数目多、煤质优良等特点。根据图8-1的数据，长焰煤和不黏煤占93.7%左右，气肥煤、无烟煤和焦煤占4.6%左右，另外还有弱黏煤、褐煤、肥煤、贫煤、瘦煤。总体来说，新疆的煤变异程度相对较高、发热量高，属于优质动力煤，煤化工、煤制油用煤。

煤质普遍具有低硫、低磷和中高发热量等特点，同时其反应活性高，非常适宜用于煤气化和间接液化，因此也是优质的煤化工用煤。据预测，新疆全疆超过100亿吨储量的煤田达到24个，大约占预测总量的98%。然而，由于地理条件等限制因素，目前尚未进行大规模的开发。随着内地煤炭资源的逐渐枯竭，新疆的煤炭资源优势变得越来越显著。

疆煤燃烧更具环保性。以哈密煤为代表，疆煤具有低灰、低硫、高热值特征，相较其他矿区煤炭，其燃烧效率高，且所产生硫化物少，在煤炭燃烧环保方面具备优势。此外，疆煤埋藏浅、煤厚大且含煤层数多。煤炭埋藏深度平均不到200米，最深不超过400米。在新疆的各个煤田中，特厚/巨厚煤层广泛存在，如新疆东部沙尔湖煤田，煤层总数达到25层，单层厚度最厚可达217.14米，这是全国之最，仅次于巴西。

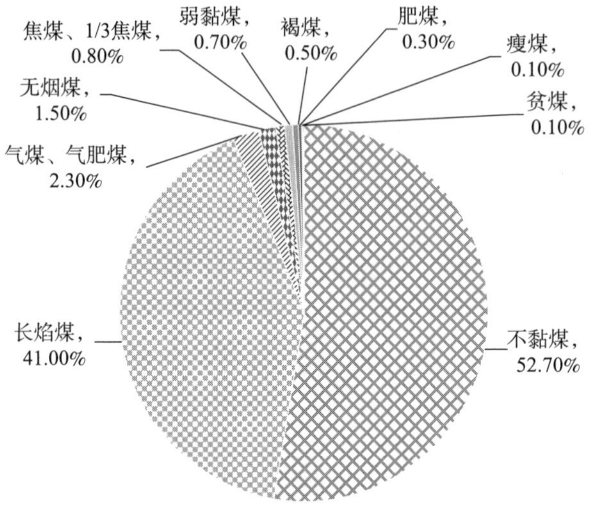

图 8-1　新疆煤炭资源构成

数据来源：《新疆统计年鉴》。

二、新疆煤炭煤电煤化工政策环境与发展优势

（一）国家政策

2017 年，国家发展改革委联合工业和信息化部发布《现代煤化工产业创新发展布局方案》，首次提出建设现代煤化工产业示范区理念、煤化工相关产业融合发展理念，明确了深入开展产业技术升级示范等 8 项重点任务与严格项目建设要求等 6 条保障措施。2017—2022 年，中国现代煤化工产业在产业规模、节能降耗等方面取得了积极进展，但能耗水耗较大、“三废”排放较高等问题尚未根本解决，资源要素约束加剧。

2023 年 7 月 27 日，国家发展改革委等部门发布《关于推动现代煤化工产业健康发展的通知》（以下简称《通知》），明确进一步强化煤炭主体能源地位，按照严控增量、强化指导、优化升级、安全绿色的总体要求，加强煤炭清洁高效利用，推动现代煤化工产业（不含煤制油、煤制气等煤制燃料）高端化、多元化、低碳化发展。《通知》强调要从严从紧控制现代煤化工产能规模和新增煤炭消费量，重点把好项目准入关。在战略布局和引导发展方面，《通知》强调了要进一步强化对现代煤化工产业的规划布局引导，对存量项目要优化升级，对增量项目要集约化发展，优先布局在要素条件有保障的地区。

《通知》进一步明确了现代煤化工产业布局的基本原则，有助于优化全国石化化工重大生产力布局，促进高质量项目科学合理落地，推动集约集聚发展，以及现代煤化工产业的持续高质量发展。《通知》还进一步强调了科技创新在支撑现代煤化工产业健康发展方面的重要作用，充分体现了创新是引领发展的第一动力，有助于现代煤化工产业加快关键技术装备和工控系统自主化进程，推动产业技术创新升级和实现高端化发展。同时《通知》充分体现了绿色低碳的发展理念，有助于推动现代煤化工产业能效、水效持续提升，助力实现碳达峰目标。

（二）自治区政策

在 2023 年新疆两会上，政府工作报告提出的重点任务之一是加快建设“八大产业集群”。报告指出，要有效释放能源资源潜力，以煤炭为基础、油气为关键、新能源为方向，全面推进新时代国家“三基地一通道”建设，全力保障国家能源安全。要加快建设煤炭煤电煤化工产业集群和绿色矿业产业集群，引导和支持煤化工产业绿色发展，构建以煤炭清洁高效利用为核心的循环产业链。同时，推进矿业资源绿色高效开发利用，积极延伸下游精深加工产业链，构建以初加工为基础、精深加工为主导的绿色矿业产业体系，以提高战略性资源的供应保障能力。

2023 年新疆国民经济和社会发展计划提出，要加快发展煤炭煤电煤化工产业集群。明确了以保障煤炭、电力供应安全为目标，实施煤炭和煤电、煤电和新能源“两个联营”推动煤炭资源开发利用与生态环境保护协调发展。智慧矿山建设和智能化开采是煤炭行业的发展方向，应加快大型现代化煤矿项目建设，如准东黑山红沙泉二号露天和哈密大南湖七号二期。同时，应提高煤炭供给保障能力，加快“疆煤外运”北、中、南通道扩能改造，力争达到 8800 万吨的“疆煤外运”目标。此外，应大力发展先进煤电和现代煤化工，加快“疆电外送”配套煤电和支撑性煤电建设，推进煤电机组三改联动，以提高“疆电外送”的电力供应量。2023 年，新疆能源工作立足新疆资源禀赋和区位优势，大力推进油气增储上产，加快释放煤炭先进优质产能，全力做好能源上产量、保供应、增储备、畅流通，服务国家大局，推动新疆经济高质量发展。

三、2023 年新疆煤炭煤电煤化工发展形势

（一）持续发挥煤炭在新疆经济高质量发展中的兜底保障作用

习近平总书记强调，在相当长一段时间内，煤作为主体能源是必要的，

否则不足以支撑国家现代化。据不完全统计，我国能源消耗总量约为 52.4 亿吨标准煤，其中煤炭消费占比约为 56.0%。在未来能源供应体系中，煤炭将在较长时期内扮演重要角色，煤炭行业依然肩负重大责任。

新疆煤炭资源相对充足，储量达到 2.19 万亿吨，占到全国煤炭储量的 40%以上，2022 年，新疆成为国家五大煤炭供应保障基地之一。新疆原煤产量从 2018 年的 1.90 亿吨增长到 2022 年的 4.15 亿吨，年均增速 15.36%。新疆煤炭产能情况：截至 2021 年底，新疆公告生产、联合试运转煤矿 73 处，生产能力 26219 万吨/年。其中，公告生产煤矿 67 处，产能 24024 万吨/年；联合试运转煤矿 6 处，产能 2195 万吨/年。除此之外，2021 年 10 月以后，国家煤电油气保障工作部际协调机制初步同意新疆核增煤矿 12 处，产能 5450 万吨/年，目前，新疆正在按照国家调整后的规模组织应急保供生产。“十四五”时期，新疆将全面加快推进国家给予新疆“十四五”新增产能 1.6 亿吨/年煤矿项目建设。

由图 8-2 可以看出，自 2015 年以来，新疆原煤产量呈逐年增加态势，在全国原煤产量中的占比也在逐年上升。新疆原煤产量从 2015 年的 1.46 亿吨增长到 2022 年的 4.13 亿吨；原煤产量年增长率也从 2015 年 4.50%增长到 2022 年 28.60%。

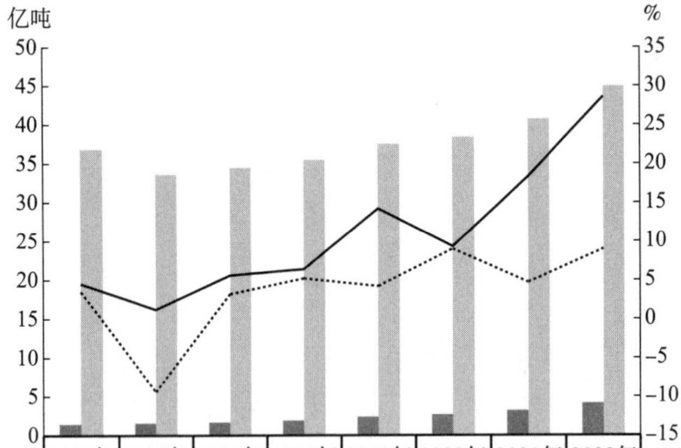

	2015年	2016年	2017年	2018年	2019年	2020年	2021年	2022年
新疆原煤产量	1.46	1.58	1.67	1.90	2.38	2.66	3.20	4.13
全国原煤产量	36.85	33.64	34.45	35.46	37.50	38.44	40.71	44.96
新疆原煤产量年增长率	4.50	1.20	5.60	6.40	14.20	9.30	18.30	28.60
全国原煤产量年增长率	3.50	−9.40	3.20	5.20	4.20	9.00	4.70	9.00

图 8-2　2015—2022 年新疆和全国原煤产量趋势

数据来源：新疆煤炭交易中心。

（二）持续优化煤电生产力布局，巩固煤电电力保供“压舱石”地位

新疆持续优化煤电生产力布局，巩固煤电电力保供“压舱石”地位，加快建设规划内煤电项目，有效增强电力供应保障能力。煤从空中走，电送全中国。除了直接运输原煤至疆外电厂，新疆还将煤发成电通过特高压输送至疆外。煤电是我国的主要电源，长期以来为电力的安全可靠供应作出了重要贡献。然而，近年来，煤炭的生产和消耗对生态环境产生的负面影响引起了社会的广泛关注。尽管我国的资源条件决定了煤炭在能源和电力结构中的重要地位在短期内不会改变，但减少煤炭消耗应成为我国中长期能源发展的一个重要趋势。此外，我国煤电产能的扩张和利用水平偏低的问题长期存在，因此，防范和化解煤电产能过剩风险是深化供给侧结构性改革的重要任务。截至 2022 年底，新疆煤电装机规模 6664 万千瓦；截至 2023 年 9 月底，新疆煤电装机规模 6963 万千瓦，有力保障了新疆的电力稳定供应①。煤电方面，主要是疆内自用和“疆电外送”。2010—2019 年，“疆电外送”已完成 4 条通道的建设，形成“内供四环网、外送四通道”的主网架格局，外送范围覆盖重庆、江苏、四川、湖南等 20 个省市，有力推动了新疆资源优势转化为经济优势，也为其他省市经济发展提供了强劲动力。截至 2023 年 3 月底，“疆电外送”累计外送电量达到 6458.6 亿千瓦・时，可以让全国 14 亿人用 200 天。2023 年 8 月，“疆电外送”第五条大通道、第三条直流通道哈密—重庆±800 特高压直流输电工程正式开工建设。工程建成后，预计将每年增加外送电量 400 亿千瓦・时以上。

（三）以“煤”为基，推动煤化工发展新格局

新疆拥有丰富的煤炭资源，并充分利用这一资源优势，推动了煤化工产业的快速发展。目前，新疆已经初步构建起以煤制天然气、煤制烯烃、煤制 1，4-丁二醇及煤炭分级分质利用等为主的现代煤化工产业发展格局。随着新疆加快构建现代化产业体系，以煤炭清洁高效利用为核心的煤化工产业正迎来快速发展的契机。新疆现代煤化工产业已度过起步阶段，其现代煤化工技术也取得突破性进展，形成了一定规模。新疆未来化工产业的发展将更多地集中在大规模新型煤化工，如煤制烯烃、煤制乙二醇、煤制气、煤炭清洁利用等。对于煤炭下游产业链的精细化工和新材料发展方向，应依托自身产业

---

① 资料来源：新疆维吾尔自治区发展和改革委员会电力处。

链的下游延伸，围绕化工产业转型升级、提质增效、智能化和绿色化改造等，通过一系列技术创新完成新旧动能转换，推进化工产业向高端精深加工方向发展。除可以率先抢占新疆内需未来的潜在发展空间之外，还可以借助“一带一路”“中欧班列”等条件，率先抢占西欧及东欧的潜在市场机会，为新疆化工产业未来的发展提供无限可能。

哈密市凭借丰富的煤炭资源，成功建立一批煤炭深加工项目，将煤炭从单纯的燃料转变为工业原料，年产值超过400亿元。广汇能源作为其中的代表性煤化工企业之一，在淖毛湖建立了煤化工基地，围绕煤炭的分级分质利用和煤制甲醇、液化天然气两条产业链，不断向下游延伸、补充和加强产业链，构建起一条集资源开发、就地转化、综合利用于一体的高效煤化工产业链，将煤炭资源充分利用到极致。截至2022年，新疆共有投产煤制油企业8家，总产能823万吨/年；煤制气企业4家，总产能61.25亿立方米；煤制烯烃企业15家，总产能1122万吨/年；煤制乙二醇企业31家，总产能873万吨/年。

新疆煤制天然气在一定程度上填补了中国东部省市天然气缺口。2022年，煤制天然气产量为34.44亿立方米，2023年1—9月，煤制天然气产量为28.17亿立方米[①]。2022年，全国形成煤制合成氨5000万吨、煤制甲醇7700万吨、煤制烯烃（含甲醇制烯烃）1800万吨、煤制油820万吨、煤制乙二醇1100万吨、煤制聚氯乙烯2400万吨、煤制天然气61亿立方米的生产能力。全国煤炭综合转化能力达到4.8亿吨/年原煤。2022年，新疆形成煤制合成氨180万吨、煤制甲醇180万吨、煤制烯烃88万吨、煤制乙二醇86万吨、煤制聚氯乙烯454万吨、煤制天然气33.75亿立方米的生产能力，分别占全国产能的3.6%、2.3%、4.8%、7.8%、18.9%、55.3%，其中煤制聚氯乙烯、煤制天然气产能均位居全国第一[②]。由图8-3可以看出，2022年，全国天然气产量为2177.90亿立方米，新疆天然气产量为406.70亿立方米，新疆天然气产量占全国的18.67%；2023年1—9月，全国天然气产量为1703.70亿立方米，新疆天然气产量为310.08亿立方米，新疆天然气产量占比下降至18.20%。

① 资料来源：新疆维吾尔自治区发展和改革委员会能源科技装备处。

② 资料来源：新疆维吾尔自治区发展和改革委员会产业处。

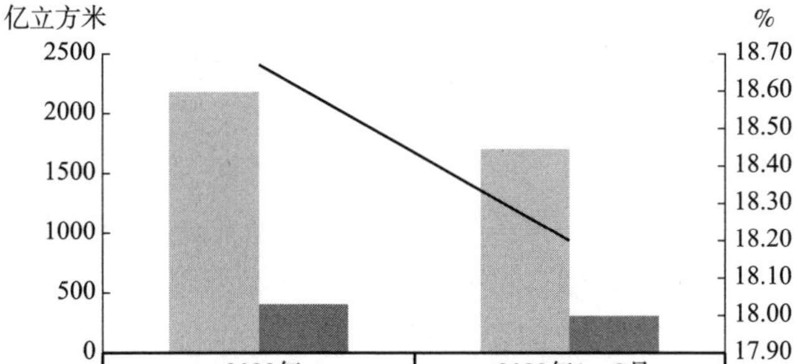

	2022年	2023年1—9月
全国天然气产量	2177.90	1703.70
新疆天然气产量	406.70	310.08
— 占比	18.67	18.20

图 8-3 全国和新疆天然气产量

数据来源：新疆维吾尔自治区发展和改革委员会油气处。

四、新疆煤炭煤电煤化工实现高质量发展面临的问题

（一）产业发展不科学，煤炭利用效率低

产业布局不够合理。新疆的煤炭资源主要分布在昌吉回族自治州、伊犁哈萨克自治州、巴音郭楞蒙古自治州、吐鲁番市和哈密市等地。由于交通等因素的制约，煤炭产业布局太过分散，缺乏协同发展，造成资源浪费、经济效益低下。新疆的煤炭产业链主要包括采矿、运输、加工等环节。然而，新疆的煤炭产业链条还不够完整，很多企业只是简单地进行采矿和销售，缺乏加工和利用等环节。这就导致能源的浪费，制约了产业的深度发展。

新疆的煤化工产业整体能源利用效率较低。新疆的煤化工产业在技术水平上相对滞后，很多企业采用的是传统的生产工艺和设备，导致能源利用效率较低。例如，在煤制气过程中，很多企业采用的是老旧的气化技术，导致气化效率低下，燃烧热值损失较大。类似地，许多煤化工生产线在废热利用和余热回收方面的技术和设备也存在改进的空间。煤炭煤化工行业需要大量的煤炭作为原料，尤其是新疆的煤炭资源对能源效率的影响较大。由于大部分煤矿在露天开采，煤炭在采掘和运输过程中能量损耗较高。同时，由于煤炭的低质特性，燃烧效率低下，很多热能无法有效转化为电力或煤化工产物。新疆的煤化工产业以煤制气、煤制油、煤制化肥等为主，先进产能与落后产

能并存，产品结构单一，以初始产品为主，资源利用效率较低，精细化工领域的专用化学品生产较少。高值化学品和精细化工产品的开发利用较少，导致产业的附加值较低。在一些煤化工企业中，装备和生产能力过剩，但供应链管理和生产计划不足，导致资源浪费和能源利用效率低下，能源消耗与生产能力不匹配。例如，有些企业缺乏合理的能源管理机制，不能有效地调整并优化煤炭、燃料和原材料的使用。这种不合理的资源配置和浪费对整体能源利用效率产生了负面影响。同时，煤炭煤化工行业在生产过程中会产生大量废弃物，包括废气、废水和固体废物。然而，一些企业对废弃物的处理方式相对低效，缺乏先进的废弃物处理技术和设备。这些废弃物的排放和处理问题既影响了环境质量，又浪费了潜在的能源和资源回收利用的机会。

（二）产业造成污染，水源利用紧缺

新疆煤化工产业的发展带来了经济发展机遇，但也伴随着一系列问题。首先，煤制烯烃、煤制油及煤制气等项目存在资源消耗高、资源利用效率低等问题，导致煤炭资源的浪费。为了确保可持续发展，需要优化技术和工艺，提高资源利用效率，减少能源消耗。其次，煤化工产业具有一定的污染性，煤化工生产过程中，排出的废水、废气和固体废物可能含有有害废物和重金属，对环境造成潜在的危害。为了解决这个问题，需要加强环境保护措施，严格监督和管理排放标准，采取有效的污染治理措施，确保煤化工产业的发展与环境保护相协调。此外，新疆地理位置特殊，地形特征为“三山夹两盆”，环境承载能力相对有限。一旦受到破坏，恢复起来十分困难，有些甚至无法恢复，环保问题亟待解决。新疆地处内陆，属于干旱荒漠性气候，存在植被少、沙化重、次生盐碱化、河流湖泊水面小、水质恶化等问题。其总面积的62%为荒漠化地区，而绿洲面积仅占4.25%，是全国荒漠化最严重的省区之一，而煤炭开发将会对地表层、水资源、生态、大气、土地等产生不同程度的影响。采煤会破坏地表层，导致土壤侵蚀和土地退化。废水排放可能会污染地下水和地表水体，对水资源造成负面影响。此外，燃烧煤炭会产生大量的二氧化碳和其他大气污染物，对空气质量和气候变化产生负面影响。同时，煤炭开发也会对当地生态系统和物种多样性造成一定的破坏和影响。

由于煤化工对水资源的需求巨大，大力发展煤化工可能会导致人们的生活用水与生产用水之间出现矛盾。特别是新疆本身水资源有限，煤化工的发展可能会进一步加剧水资源短缺的问题。新疆的水资源分布不均衡，部分地

区严重缺水。全疆年缺水量为 26 亿立方米，缺水率高达 5.4%。东疆地区虽然富集了油气和煤炭资源，但水资源相对匮乏。而天山北坡一带和吐哈盆地等地缺水率已经超过 10%。南疆地区的水资源已经接近其可承载能力。煤炭资源的开发和转化，以及煤炭下游产业的发展都需要大量的水资源，这可能会给水资源的供应和可持续利用带来挑战。据调研估计，随着大型企业和集团的入驻，以及一批煤电和煤化工项目的启动，对于水的需求日益扩大。大企业的加入，以及众多煤电和煤化工项目的启动，需要大量的工业用水。在一座煤电厂的发电成本中，70%~80%为水和煤的成本，今后面临的问题是企业用水成本高会直接影响煤电煤化工产业的发展壮大。

（三）行业人才急缺，运输成本高昂

碳达峰碳中和目标引领能源消耗行业方向，降低煤炭消费总量及消费过程中的碳排放强度是未来发展的必然趋势，但煤炭在我国能源安全中发挥着主体作用，减煤速度过快、力度过大，可能会削弱煤炭对保障能源体系安全运转的“托底保供”作用。新疆煤炭煤电煤化工产业在快速发展的同时，由于行业的特殊性和技术含量较高，面临人才紧缺的问题。这主要表现在以下 3 个方面：①专业人才缺乏。煤炭煤电煤化工产业需要具备矿业、化工、电力等多个领域的专业技术人才，而新疆相对缺乏这方面的高级专业人才。②管理层次不高。高效的管理对于行业的健康发展至关重要，但新疆煤炭煤电煤化工产业的管理层次相对较低，缺乏经验丰富、具备国际竞争力的管理人才。③创新型人才不足。随着煤炭煤电煤化工产业技术不断更新，创新型人才对于企业的长远发展至关重要。然而，新疆缺乏吸引和培养高水平创新型人才的平台与机制。

由于新疆的能源化工产品消费能力有限，因此必须将煤基能源化工产品输送至疆外。产品规模的大小将直接影响新疆煤炭产业的发展程度。而决定煤基能源化工产品外输规模的主要条件是与其他煤炭资源地区相比，具有很好的成本竞争力。从煤炭、煤电、煤化工产品的成本竞争力分析来看，新疆煤炭外运并不具有优势，仅在兰州以西市场具有一定的竞争力。然而，新疆煤电直流输送至北京、上海、成都等地的竞争力较强，具有明显的优势。此外，新疆的煤制天然气、煤制油、煤制烯烃等煤化工产品相较于部分煤炭资源省区具有一定的竞争力。

（四）煤炭产业调控难，新能源业冲击大

在煤炭供应的精准调控和有效保障方面，存在不足。首先，勘查能力较弱。煤炭资源的勘查是确保供应的基础，但在许多地区勘查技术和手段有限，导致勘查效率低下。这可能会导致煤炭储量估计不准确，进而给供需平衡和资源合理配置带来一定的困扰。其次，煤炭储备信息化和智能化程度低。煤炭储备是应对市场波动和突发事件的重要手段，但目前信息化和智能化水平较低，无法实现对储备的实时监测和控制。这使煤炭储备的调度和管理相对滞后，难以及时、准确地应对市场需求的变化。再次，煤炭储备应急管理和协同能力弱。突发事件可能给煤炭供应带来影响，而煤炭储备的应急管理和协同能力不足可能会导致供应中断或波动。需要建立健全的应急管理机制，加强各方的协调和配合，以确保在突发情况下能够快速响应和恢复供应。最后，尚未建立起煤炭供给弹性产能机制。供给弹性是适应市场需求变化的重要保障，但由于缺乏相应的机制和灵活性，煤炭产能无法根据市场需求及时调整，这可能导致供需不平衡和供应不足的情况发生。“疆煤外运”的铁路通道呈现“一主两翼”的布局，其中兰新线是主要的运输通道，但运力紧张。由于兰新二线未能实现规划初期的分流客运职能，并且受近期地震等地质灾害的影响，兰新线仍需开行大量客运列车，导致运力受限。临哈铁路（临河至哈密）是北翼通道，具有较大的外运潜力。然而，如果遇到国际市场变化、极端天气、可再生能源波动等异常情况，煤炭外运可能会面临一定的压力。

风电与光电是实现“双碳”目标的重要力量，在电力系统“脱碳”中扮演关键角色。随着绿色技术进步，可再生能源发电的成本与传统化石能源发电成本正在逐步接近，甚至在某些情况下具有更低的成本，且它们的成本依然具有进一步降低的潜力。2021 年 6 月，国际可再生能源署发布报告指出，2020 年，全球陆上风力发电的成本仅为0. 25 元/（千瓦·时），已低于当前全世界所有传统化石能源发电的成本。这一趋势预示着可再生能源发电成本不断降低，这将加速风电和太阳能发电的大规模应用，从而推动能源系统的转型。以煤炭为代表的传统高碳能源的优势正在不断减弱。随着可再生能源的大规模应用，煤炭行业正面临来自可再生能源快速发展的巨大挑战。这意味着传统能源的未来将受到极大的限制，而可再生能源将在未来的能源体系中占据主导地位。总的来说，风电和太阳能光伏发电将在未来的能源体系中发挥重要作用，它们的大规模应用将推动能源系统的转型，并使传统高碳能源

逐渐被淘汰。

五、新发展格局下新疆现代煤化工产业发展机遇

2023年10月31日，国务院发布《中国（新疆）自由贸易试验区总体方案》，明确新疆在国家全局中的战略定位，在新疆打造179.66平方公里自由贸易区，构建新疆融入国内国际双循环的重要枢纽，服务“一带一路”核心区建设，助力创建亚欧黄金通道和我国向西开放的桥头堡。从《中国（新疆）自由贸易试验区总体方案》中可以看出，国家对新疆产业未来的发展寄予厚望，也提供了诸多政策优惠条件，依托现有的化工产业结构，未来新疆煤化工产业具有极大的发展潜力。

（一）依托产业链，向下游延伸

新疆煤炭资源相对充足，储量达2.19万亿吨，占全国煤炭储量的40%以上，并且新疆煤炭市场化水平较高、开放性较大，本地煤炭采购较为便利。新疆未来煤化工产业的发展方向更多集中在大规模新型煤化工，如煤制烯烃、煤制乙二醇、煤制气、煤炭清洁利用等。除此之外，煤炭开发可以依托自身产业链向下游延伸，下游产业链的精细化工和新材料发展成为新疆未来的发展趋势。

（二）新旧动能转换，高端精深发展

新疆是传统化石能源的集中地区，煤炭、天然气、石油等化石能源储量丰富，并且依托国家发展号召，更多围绕化工产业转型升级、提质增效、智能化和绿色化改造等，通过一系列技术创新完成了新旧动能转换，推进煤化工产业向高端精深加工方向发展。预计未来新疆化工产业中，除已有产业链的延链补链强链之外，还将在产业链的上游，特别是大型煤化工产业实现巨大发展。

（三）提质升级传统产业，实现多元发展格局

以“减油增化”为方向，重点培育壮大烯烃、芳烃产业链，构建五大石化工业园区体系，打造“炼化纺一体化”产业基地。建设准东、哈密国家煤制油气战略基地，构建以煤制烯烃、煤基新材料、煤制油气、煤炭分质分级利用等为主的现代煤化工产业发展格局。

（四）抓好政策机会，吸引投资落地

国家对新疆政策的扶持始终处于较大的力度，这也是吸引化工产业投资落地的关键。在新疆投资化工项目，除可以率先抢占新疆内需未来的潜在发展空间之外，还可以借助“一带一路”“自贸区建设”“中欧班列”等条件，率先抢占西欧及东欧的潜在市场机会，为新疆化工产业未来的发展提供无限可能。

（五）低碳高效发展，实现绿色转型

扎实推进绿色低碳发展是新疆“八大产业集群”建设的重要组成部分，而绿色发展也将成为新疆高质量发展的驱动力。新疆要谋求在经济发展中促进绿色转型，在绿色转型中实现更大发展。围绕“八大产业集群”建设，有计划、分步骤推进新疆“碳达峰十大行动”和节能减排“十大工程”。同时，大力发展可再生能源产业，促进能源的清洁、低碳和高效利用，推动形成绿色低碳的生产方式和生活方式。

六、新疆煤炭煤电煤化工产业高质量发展对策建议

新疆煤炭、煤电、煤化工产业的发展仍然存在许多不确定因素，包括国内外宏观经济的影响、相关产业现状的制约，以及新疆本地的产业实际问题。这些因素导致煤炭煤电煤化工产业的发展存在滞缓的风险。因此，必须密切关注这些产业的发展趋势，并积极采取应对策略，以实现新疆煤炭煤电煤化工高质量发展。

（一）抓住“一带一路”发展机遇，实现新疆煤炭提质增效

“一带一路”倡议为我国西部地区，尤其是新疆的煤炭煤电煤化工产业提供了巨大的机遇。抓住这一历史性机遇，实现新疆煤炭的提质增效，不仅可以推动地方产业升级，还有助于加强与沿线国家的经济合作。本章提出一系列政策建议，以引导新疆煤炭煤电煤化工产业更好地融入“一带一路”建设。制定并实施煤炭质量提升标准，推动新疆煤炭朝着高能低硫、低灰分的方向发展。政府可通过奖励机制，鼓励企业投资煤炭清洁高效利用技术，提高产品附加值。支持新疆打造“一带一路”煤炭物流通道，加强与周边国家的煤炭贸易合作。通过建设高效便捷的煤炭物流网络，降低运输成本，提高产业竞争力。在新疆设立“一带一路”煤炭产业园区，引导企业集聚，形成煤炭

产业集群效应。政府可提供土地、税收等方面的优惠政策，吸引国内外企业参与投资合作。加强与“一带一路”国家的清洁煤炭技术合作，促进新疆煤炭行业与国际先进水平接轨。可通过技术引进、联合研发等方式，提升新疆煤炭的科技含量和附加值。鼓励新疆煤炭煤电煤化工企业积极拓展“一带一路”市场，加强与周边国家的贸易合作。政府可提供市场信息支持，制定贸易便利化等政策，促进煤炭产品的国际化。加大与“一带一路”国家的能源合作力度，通过能源互联互通，实现煤电和煤化工产品的跨境输送。政府可提供支持，推动能源资源在“一带一路”区域的共享与合作。参与制定“一带一路”环境标准，确保新疆煤炭煤电煤化工产业在扩大国际合作的同时，也符合国际环保标准，提升行业的可持续发展水平。

（二）推动煤炭就地转化，拓展煤基产业下游布局

新疆作为中国的能源基地之一，煤炭资源丰富，但面临资源浪费和环境污染的挑战。为了更好地实现煤炭的可持续开发，应提高资源利用效率，以推动新疆煤炭产业的就地转化，拓展产业下游布局，实现产业链的升级与延伸。制定明确的煤炭产业转化规划，确定煤炭就地转化的发展方向和目标。规划中应包括技术创新、产业升级、环保要求等方面的详细内容，为产业的可持续发展提供指导。鼓励企业进行煤炭深加工，开发高附加值产品。政府可提供财政支持和税收优惠政策，推动煤炭产业向高端、高附加值方向发展，减少简单粗放开发。投资建设煤化工产业园区，集聚煤化工企业，形成产业集群效应。政府可以提供土地、税收等多方面的支持，吸引企业在园区内投资兴业。推动煤炭和电力产业的一体化发展，优化能源利用结构。政府可提供奖励政策，鼓励企业进行煤电一体化的技术创新，提高电力产业的效益。

支持新型能源和清洁生产技术的引进，以提高能源的利用效率。政府可通过设立专项基金、提供科技创新支持等方式，推动企业采用更为环保和高效的技术。制定延伸政策，鼓励企业延伸煤炭产业链条，涉足煤制油、煤制氢、煤制化肥等领域。通过政府支持和激励，促进新疆煤炭产业向下游产业链延伸。提高煤炭产业的环保标准，强化对企业的环保监管。政府可设立奖惩机制，鼓励企业采用清洁生产技术，减少对环境的污染。

（三）推动传统煤化工产业升级，优化煤相关产业结构布局

新疆煤炭煤电煤化工产业在经济发展中扮演重要角色，但也面临环境污

染、能源浪费等问题。为了实现煤相关产业的可持续发展，推动传统煤化工产业升级，优化煤相关产业结构布局，制定明确的政策非常必要。制定明确的煤炭深加工规划，推动传统煤化工产业向高附加值、清洁生产方向升级。政府可通过财政激励、税收优惠等方式，引导企业投资煤炭深加工项目，提高产品附加值。提高环保标准，推动绿色煤化工发展，鼓励企业采用清洁生产技术，降低污染物排放。制定奖励机制，对环保效果显著的煤化工企业给予政策和经济激励，以推动绿色煤化工的发展。支持煤炭洁净化分质利用技术的研发和推广。设立专项资金用于支持煤炭精细加工、高效清洁利用，降低对环境的不良影响。鼓励新型煤气化和煤制氢技术的研究和应用，为采用这些技术的企业提供财政和税收支持，推动产业结构向更为清洁、高效的方向升级。优化煤电产业结构，推动清洁能源在能源结构中的比重提升。鼓励新疆煤电企业采用高效燃烧、智能调度等技术，提高发电效率，减轻环境负担。制定逐步淘汰传统、高污染、高能耗产能的政策，引导企业优化产业结构。为退出产能的企业提供转岗培训和就业安置服务，确保社会稳定。加强对科技创新的支持，设立专项资金用于煤化工新技术、新材料的研发。鼓励企业与科研机构合作，提高煤化工产业的创新能力。鼓励企业进行产业链协同发展，推动上下游合作，形成完整的产业链。制定支持政策，鼓励企业联合创新，提高整个煤相关产业的竞争力。

（四）合理规划运输通道，做好煤炭安全供应

新疆作为我国煤炭资源富集区之一，优化运输通道对于保障煤炭产业的安全供应和提高竞争力至关重要。为了充分发挥新疆煤炭煤电煤化工产业的潜力，本章提出一系列政策建议，以合理规划运输通道，确保煤炭安全供应。制定详细的运输通道规划方案，包括道路、铁路、水路等多种运输方式。规划中需考虑煤炭产地、加工区和销售市场的地理位置，以及环境、经济等因素，合理配置运输资源。加大对运输基础设施建设的财政投入，优化运输通道，特别是在道路、铁路和港口建设方面，通过引入社会资本，提高基础设施的运营效率，确保运输通道的顺畅和安全。推动多式联运，通过整合不同运输方式，提高运输效益。鼓励煤炭企业与物流公司合作，实现无缝衔接，减少中转环节，提高运输速度和降低成本。强化煤炭运输安全管理，建立健全安全监管体系。加大对煤炭运输车辆、船舶和铁路的监管力度，确保运输过程中的安全和可控。提高运输信息化水平，建设运输信息平台。通过引入

先进的物联网、大数据等技术，实现对运输过程的实时监控，提高运输的透明度和智能化水平。制定煤炭运输应急预案，提升应对突发事件的能力。建立协同机制，确保在自然灾害、交通事故等事件突发时，能够迅速、有序地应对，保障煤炭供应的连续性。鼓励煤炭企业建立煤炭储备基地，分散风险，确保供应的可靠性。政府可通过税收优惠等方式，激励企业在战略位置建设储备基地，提高应对市场波动的能力。完善交通运输法规体系，提高运输的法治水平，加大对违规行为的处罚力度，提高违法成本，促使运输企业遵守规章制度，保障煤炭运输的安全和稳定。

（五）推动煤炭清洁高效开发利用，探索煤炭“双碳”战略发展路径

随着全球对气候变化和环境保护越来越关注，新疆的煤炭煤电煤化工产业面临转型的压力。为了实现可持续发展，推动煤炭清洁高效开发利用，探索煤炭“双碳”战略发展路径，将成为关键的发展方向。制定清洁煤炭开采和利用的标准，推动企业采用先进的清洁煤炭开采技术，减少煤炭的污染和对环境的影响。政府可通过激励政策，奖励符合环保标准的企业，加大对清洁煤炭利用技术的研发投资。设立专项基金，支持企业开展煤炭气化、煤炭洁净化、碳捕获与封存等领域的研究，推动产业实现高效利用。制定并实施煤炭“双碳”战略，即探索碳减排和碳利用的路径。政府可以设立碳交易市场，鼓励企业主动减排，提高碳排放权的经济成本，促使企业加速“双碳”战略的实施。为符合清洁高效开发和“双碳”战略的企业提供税收和财政激励政策，降低其转型成本。通过建立奖励机制，鼓励企业在碳减排和碳利用方面取得实质性成果。支持新疆建设碳捕获与封存示范项目，推动煤炭二氧化碳捕获、运输、封存工程的实施，政府可提供项目投资和技术支持，吸引企业参与。鼓励新疆煤电企业逐步引入清洁能源替代传统煤炭发电。通过提供补贴和财政支持，推动清洁能源在能源结构中的比重提升，减少对传统煤炭的依赖。加大对清洁高效开发和“双碳”战略的监管力度，建立健全执法机制。对不符合标准和规定的企业进行处罚，保障政策的执行力度。加强对煤炭清洁高效开发和“双碳”战略的科技创新支持。鼓励企业与科研机构合作，培养和引进相关领域的专业人才，提高产业自主创新能力。通过推动煤炭清洁高效开发利用，以及探索煤炭“双碳”战略发展路径，科学、有序地推动能源绿色低碳转型，为实现高质量发展提供坚实能源保障。

（六）大力推动数智融合，实现产业智能发展

在数字化时代，数智融合已成为推动产业升级、提高效率的关键驱动力之一。新疆的煤炭煤电煤化工产业，大力推动数智融合，将为产业智能发展带来新的机遇和挑战。制定全面的数字化发展规划，明确新疆煤炭煤电煤化工产业的数字化转型目标和路径。规划应涵盖技术升级、人才培养、信息基础设施建设等方面，为产业的数智融合提供指导。支持新疆煤炭煤电煤化工产业建设数字化基础设施，包括高速互联网网络、云计算平台、物联网设备等。政府可以通过提供资金、税收优惠等方式，鼓励企业投资数字化基础设施建设。建立数据整合与共享平台，促进煤炭煤电煤化工产业内外数据的流通。政府可实施激励措施，鼓励企业共享数据，加速产业链上下游协同发展。鼓励企业引入大数据和人工智能技术，通过数据分析、机器学习等手段优化生产流程、提升效率。政府可以提供专项资金用于支持企业进行技术升级。促进数字化人才培养，加大对数字化人才培养的支持力度，鼓励高校与企业合作，建设数字化人才培训基地。制定奖励机制，激励企业吸引和培养数字化人才。加强网络安全保障。制定并完善网络安全法规，强化对煤炭煤电煤化工产业的网络安全监管。提供技术和政策支持，确保数字化系统的稳定运行和信息安全。支持数字化创新项目。设立专项基金，支持煤炭煤电和煤化工企业开展数字化创新项目。政府可以通过评审机制，对符合数字化发展方向的创新项目给予资金和政策支持。建立数字化发展监测机制，定期评估数字化转型的进展情况。根据评估结果及时调整政策，确保数字化发展方向与目标保持一致。通过大力推动数智融合，新疆煤炭煤电煤化工产业有望实现产业智能发展。这需要政府、企业和社会各方的共同努力，以确保数字化技术的充分应用、人才的合理培养和数字化发展的可持续性。通过科学规划和有效政策的实施，新疆的煤炭产业将迎来更为智能、高效和可持续的发展。

参考文献

[1] 王星朗．新疆煤化工产业发展现状［J］．化工管理，2020（16）：80-81.

[2] 孙海勇，杨芊，樊金璐．新疆煤炭及煤化工产业发展现状与趋势分析［J］．煤炭经济研究，2020，40（2）：57-61.

[3] 扈天保，买买提江・买如甫，周庆明．伊犁州直煤炭工业发展研究

[J]. 山东煤炭科技，2015（12）：195-196.

[4] 祖木热提古丽·艾比布力. 新疆吐鲁番市发展煤化工前景分析 [J]. 化学工程与装备，2021（8）：31-32.

[5] 胡隽秋. 新疆煤炭开发与煤化工发展应充分考虑生态和水资源条件 [J]. 中国煤炭，2012，38（10）：5-9，33.

[6] 张其，孙慧，欧娜. 基于投入产出分析法的新疆煤电、煤化工产业发展战略研究 [J]. 新疆大学学报（自然科学版），2012，29（3）：272-277.

[7] 白云. 新疆准东煤电、煤化工基地经济建设发展情况的调研报告 [J]. 中国外资，2012（20）：233，235.

[8] 王宏丽. 新疆煤炭、煤电、煤化工产业发展研究 [J]. 中共伊犁州委党校学报，2014（3）：25-29.

[9] 宁成浩，王明华，唐庚. 基于成本竞争力比较的新疆煤炭利用方向研究 [J]. 中国煤炭，2017，43（12）：27-31，67.

[10] 张智慧. 新疆未来煤炭行业发展思路探究 [J]. 中国市场，2016（11）：66-68.

[11] 朱华杰. 新疆现代煤化工企业煤炭管理的问题分析及对策 [J]. 化工管理，2020（8）：1-3.

[12] 韩茜，阿斯甫江·阿不都热义木，刘江. 新疆煤炭工业发展面临的问题及思考 [J]. 能源与环境，2014（4）：41-42.

[13] 李泽华. 新疆发展煤化工产业与循环经济的若干建议 [J]. 新疆金融，2007（4）：20.

第九章　新疆绿色矿业高质量发展报告

朱智猛①

摘　要：在全球范围内，近年来对环境保护和可持续性发展的关注显著增强，这使绿色矿业作为矿业发展的重要趋势，受到日益关注。本章详细介绍了新疆绿色矿业高质量发展的现状、面临的问题以及应对策略，旨在为新疆的矿业可持续发展提供参考。通过回顾新疆矿业的发展历史，评估当前的绿色矿业实践，并指出制约其发展的关键因素，报告进一步提出了未来的发展路径和战略建议。目前，新疆正在积极推行绿色勘查和矿山建设等实践，初步构建了绿色矿业的发展框架。然而，其仍然面临诸如矿业资源开发与环境保护之间的矛盾、产业结构不均衡、技术设备落后等问题。未来，新疆计划实施“两环八带”的开发区域规划，并推动矿业权的市场化改革及国际合作等措施。本章汇总了新疆矿业发展的现状和对策，有助于引导该地区矿业的可持续发展，并实现经济效益、社会效益与生态环境效益的和谐统一。但是，关键技术创新和重点示范区建设等具体措施的实施，仍需要进一步研究。

关键词：绿色矿业；高质量发展；新疆

在中央政治局第四十一次集体学习会议上，习近平总书记强调了迅速构建“四大体系”和“三大红线”的重要性，以促进绿色发展模式和生活方式的建立。这是中央政治局首次以“绿色发展”为主题开展的集体学习②。2017 年，党的十九大报告指出，随着中国特色社会主义进入新时代，国家主要社会矛盾已变为人民日益增长的美好生活需要和不均衡不充分发展之间的

① 朱智猛，新疆大学经济与管理学院博士研究生。研究方向：人口、资源与环境经济学。

② 《习近平主持中共中央政治局第四十一次集体学习并发表重要讲话》，中国政府网，https：//www. gov. cn/xinwen/2022-07/29/content_ 5703396. htm，最后访问日期：2023-10-10。

矛盾。报告提出了新的战略判断，即我国经济已从高速增长阶段转向高质量发展阶段，并提出构建现代化经济体系的战略任务①。同时，报告全面阐述了绿色发展的时代背景、现状、理念、重点和目标，为国家未来的绿色发展提供了行动指南。报告中，“生态”“环境”“资源”和“绿色发展”等词语分别出现了 43 次、29 次、13 次和 4 次，报告 13 个部分中有 3 个部分专门讨论了绿色发展的内容和战略部署。国务院在批复《全国矿产资源规划（2016—2020 年）》② 时明确指出，到 2020 年规划实施将基本形成一种节约资源、高效环保、矿地和谐的绿色矿业发展模式，对矿业的绿色高质量发展提出了明确要求。

以习近平同志为核心的党中央高度重视新疆的发展，确立了新时代对新疆工作的总目标和基本要求。新疆在国家的改革和发展策略中占据重要位置，不仅是国家西北部的重要战略屏障，也是丝绸之路经济带的关键地区、西部大开发的重点区域、向西开放的主要通道，以及“三基地一通道”战略布局的组成部分。中央政府为新疆制定了一系列特殊支持政策，旨在为新疆的经济和社会发展注入新动力。2023 年，新疆政府工作报告中提出了加速建立以“八大产业集群”为基础的现代产业体系的目标。在“八大产业集群”中，绿色矿业产业集群是建立具有新疆特色的现代产业体系的关键组成部分。2024 年以来，新疆加速了绿色矿业的发展，尤其是在基础理论、重大地质科学技术攻关、关键技术研发及应用示范等方面取得了显著成果，从而推动了绿色矿业产业集群的高质量发展。

作为全国矿产资源最为丰富的地区之一，新疆是我国矿产资源的重要接替区。矿产资源的开发对新疆经济的推动作用显著，然而如何平衡发展需求与脆弱的生态环境之间的关系，是新疆实现绿色矿业高质量发展面临的关键问题。

---

① 《全面领会把握十九大报告的精神内涵》，人民网，http：//theory. people. com. cn/GB/n1/2018/0418/c40531-29933265. html，最后访问日期：2023-10-16。

② 《国务院关于全国矿产资源规划（2016—2020 年）的批复》，中国政府网，https：//www. gov. cn/gongbao/content/2016/content_ 5139831. htm，最后访问日期：2023-10-10。

一、新疆矿产资源开发现状

（一）新疆矿产资源概况

新疆作为我国矿业资源最丰富的省份，富含煤炭、石油、天然气以及各类金属和非金属矿产，区内发现的矿产有153种，占全国已发现矿种的88.44%。查明有资源储量的矿种103种，占全国的62.8%，其中，能源矿产8种、金属矿产34种、非金属矿产57种、水气矿产4种。查明资源储量居全国首位的有11种、前5位的有52种、前10位的有77种。铁、铜、铅、锌、金、铬、镍、稀有金属、盐类矿产、萤石等矿产蕴藏丰富①。新疆矿产在资源禀赋、矿石质量、市场需求和开采条件等方面具有显著优势和竞争力。例如，新疆是中国最大的天然气生产基地，占全国天然气储量的40%以上；是第二大石油生产基地，拥有全国原油储量的约20%；是第三大煤炭生产基地，约占全国已探明可开采储量的15%，并且拥有丰富的铁、铜、铝、锡、钨、钼、稀土等金属和非金属资源。

新疆的矿业资源主要集中在塔里木盆地、准噶尔盆地、阿尔泰山区和东天山区等地区。塔里木盆地是新疆最主要的油气资源基地，占该地区油气总储量的90%以上；准噶尔盆地拥有新疆最大的煤田，占该地区已探明可开采储量的60%以上；阿尔泰山区和东天山区分别是有色金属和黑色金属资源的主要基地。新疆的矿业产业结构以能源和原材料为主，辅以高附加值和高技术含量的产业。根据2022年自治区统计局的数据②，新疆2022年的工业增加值中，采掘业占23.9%，制造业占28.0%，电力、热力、燃气及水生产和供应业占8.0%。在制造业中，黑色金属冶炼和压延加工业占4.8%，有色金属冶炼和压延加工业占3.3%，化学原料和化学制品制造业占2.8%，非金属矿物制品业占2.5%，其他制造业占14.6%。这表明新疆工业领域仍以能源和原材料类产业为主导，而高附加值和高技术含量类产业的比重相对较低。新疆优势矿产资源情况如表9-1所示。

---

① 《新疆维吾尔自治区人民政府：矿产概况》，新疆维吾尔自治区人民政府网，https：//www.xinjiang.gov.cn/xinjiang/xjgk/202307/f4014e510cda4f3183890a82d98c6703.shtml，最后访问日期：2023-10-10。

② 《2023年自治区政府工作报告》，新疆维吾尔自治区人民政府网，http：//www.xinjiang.gov.cn/xinjiang/xjzfgzbg/202301/7cc6e53ea0da40beb436177ed60b2044.shtml？eqid=e0ed54520000281d00000003645462aa，最后访问日期：2023-10-10。

表 9-1　新疆优势矿产资源情况

序号	矿种	单位	查明资源储量	全国排名
1	石油	万吨	62590.4	1
2	天然气	亿立方米	11237.9	2
3	煤炭	亿吨	4500.4	2
4	镍	镍，万吨	172.3	2
5	钴	钴，万吨	7.3	2
6	钽	Ta_2O_5，吨	22660.2	2
7	铍	BeO，吨	128636.8	2
8	钾盐	KCl，万吨	15267.6	2
9	铬	矿石，万吨	181.2	3
10	锌	锌，万吨	2760	3
11	铌	Nb_2O_5，吨	323053.8	3
12	锂	Li_2O，万吨	15.3	3
13	铜	铜，万吨	961.6	4
14	铅	铅，万吨	769.8	4
15	萤石	CaF_2，万吨	2266.9	4
16	金	金，吨	637.6	6
17	铁	矿石，亿吨	29.8	10
18	锰	矿石，万吨	2779.4	10
19	煤层气	亿立方米	235	未上表

数据来源：《新疆维吾尔自治区矿产资源总体规划（2021—2025 年）》。

新疆目前完成 1∶5 万区域地质 72.5 万平方公里，1∶10 万~1∶5 万化探 77.3 万平方公里，1∶10 万水文地质调查 30.6 万平方公里，国土覆盖率分别为 43.5%、41.1%、18.4%。完成了 25 个矿种资源潜力预测评价工作。新疆已知矿产地 6000 余处，其中开展过勘查评价的矿产地 3000 余处。煤矿勘查深度一般在 1000 米以内；铁、铜、金、铅锌等金属矿产勘查深度一般在 300~1000 米，阿舍勒铜矿钻孔最深达 2320 米；非金属矿产勘查深度一般在 100~200 米。

（二）新疆矿产资源开发利用现状

截至 2020 年底，新疆共有探矿权 2276 个，采矿权 2966 个。勘查开发矿种以石油、天然气、煤、铁、锰、铜镍、铅锌、金、花岗岩（饰面用）、水泥用灰岩、建筑用砂等为主。2020 年，开采矿石总量 6.8 亿吨，采矿业及下游产业工业总产值 5971 亿元，约占全疆生产总值的 43%。新疆形成了准噶尔—塔里木—吐哈石油天然气、准东—吐哈—伊犁—库拜煤炭、新源—和静铁矿、阿克陶锰矿、哈密—富蕴—哈巴河铜镍矿、乌恰铅锌矿、伊宁—塔城—哈密金矿、罗布泊钾盐等一批矿业核心区，培育了一批具有较强经济实力和市场竞争力的矿业集团。矿产资源的开发利用为国家和新疆石油化工、电力、交通、建筑、冶金、建材、新能源、新材料等相关产业提供了原料支撑。新疆主要矿产勘查开发利用现状如表 9-2 所示。

表 9-2　新疆主要矿产勘查开发利用现状

序号	矿种	探矿权数量（个）	采矿权数量（个）	开采总量	单位
1	原油	114	90	2914.8	万吨
2	天然气			369.8	亿立方米
3	煤炭	432	203	26965.7	原煤，万吨
4	铁矿	138	122	3087	矿石，万吨
5	铜矿	667	80	903	矿石，万吨
6	铅锌矿	186	55	530	矿石，万吨
7	金矿	339	148	638	矿石，万吨
8	其他	400	2268	29685.5	万吨
9	合计	2276	2966	6.8	亿吨

数据来源：《新疆维吾尔自治区矿产资源总体规划（2021—2025 年）》。

二、新疆绿色矿业高质量发展的主要做法与成就

（一）新疆绿色矿业高质量发展的主要做法

1. 绿色勘查

据自治区国土资源厅公布的信息①，2022 年，新疆发现了 25 种新增探明储量矿产，包括原油、天然气、煤炭、铁、铜和黄金等关键矿种。2022 年，新疆探明的新增原油储量为 1.15 亿吨，天然气储量为 1.32 万亿立方米，煤炭储量为 8.1 亿吨，铁矿储量为 1.3 亿吨，铜矿储量为 38.6 万吨，黄金储量

① 《新疆维吾尔自治区矿产资源总体规划（2021—2025 年）》，新疆维吾尔自治区人民政府网，https：//www.xinjiang.gov.cn/xinjiang/c112288/202208/15c9ea4b157744cd99fac1fd08f56c78.shtml? eqid=ff925fe40013c3e500000002642d1fba&eqid=8efb587f000083d700000006646ed57b，最后访问日期：2023-10-10。

为0.5万吨。2022年，新疆共批准了142份采矿权证书和79份探矿权证书，同时撤销了50份采矿权和20份探矿权证书。

在矿业绿色发展的实践中，执行绿色勘查的标准是非常关键的。作为先锋项目的绿色勘查示范，通过展示先进的勘探理念和技术，对整个勘查产业的转型和升级起到了推动作用。为了实现绿色勘查，企业树立并深入实施绿色发展的理念，确保这一理念贯穿勘查工作的始终。勘查企业以生态保护为核心，将其作为勘探活动的基本职责和义务，包括合理设计勘查计划，减少对生态环境的负面影响，并保护生态系统和自然资源的稳定。在绿色勘查的实施中，科技创新和管理创新扮演着关键角色。企业利用新的科技工具、管理方法和创新设备，采用多种新技术、新方法和新工艺，推广绿色勘查技术。例如，航空地球物理勘探技术高效地探测了大面积的矿产资源，浅层钻探和便携式钻机等减少了对地质环境的破坏，一基多孔技术提高了勘查的效率和精确度。除了科技应用，环境监控和管理也是实现绿色勘查的重要组成部分。勘查企业建立了完善的环境管理体系，加强了对勘查过程中环境影响的监测与评估，及时发现并解决可能出现的环境问题，确保勘查活动的有效性和可持续性。

2. 绿色矿山建设

新疆在绿色矿业建设方面虽然起步较晚，但其成就不容小觑。到2018年年底，该地区已成功建立150家绿色矿山，包括26家国家级和6家自治区级矿山，涵盖铁矿、铜镍矿、金矿等众多矿种。这表明新疆在全国范围内的绿色矿山建设已居于中游水平。为了推动矿业的健康和可持续发展，自治区政府将绿色矿山建设作为一项重要策略，促进了矿业发展模式向环保型转型，并且制定了一套支持绿色矿山企业的政策体系，与现行法律法规相协调。在矿业权、建设用地、财税和金融等方面，新疆为绿色矿山提供了优惠政策，以激励企业投身于环保型矿山建设，从而保护当地自然生态系统。绿色矿山在矿业权、资源整合、用地、财税和金融等方面享有优先权。同时，政府还优先安排资金，支持地质勘探、矿山生态环境治理、重金属污染防治和土地复垦等领域，在满足高新技术企业标准的同时还能享受所得税减免优惠政策。绿色矿山的相关信息会被纳入企业信用体系，成为获取信贷和其他金融服务的关键因素。符合条件的绿色矿山企业将得到进一步支持，包括获得在国内中小板、创业板、主板上市和在“新三板”及地方股权市场挂牌融资的机会。

绿色发展理念深入指导企业开采活动，强调采用环境友好、资源高效利用且低能耗排放的技术和设备。资源开发过程中将最大限度地减少对矿区及其周边生态环境的影响，努力构建一个高科技含量、低资源消耗、低环境污染的绿色矿业模式。新建矿山必须完全遵循绿色矿山标准，现有矿山则需加快改造升级进程，以符合这些标准。在矿业权的出让和审批过程中，明确要求矿业权人实施绿色开采，这也是新疆实现矿业可持续发展的关键步骤。

3. 矿山智能化建设

新疆在煤炭、石油、钢铁、有色金属等行业的智能化建设方面已取得初步成效。为促进矿业的智能化，重点推动智能矿山、数据车间、数字矿山和智慧园区等项目的发展成为关键策略。在煤炭、石油、钢铁、有色金属等领域，智能矿山建设是提高智能化水平的关键手段之一。运用智能化技术，可对矿山进行实时、动态和智能化的监控与管理，从而增强矿山开采的安全性、效率和经济性。

数据车间的建设有效整合矿山生产过程中生成的大量数据，通过分析和挖掘这些数据，为决策制定提供科学支撑。数字矿山则依托数字化技术，运用虚拟仿真、遥感探测、激光测量等技术对矿山开采目标进行数字化建模、监测和管理。数字矿山技术的应用有助于实现矿山资源的细致管理，提高资源利用效率，同时减少对环境的负面影响。智慧园区的建设旨在融合智能化技术与现代化管理手段，通过互联网、物联网、人工智能等技术的运用，实现矿山生产的智能化和自动化。智慧园区以智能设计和生产管理软件系统为核心，实现矿山生产流程的全面数字化和智能化管理，以提升矿山运营的效率和经济效益。

此外，矿业的智能化建设还包括推进先进技术装备的研发和应用，将数字化、智能化和自动化设备作为技术装备发展的方向，从而提升生产效率、安全性，并实现资源节约和能耗降低。这一系列措施共同推动了新疆矿业智能化建设的进程，体现了科技创新在促进产业升级和可持续发展中的重要作用。

4. 矿区生态保护与修复

实施矿山生态修复的主体责任是至关重要的。坚持“谁开发、谁保护，谁破坏、谁治理”的原则，要求在采矿过程中同时进行生态治理，强化采矿权持有人对消除地质灾害隐患、进行土地复垦的职责。

为更好地激励和监督矿山生态修复工作，自治区政府构建了一个涵盖源头预防、过程监控、损害赔偿和责任追究的综合制度框架，全面、动态的矿山地质环境监测系统加快了绿色矿业基础设施建设，也是实现矿区生态保护与修复的重要一环。此外，自治区政府引导和促进社会资本、资源和资产投入矿山生态修复领域，并形成一个由政府、企业、社会投资者和公众共同参与和监督的机制。实施“双随机、一公开”制度，是加强对矿山地质环境保护和土地复垦的有效手段。探索建立矿山企业诚信档案，并对未履行生态修复义务的企业进行法律处罚。同时，加强矿山污染预防和控制，重点是加大对矿山“三废”（废水、废气、固体废物）的治理力度，减少采矿、存储、装载、洗选和运输过程中的环境污染。推动淘汰高排放矿山机械，加强污染控制，并鼓励使用铁路、管道等清洁运输方式，严惩违反环保法规的行为。

2022 年，新疆完成采沙场整治，关闭了 80 个不符合规划的场所，整治了 120 个符合规划的采沙场。同时，对 350 座尾矿库进行安全评估并制定整改方案。对 130 个废弃矿山实施了生态修复，包括植被恢复和土壤改良。新疆还强化了矿业环境监管和执法，打击非法采矿、超标排放和违法建设行为，进行了超过 2500 次环境执法检查，查处了 400 余起环境违法案件。

（二）新疆绿色矿业高质量发展的成就

1. 矿业绿色发展初现成效

新疆成功将 67 家矿山纳入全国绿色矿山名录，这不仅标志着新疆矿山企业在生态保护和可持续发展方面的积极努力，也凸显了地区对环境友好型矿业实践的重视。2 个项目被评为国家绿色勘查示范项目，以及 3 个县（区）成为国家级绿色矿业发展示范区，进一步证明了新疆在推进矿业绿色转型方面的领导地位。矿山企业加大生态修复力度，完成了 3213 公顷历史遗留矿山地质环境的恢复工作，显著改善了矿山地质环境。2023 年，依据《新疆维吾尔自治区绿色矿山建设管理办法》，16 家矿山的绿色建设成效被官方认可，这些努力共同促进了矿业与环境和谐共生。

2. 地质调查水平提升

新疆在提升地质调查水平方面取得了显著进展，这些努力旨在满足经济社会发展的需求，并重点关注潜力区域的地质调查，加强土地和水源资源的监测与保护。增强的地质公共服务能力体现在区域地质（矿产）调查和地球化学普查的覆盖率提升方面，特别是在南疆开展的耕地土地质量地球化学调查，确保了土地的安全和可持续利用。喀什国家经济技术开发区地下水源地的发现，为该区域经济的发展提供了宝贵的水资源支持，显示了新疆在保障自然资源可持续利用方面的有效成果。

3. 矿产资源开发利用的全面提升

新疆在优化矿山规模结构、资源整合以及淘汰落后产能方面取得了重要进展，这些措施使非油气矿山数量显著减少，而大中型矿山的比例有所增加。这种资源利用方式的转变，通过推广先进适用技术，有效提升了重要矿产的开采率、加工率和利用率（“三率”）。这些改进不仅提高了矿产资源的经济价值，也促进了资源的高效和环境友好型利用。

4. 科技创新稳步发展

新疆在矿业开发中积极推广智能化、自动化技术，减少了人工操作，提高了矿产资源开发的生产效率和安全性。智能矿山建设是提升矿业绿色发展水平的关键措施之一，包括实施远程控制、自动化开采、智能化物流等技术创新，有效减少了资源和能源消耗，降低了开采过程中对环境的影响。实施的大型科技项目，如增生造山带深部探测技术方法的研究，不仅为深部地质矿产勘查提供了有效的技术支持，还展现了新疆在科技创新方面的实力和潜力。36 项科技成果的获奖，不仅是对新疆科研团队努力的认可，也为新疆铅锌等矿产的重大发现奠定了坚实的技术基础。

5. 矿业权管理体制改革取得成效

新疆在矿业权管理体制改革方面取得了实质性的成效。通过出台矿业权出让登记、储量管理等配套文件，推进了矿业权出让制度的完善，油气体制改革试点的实施进一步增强了市场活力。完善矿产资源的分级分类管理制度，下放审批权限等措施极大地提高了行政效率和市场透明度。矿业权出让收益显著增加至 669. 2 亿元，不仅反映了资源价值的有效转化，也为新疆矿业的可持续发展提供了坚实的财政支持。

6. 绿色产业链的构建

新疆在构建绿色矿业产业链方面采取了一系列措施，覆盖从矿产资源的绿色开采、加工、利用到产品销售的每个环节。采用先进的开采技术和设备，实现了对环境破坏的最小化，并引入环境影响评估和生态修复计划以保护生态平衡。在加工环节，推广能效高、污染低的技术和循环经济理念，实现资源的高效利用和废弃物的回收再利用。在资源利用方面，新疆鼓励开发低碳产品和应用新技术，提升资源利用效率和市场竞争力，同时监控资源利用过程中对环境的影响。在产品销售环节采取绿色供应链管理和环保运输方式，通过绿色认证增强消费者信任，提高绿色产品市场接受度。此外，政府的政策支持和产业链各环节的联动合作，为企业的绿色转型提供了坚实的政策基础和市场动力，形成了绿色矿业产业集群，共同推进了新疆矿业产业链的高质量绿色发展，不仅提升了地区矿业的综合竞争力，也为绿色矿业的发展提供了重要经验和示范。

三、新疆绿色矿业高质量发展的制约因素

在新疆推进绿色矿业高质量发展取得了一定成就的同时，也要清楚地认识到，面对“百年未有之大变局”，新疆绿色矿业高质量发展也面临挑战和困难。

（一）矿业资源开发利用与生态环境保护之间的矛盾依然存在

新疆矿业资源的开发对生态环境产生了深远影响，导致诸如土地沙漠化、水资源污染、生物多样性降低和气候变化等问题。尤其是在生态环境敏感和脆弱的地区，如塔克拉玛干沙漠、天山山脉和阿尔泰山区，矿业活动对环境恢复和承载能力的挑战尤为突出。因此，新疆在开发矿业资源的过程中，急需找到有效的方法来保护和改善生态环境，以推动绿色矿业的高质量发展。

由于矿业活动的影响，大量土地遭到破坏，导致沙漠化现象加剧。土地退化不仅减少了农业的可耕地，而且增加了沙尘暴发生的概率，影响了地区的生态平衡。此外，矿业开采活动改变了土地的自然结构和肥力，导致土地裸露和水文条件发生变化，最终引发了土地干旱和盐渍化。同时，化学物质的过度使用和排放也对土壤质量造成了影响，包括土地酸化和重金属污染。

矿业活动对水资源的污染也是一个问题。大量的废水排放不仅污染了地下水源，也影响了地表水的质量。这不仅威胁着水资源的供应安全，也影响了水体的生态功能和环境价值。过度的水资源开采和不合理的排放导致水质的恶化，降低了水资源的可回收利用率。

此外，新疆丰富的动植物资源也因矿业开发而受到威胁。生态环境的破坏影响了动植物的自然栖息地、食物链和迁徙路径，从而威胁了生物多样性，

影响了动植物种群的健康和繁衍。气候变化也是矿业活动带来的一个重要问题。矿业开采过程中产生的温室气体加剧了气候变暖，影响了新疆的气候，进而对当地的农业生产和居民生活造成了负面影响。能源的过度消耗和温室气体的排放导致气候系统的失衡，加剧了环境问题。

（二）矿业产业结构与经济社会发展之间的不协调依然明显

尽管新疆的矿业产业以能源和原材料为主体，并辅以高附加值和高技术含量的产业，但这种产业结构与地区经济和社会发展之间存在显著的不协调。这一结构对提升新疆的经济效益和社会效益并不理想。新疆高度依赖传统的能源和原材料产业，使得经济多样化和升级变得困难。同时，与高技术和高附加值产业相比，这种产业结构在劳动力需求上相对较低，不能有效地解决就业问题，限制了人力资源的最大化利用。此外，新疆的矿业产业结构也不利于增强区域的核心竞争力和应对风险的能力。面对国内外市场需求的变化、资源价格的波动和环境政策的收紧，新疆的矿业产业面临重大挑战，缺乏多样化的产业结构和创新能力使其在市场竞争和风险应对上相对脆弱。

新疆的经济结构单一，主要依赖能源和原材料产业，缺乏产业和产品的多样化。这使得新疆在适应市场需求变化、抓住新兴产业和新业态发展机遇方面存在困难，经济结构的优化和升级也因此受限。新疆矿业产业结构中能源矿产占比偏高，而金属和非金属矿产占比不足，水气矿产比重也不高。

在劳动力需求方面，新疆矿业产业因其劳动力需求低于高附加值和高技术产业，难以有效地解决就业问题，限制了人力资源的充分利用和人民收入水平的提升。新疆矿业产业的就业人数占全区就业人口的比例较小，而其对全区生产总值的贡献却相对较高。在核心竞争力方面，新疆矿业产业由于技术创新能力不足，产品附加值较低，难以增强其市场竞争力。面对市场需求变化、资源价格波动和环境政策的调整，矿业产业的可持续发展面临挑战。新疆的非油气矿山中小型矿山比例高，产业链相对较短，科技创新能力有限，下游产业如电池和新能源汽车产业的发展相对滞后。

（三）矿业技术创新与装备升级之间的滞后依然存在

虽然新疆在矿业技术创新和装备升级方面已加快步伐，但相较于国际先进水平，其仍显示较大差距和不足，特别是在关键技术和核心装备领域，如深部勘探、低品位资源开发、节能减排和智能化设备等方面，新疆的依赖性和滞后性较为突出。矿业产业的装备水平直接决定了其生产效率和产品质量，而新疆矿业企业在装备更新方面的投入相对有限。缺少先进的开采和运输装备不仅限制了当地矿业的技术进步和竞争力，也影响了矿产产品的价值增值，难以满足市场快速变化和环保要求。这些技术和装备的不足，制约了新疆提升资源利用效率和产业附加值的能力。加强自主创新，突破关键技术和核心装备的“瓶颈”，是新疆绿色矿业高质量发展所面临的紧迫挑战。

相比国内外的先进水平，新疆矿业在自主技术创新和知识产权方面较为薄弱，关键技术和核心装备的自主创新能力有待提升。新疆依赖引进技术的消化吸收，自主创新动力和机制尚不充足，科技投入有限，科研人才缺乏，科技成果转化效率低，特别是在深部勘探、低品位资源开发、节能减排、智能化设备等关键领域，新疆仍存在明显的依赖性和滞后性。

新疆矿业的装备升级水平与技术创新需求相比较低，限制了矿业产业的效率和质量。矿业企业在装备升级方面的投入不足，多依赖于成熟技术和装备，缺乏针对新疆特殊地质条件和资源特征的定制化和优化装备。这种装备不足限制了矿业的技术进步和竞争力提升，也影响了矿产产品附加值的增长，难以应对市场快速变化和环境保护需求。从绿色发展的角度来看，新疆矿业在技术创新和装备升级方面与其目标存在差距，影响了矿业产业的可持续发展和生态保护。新疆矿业在节能减排、资源循环利用、矿山生态修复等方面仍有较大的提升空间，矿业产业的环境成本和社会成本较高，绿色发展水平有待提高。

（四）矿业支持政策有待进一步细化

目前，国家和各省区政府已在土地使用、矿产资源开采、税务和金融等方面出台了支持性政策。然而，地方管理层表示，这些政策过于谨慎，缺乏足够的可操作性和实际执行措施。这种情况使矿业企业在建立绿色矿山时面临直接或短期经济效益的获取难题，相反地，企业的成本却有所增加。企业需要自行承担绿色矿山建设任务，这减少了绿色矿山与传统矿山在经济上的相对优势。同时，现行的绿色矿山建设政策支持力度不足，缺少明确的政策指导和具体的实施措施，导致矿业企业在实际操作中遇到许多困难，难以充分利用其环保和可持续发展的潜力。主要表现在以下几个方面：

矿业支持政策的制定和实施缺乏统一协调，导致政策的不稳定性和不确定性。目前，我国的矿业支持政策由国家和省级层面分别制定，各地区根据自身的资源禀赋和发展需求，出台了不同的政策措施。这种多元化的政策体系，虽然有利于体现地方特色和灵活性，但也容易造成政策的不一致性和不协调性，甚至出现政策的重复和冲突，影响政策的执行效果。同时，由于政策的制定和调整受多方面的影响，如市场变化、行业发展等，政策的稳定性和可预期性也不够，这给矿业企业的长期规划和投资决策带来了困难和风险。

矿业支持政策的内容和形式缺乏创新和适应性，导致政策的有效性和针对性不强。目前，我国的矿业支持政策主要集中在用地、用矿、财税、金融等方面，主要采取的形式是减免费用、降低税率、提供贷款等。这些政策虽然能够在一定程度上降低矿业企业的成本和负担，但也存在一些弊端和局限性。一方面，这些政策的实施效果往往受市场波动、行业周期、政府预算等因素的影响，难以形成持续稳定的支持力度。另一方面，这些政策的激励作用也有限，难以引导矿业企业提高技术创新能力，实现绿色发展转型。此外，这些政策的制定和实施缺乏对矿业产业的深入分析和研究，没有充分考虑矿业产业的多样性和差异性，没有根据不同的矿种、地区、企业等制定差别化和分类化的政策，导致政策的针对性和精准性不够。

矿业支持政策的执行和监督缺乏规范和透明，导致政策的公平性和公正性不足。目前，我国矿业支持政策的执行和监督主要由地方政府和相关部门负责，但由于缺乏统一的标准和程序、有效的沟通和协调、公开和公示、监督和问责，导致政策的执行和监督存在一些隐患。一方面，在政策的执行过程中可能出现政策的变通和变形，政策的实施主体可能出现选择性和自由裁量，政策的受益主体可能出现不公平和不公正，政策的执行效果可能出现偏差和失真。另一方面，政策的监督过程中可能出现监督的缺失和失效，监督的主体可能出现推诿和失责，监督的对象可能出现逃避和抵制，监督的结果可能出现虚假和掩盖。

四、新疆绿色矿业高质量发展的对策建议

（一）调整矿业资源开发与生态环境保护的平衡

1. 实施生态环境保护措施

在开发新矿山或对现有矿山进行改造、扩建时，应制定详尽的矿山生态环境保护与恢复治理方案。在荒漠化和风沙化严重的地区开采矿产资源时，

应避免选择对生态环境影响较大的区域；对于排土场和料场，采取建立围栏和覆盖物等措施以防风蚀是必要的。在易发生水土流失的地区，开采矿产资源时应合理安排采场、排土场和料场的位置，并采取斜坡保护和工程设施等水土保持措施。在矿山运营期间，必须采取土地复垦措施，对于开采后留下的露天坑和废弃矿场进行稳定处理，以防止水土流失和滑坡事故。对于历史遗留的矿山，土地复垦率应至少达到45%；而对于新建矿山，则应实施边开采边复垦政策，确保土地复垦率不低于85%。

2. 落实节能减排措施

全面贯彻执行与节能、污染防控相关的法律、法规、管理规定和标准。严格遵循节能环保法规、固定资产投资项目的节能审核制度和建设项目的环境影响评估制度，对建设项目进行节能审核和环境影响评估；增强对建设项目的防洪影响和水资源合理使用的评估，执行“三同时”（建设、使用、退役同步）制度，严格执行水土保持的预防和治理措施，有效控制人为引起的水土流失；完善节能、节水、节材、节矿的标准体系，减少行业和企业的能耗和物耗；推广生产者责任延伸制度，实现生产和生活系统的循环利用；严格限制高耗能和产能过剩行业的发展，加快淘汰过时产能。预计到2025年，矿业的绿色发展体系将得到基本建立，重点区域的环境质量将显著提升，矿业项目的环境影响满意度也将显著提高。

3. 加强矿山生态环境保护与恢复治理

为了更好地应对矿山生态环境的特殊性及其所面临的问题，应该制定一套针对性强的生态保护和恢复管理方案。这不仅需要增加资金投入，加强对矿山生态环境保护与恢复管理工作的监管和考核，还需要确保这些工作在质量和成效上都达到预期目标。具体措施包括强化科技的作用，通过支持研究、创新以及示范项目的推广，提供专业培训和技术指导，以此提高生态保护和恢复管理的水平与能力。此外，加强激励和约束机制，提供更多政策支持和优惠条件，实行奖励和表彰制度，并严格执行监督检查和问责制度。通过加强公众宣传和教育，可以有效提升对生态保护和恢复工作重要性的认识和动力。

4. 推进矿业低碳发展

为了符合国家和自治区对矿业节能减排及低碳发展的规定，我们需要制定明确的目标和实施措施。包括对这些目标进行细致的监控和评估，收集与分析相关数据，清晰地规划目标的细分和任务的分配。同时，要实时追踪进展情况和成效，以确保节能减排和低碳发展策略的有效执行。具体的实施措施涉及强化技术革新和推广活动，促进技术研发及其应用，升级和改进现有技术与设备，以提高技术和装备的整体水平。此外，还需加快市场化和国际化步伐，通过构建和优化市场机制及定价机制，增强市场竞争力和国际影响力。

（二）促进矿业产业结构的调整与升级

1. 积极发展新兴矿业产业

根据自治区关于新兴产业发展的战略规划，我们应当充分利用南北疆的产业基础和资源优势，集中力量增强战略性大宗矿产资源，如锂、铍等稀有金属以及萤石、硅质原料等非金属新兴矿产的供应能力。为了加强这些关键矿产的开发利用，我们需要采取一系列措施。首先，积极吸引大型矿业企业的参与，以扩大产业规模和提升创新能力，从而推动新兴产业的高质量发展。其次，特别关注提升锂、铍等稀有金属的开采效率，考虑这些金属在电池和航天等领域的重要应用，应充分利用南北疆地区的丰富资源，采纳先进技术以提高资源的开采和综合利用效率。同时，加强对萤石和硅石等非金属新兴矿产的开发，通过技术研究和支持，提升资源的开采效率，并促进相关产业的发展。此外，通过引入大型矿业企业，并借助先进的生产设备和技术创新，实现矿产产业规模的扩大。

2. 优化矿业产业结构，提升附加值和技术水平

在新疆资源和区域优势的基础上，我们应加快发展新能源、新材料和绿色矿业等新兴产业群。这不仅涉及对煤炭、石油、天然气等传统产业的生产加工进行转型升级，还包括提高产品品质和市场竞争力，增强应对市场风险的能力。此外，加强金属、非金属及水气等关键矿种的勘探和开发工作尤为重要。通过提高这些资源的自给率和供应质量，不仅可以满足国家的战略需求，还能促进新疆经济社会的发展。具体而言，这意味着采用更先进的技术加强资源利用，同时注重环境保护和可持续发展，确保新疆在新兴产业方面取得长远且稳健的发展。

3. 增加矿业产业就业岗位，提升劳动者收入

为了提升矿业产业的整体价值和技术水平，需要重点调整产业结构并推

进技术创新。这将有助于创造更多具有高附加值和高技术含量的工作岗位，从而吸引更多的劳动力参与就业，增强就业的拉动效应。进一步地，我们应当加强矿业人才的培育和吸引工作，不仅要提高劳动者的技能和素养，还要确保他们的收入水平得到相应的提升。此外，加大矿业产业在社会保障和安全保护方面的投入也是至关重要的。这包括保障劳动者的合法权利，致力于营造一个安全且健康的就业环境。通过这些措施，我们不仅能够提高矿业产业的竞争力，也能确保劳动者的福祉和职业发展。

4. 提升矿业产业的创新能力，增强核心竞争力

为了实现矿业产业的可持续发展，需要加大对科技的投资力度，并重视科技创新平台及团队的建设。这不仅能促进关键领域和核心技术的迅速突破，还能提高自主创新的能力。同时，应当着力推动矿业产业的数字化转型，通过建设智慧矿山，以及利用大数据、云计算和人工智能等新兴技术，来提高生产效率和管理水平，从而提高矿业产业的附加值和增强市场竞争力。此外，矿业产业应致力于绿色发展，通过推进节能减排和资源的循环利用，达到可持续发展的目标。

（三）推动矿业技术革新与装备提升的协调发展

1. 优化矿产资源的深度加工与利用

为了提高新疆包括锰矿、铜镍矿、铅锌矿以及金矿在内的金属矿产的精细加工效率，建议在现有的金属矿加工基地上，引入更多的社会资本。通过升级技术和改进设备，拓展从采矿到加工的整个产业链，进而提高资源利用的经济收益。同时，关注交通方便、资源丰富、质量高、需求量大的非金属矿产，如钾盐和石灰岩，推动其规模化开发和深层次加工，以提升其价值，培育一批有特色的非金属矿产深加工企业。进一步推动矿业向智能化方向发展，运用大数据、云计算和人工智能等前沿技术，以提高矿业的生产效率和管理水平，从而增强矿业的附加值和市场竞争力。在此过程中，应当高度重视网络安全，采取有效措施防范网络攻击和信息泄露，保障矿业的安全稳定运行。此外，矿业应当注重节能减排和资源的循环利用，以实现可持续发展。加强环境监测和评估，构建环境责任体系，对环境影响进行有效管理和补偿，确保矿业活动与生态环境的兼容性。

2. 加强矿业技术创新的投资

为了推动矿业领域的技术创新，政府和企业应当增加对矿业技术创新项

目的资金支持，并鼓励科研机构与高等院校积极参与矿业相关研究。政府可以通过财政援助等方式，激励科学家和研究人员投身矿业技术研究，从而催化创新。此外，政府通过制定和实施相应的政策与法规，可以为企业在矿业技术创新方面的投资创造一个更加有利的环境。政府还应促进科研机构、高等教育机构与企业之间的合作，共同构建技术创新平台，以便技术转移和创新活动的开展。同时，提供税收、金融、土地等方面的优惠政策，进一步鼓励企业在技术创新方面的投入，以提高技术水平和产品附加值。加强政府与企业、科研院所及高校之间的紧密协作，共同破解矿业发展中的核心技术和装备难题，形成一个良性的发展循环，从而推动整个矿业领域的持续进步和发展。

3. 加强人才的培养与国际交流

在矿业领域，培育和吸引高水平的专业人才是至关重要的，这对提高研发及管理效率有着显著影响。此外，加强与全球矿业界的交流与合作，从而借鉴国际上的先进技术和管理经验，对提升本土矿业的发展水平至关重要。为此，建议发展以地质合作为核心的交流平台，使企业能够更好地了解并接触中亚地区的矿产资源，进而推动双方的合作。利用中国—上海合作组织地学合作研究中心这一平台，可以加强与中亚国家在科技领域的交流合作，并建立一个高效的人才交流机制。只有加快培养具有国际视野的专业技术团队，鼓励引进国际先进技术和高质量人才，才能构建一支具有国际竞争力的人才队伍。加强人才的培养和引进，不仅能提升人力资本的水平，还能为技术创新提供坚实的支持。同时，通过加强人才的激励和保障机制，提升人才的吸引力和留任力，可以营造一个更有利于人才发展的环境。

（四）完善政策支持体系

1. 加强规划实施的保障措施

随着矿产资源整体规划的发布，相关地区需积极拆分并落实规划中确立的各项目标和任务。地方政府有责任保障实现这些规划任务所需的管理资金，以确保任务能够顺利完成。主动申请国家的资助，并增加地方政府的财政支持，同时探索多样化的地质探查资金来源。

通过增强财政资金在地质勘查中的作用，可以吸引私人投资参与矿产资源的勘探和开发工作。同时，探索新的生态保护方法和机制，以激励矿山企业和社会资本加大对生态保护和恢复的投资，彻底改善废弃矿山的环境状况。此外，加强对矿业权转让的管理，以及对矿产资源勘查、开发利用及保护等重要项目的规划审查，是确立规划权威性、发挥其管理功能的关键。这不仅有助于规划的有效实施，还是确保矿业可持续发展的重要措施。

2. 实行规划的监测与评估

建立一套规划执行的监测与动态评估机制，专注于规划执行的动态评估，对自治区层面的矿产资源整体规划执行中期评估。在经济社会发展或资源条件发生重大变化的情况下，如需调整规划，机制将对这些调整的必要性与合理性进行深入评估，并确保所有调整严格遵守法定审批程序。此外，本章还涉及新疆矿产资源规划调整及数据库更新工作的统筹规划，目的是保障调整内容的科学性、合理性及可行性。建议建立一个动态更新的规划数据库，该数据库将根据前一年度的地质发现和当年度的矿业权出让计划，每年至少进行一次集中调整和完善，调整应包括对勘查和开采规划区块的必要新增或变更，并将其纳入规划数据库中。

3. 加强对矿业技术创新的支持与引导

设立矿业技术创新的激励机制，通过提供税收减免、补贴和奖励等手段加大财政支持；通过低息贷款、信用担保和风险补偿等方式增强金融支持；通过培训、引进人才、留用及激励政策加强人力资源支持；通过促进专利申请、授权、转让和维权等措施加强知识产权保护。此外，本章还提出建立矿业装备升级机制，提高装备质量和技术水平。具体策略包括加强矿业装备的研发和制造，提升自主创新能力和国产化水平，降低成本；加快装备更新和替换，提升其智能化、数字化和绿色化水平，增强效率和安全性；强化装备的检测和维护，延长使用寿命；加强装备的回收和再利用，提高资源利用效率，减少废弃物和环境污染。

（五）加强矿产资源规划的综合协调

1. 提升信息化应用水平

优化矿产资源规划数据库，通过整合规划管理信息和相关资源，实现与矿产资源勘探、开发、储量及矿业权等关键数据库的无缝连接和信息共享。提倡利用遥感技术、云计算和大数据等现代技术手段，建立一个集成的矿产资源大数据系统。此外，还应开发一个具有信息管理、分析查询、监督评估和辅助决策功能的规划管理信息系统，目的是确保及时而准确地掌握矿产资源勘查、开发利用的情况及矿山生态环境的变化。这样的系统将显著提升规划管理的效率和服务质量。

2. 强化安全生产措施

确保矿山企业落实主体责任，建立一个全面的风险等级预防机制和隐患管理系统来实现这一目标。同时，应实施一套完整的安全生产资金保障措施和诚信承诺制度，以促进企业安全生产的常态化、规范化和可视化。此外，本章还建议不断强化安全生产责任制，提高安全风险的防控能力和安全保障水平，目的是提升安全生产的现代化管理水平。遵循科技兴安的战略，加强安全科技的创新与应用，支持那些致力于安全生产技术创新的企业，进行安全技术改造和设备升级，以提高安全技术装备的水平。建议建立一个完善的矿山安全风险监测预警机制和监控系统，并推广使用智能感知和综合监控设备。最后本章提倡完善自治区至企业四级联合救援机制，加强应急救援体系建设，促进军民救援的深度融合。

3. 促进矿业技术创新与装备升级的协调

建立矿业技术创新与装备升级的协同机制，以保障这些创新和升级在成效与效益方面的优化。本章建议强化矿业技术创新与装备升级的规划安排，考虑矿业产业的发展要求和特点，应明确创新目标和实施路径，并制定一个综合的矿业技术创新与装备升级策略。此外，本章还强调加强政府、企业、科研机构和高等教育机构之间的合作与交流，建立一个用于共享的平台，以推动技术创新和装备的升级。最后建议建立一个矿业技术创新与装备升级的评估和监督体系，并形成有效的激励机制。

参考文献

［1］柳晓娟，侯华丽，孙映祥，等．关于中国绿色矿业内涵与实现路径的思考［J］．矿业研究与开发，2021，41（10）：180-186.

［2］鞠建华．绿色发展引领中国矿业进入新发展阶段［J］．中国矿业，2021，30（1）：1-4.

［3］郭冬艳，孙映祥，陈丽新．关于编制绿色矿业发展示范区建设方案的思考［J］．中国矿业，2020，29（7）：57-60.

[4] 黄洁，侯华丽，陈丽新，等．我国矿业绿色发展指数研究 [J]．中国矿业，2020，29（7）：52-56.

[5] 周宾．绿色矿业产融研协同共生的数理模型、系统机制与引导政策 [J]．中国科技论坛，2019（11）：56-66.

[6] 周灵．绿色矿业经济评价指标体系构建与实证 [J]．统计与决策，2018，34（20）：68-70.

[7] 李国政．“绿色矿业”的逻辑机理、实践探索与推进策略 [J]．西部论坛，2018，28（2）：79-90.

[8] 王春芳，高兵，黄贤营，等．生态脆弱区绿色矿业发展研究：以新疆克州为例 [J]．中国矿业，2017，26（10）：101-105.

第十章　新疆战略性新兴产业高质量发展报告

齐妙青　公琪琪　高金晶　刘　敏①

摘　要： 战略性新兴产业是知识技术密集、物质资源消耗少、成长潜力大、综合效益好的产业。新疆新能源新材料等战略性新兴产业发展规模持续扩大、集群效应初步显现、发展主体活力迸发、创新能力显著增强、绿色低碳成效显现，并且在新能源、新材料、新一代信息技术产业、生物制药、新能源汽车、先进装备制造业等重点行业取得显著成效。展望未来，新疆战略性新兴产业需要在提升创新引领能力、促进产业优化升级、补链强链增强韧性、加大产业招商力度、推动项目加快建设、梯度培育优质企业、塑造良好产业生态及提高品牌质量水平等方面加大建设力度，以期加快推进新疆战略性新兴产业高质量发展。

关键词： 新能源；新材料；战略性新兴产业；产业集群

习近平总书记高度重视战略性新兴产业的培育和发展，强调战略性新兴产业是引领未来发展的新支柱、新赛道。党的二十大报告指出，推动战略性新兴产业融合集群发展，构建新一代信息技术、人工智能、生物技术、新能源、新材料、高端装备、绿色环保等一批新的增长引擎。2023 年 12 月召开的中央经济工作会议提出，打造生物制造、商业航天、低空经济等若干战略性新兴产业。自治区党委十届五次、六次、七次、八次全会均提出，要大力发

① 齐妙青，新疆维吾尔自治区工业经济和信息化研究院副院长，高级经济师。主要研究方向：产业经济、工业经济、能源经济及战略性新兴产业等。公琪琪，新疆维吾尔自治区工业经济和信息化研究院副院长，高级经济师。主要研究方向：工业经济、产业经济以及“双碳”、新质生产力等。高金晶，新疆维吾尔自治区工业经济和信息化研究院工业经济研究所副所长，高级经济师。主要研究方向：工业经济、区域经济及产业经济等。刘敏，新疆维吾尔自治区工业经济和信息化研究院副院长。主要研究方向：工业经济、产业经济及区域经济等。

展新能源新材料等战略性新兴产业集群，建设具有新疆特色的现代产业体系。作为“八大产业集群”之一，战略性新兴产业集群化程度和发展规模与国内先进省市相比仍存在较大差距，存在较多短板。加之，当前全球经济复杂多变，地缘政治形势依然严峻，发展的不稳定性、不确定性明显增强，在此背景下深入研究推动新疆战略性新兴产业集群发展是应对国际挑战、突破国外封锁的关键手段。

一、新疆新能源新材料等战略性新兴产业集群发展总体进展与成效

（一）新疆新能源新材料等战略性新兴产业集群发展总方针

1. 国家总体定位及发展要求

战略性新兴产业是知识技术密集、物质资源消耗少、成长潜力大、综合效益好的产业，对经济社会发展具有重大引领带动作用。2010 年，国务院发布《关于加快培育和发展战略性新兴产业的决定》，指出战略性新兴产业是引导未来经济社会发展的重要力量。

“十二五”以来，我国战略性新兴产业呈快速发展趋势，新产业、新业态、新模式不断涌现，连续 3 个五年规划中都提及发展战略性新兴产业。2023 年，战略性新兴产业分类目录开始修订，增加了“航空航天”和“海洋装备”两大产业，取消了“数字创意”产业，调整为“九大产业”。为推动我国战略性新兴产业加快发展，着力构建现代化产业体系，各级政府均出台了一系列加快战略性新兴产业发展壮大的支持政策，战略性新兴产业发展速度不断加快，经济增长新动能作用不断增强，特色产业集聚区不断涌现，为经济高质量发展注入了强大动力。2022 年，我国新能源汽车、高端装备、新一代信息技术等产业快速发展，战略性新兴产业增加值约 16 万亿元，占 GDP 的比重超 13%，高技术制造业占规模以上工业增加值的比重为 15.5%，较 2012 年提高 6.1 个百分点。产业集群建设取得显著成效，国家级先进制造业集群 45 家，合计产值超 20 万亿元。国家战略性新兴产业集群（第一批）包含 66 家企业。

当前，全面建设社会主义现代化国家是我国发展的首要目标。《中华人民共和国国民经济和社会发展第十四个五年规划和 2035 年远景目标纲要》提出，加快发展现代产业体系，巩固壮大实体经济根基。新时期、新阶段，我

国将以科技创新引领现代化产业体系建设，持续推动新旧动能转换，加速培育战略性新兴产业，把发展经济着力点放在实体经济上，加快推进制造强国、质量强国建设，促进先进制造业和现代服务业深度融合。

2. 新疆推动战略性新兴产业的发展定位

2023 年 8 月 26 日，习近平总书记在听取新疆维吾尔自治区党委和政府、新疆生产建设兵团工作汇报时强调，要大力推进科技创新，培育壮大特色优势产业，积极发展新兴产业。新疆产业结构仍以传统产业为主，随着碳达峰碳中和重点任务的提出和工业化、城镇化深入推进，供给结构改善受多方面发展制约，发展速度和质量受资金、技术、产品结构转型升级缓慢的影响，而战略性新兴产业引领性、渗透性、融合性强，环境效益好、发展潜力大，能够借助先进技术解决传统产业的环境污染问题，改善生态环境。同时，通过强化投资效应和规模效应，创造新就业岗位、加速商业模式变革、推动消费需求升级。“十四五”时期，新疆迫切需要激发新动能、新优势，大力发展新能源新材料等战略性新兴产业集群，加快发展新材料产业，积极发展硅基、铝基等新材料及复合新材料，提升新材料产业集群水平和产业协同效应。

（二）新疆新能源新材料等战略性新兴产业集群发展总体思路

新疆立足资源禀赋、区位优势和政策环境，围绕“八大产业集群”建设，聚焦新能源、新材料、新一代信息技术、生物医药、新能源汽车、先进装备制造等重点领域，突出抓好创新驱动、转型升级、补链强链、招商引资、项目建设、主体培育、生态优化、质量提升，不断扩大产业规模，加快新旧动能转换，完善产业发展生态，激发新兴产业主体活力，引导产业由聚集发展向集群发展转变，增强产业发展的接续性和竞争力，实现新能源新材料等战略性新兴产业集群质量变革、效率变革、动力变革，加快打造具有新疆特色的现代化产业体系，为自治区经济高质量发展提供强大动力，为建设新时代中国特色社会主义新疆提供有力支撑。

（三）新疆新能源新材料等战略性新兴产业集群发展现状与成效

1. 总体概况

战略性新兴产业是新疆未来发展的新引擎，是经济社会高质量发展的助推器。2011 年，新疆印发《关于加快培育和发展战略性新兴产业的意见》，明确将新能源、新材料、先进装备制造、生物、信息、节能环保、清洁能源汽车作为新疆战略性新兴产业加快推进。2011 年，新疆印发《新疆维吾尔自治区加快培育和发展战略性新兴产业总体规划纲要（2011—2015 年）》，设立了战略性新兴产业专项资金。2016 年，新疆经济和信息化委员会发布《自治区战略性新兴产业“十三五”发展规划》。为适应新形势新要求，2018 年，新疆印发《自治区培育和发展战略性新兴产业的实施意见》，推动了产业发展壮大。经过 10 余年的发展，新疆战略性新兴产业规模、质量、效益进一步提高，创新能力进一步增强，部分产业、产品和企业在国内外产生了一定的影响力，形成了一定的基础和优势，取得了一定成效。

（1）发展规模持续扩大

近年来，新疆不断加快创新驱动，致力于与兄弟省区合作，建立援疆机制，引进培育新一代信息技术、新材料、新能源、生物医药、先进装备制造等产业企业，传统优势产业不断延伸产业链，新兴产业规模不断扩大，初步构建起具有新疆特色和优势的战略性新兴产业新体系。“十三五”期间，规模以上工业战略性新兴产业增加值年均增长 12.6%，高出同期规模以上工业增加值增速 7.9 个百分点。2022 年，规模以上战略性新兴产业企业数量超 600 家，实现总产值超 3000 亿元；拥有高新技术企业 1368 家，同比增长 43.40%①。战略性新兴产业已成为推动自治区工业高质量发展的重要动力。

（2）集群效应初步显现

新疆加快推进战略性新兴产业集群链式发展，加快企业优质资源尤其是创新资源的集中，产业发展优势进一步提升，产业集聚效应初显。初步形成了以准东、甘泉堡、鄯善、石河子为主的硅基新材料产业聚集区，以乌鲁木齐、昌吉、哈密等为主的风力发电和以太阳能发电装备、超（特）高压装备、汽车制造为主导产业的先进装备制造集聚区等。乌鲁木齐市先进结构材料产业集群列入国家第一批战略性新兴产业集群发展工程，一批特色产业集群已初具规模。目前，新疆拥有高新技术产业开发区 19 个，其中，国家级 3 个、自治区级 16 个；科技企业孵化器 31 个，其中国家级 12 个②，为推动战略性新兴产业发展提供了良好的发展载体。

（3）发展主体活力迸发

新疆铝基、硅基、化工新材料、生物医药等企业参与国内国际产业循环，

---

① https：//www.360kuai.com/pc/9562101af15019e04？cota=3&kuai_ so=1&sign=360_ 57c3bbd1&refer_ scene=so_ 1。

② 资料来源：《新疆维吾尔自治区 2022 年国民经济和社会发展统计公报》。

形成了各具特色的区域分工雏形，涌现出中泰化学、特变电工、金风科技、新特能源、众和股份、蓝山屯河、湘润新材料、川宁生物、阜丰生物、凯赛生物、维吾尔药业等一批技术领先、产品竞争力强、市场占有率高、在国内外有一定影响力的优势产业企业。中泰化学、金风科技、特变电工分别居《财富》中国500强企业第124位、第205位和第257位，中泰化学已成为全国最大的氯碱化工生产制造商，特变电工已成为全球最大的输变电装备制造商和光伏EPC总承包商，金风科技自主研发的风机及服务市场占有率位居全球第二、国内第一。新特能源多晶硅产量位居全国第三，阜丰生物生产的谷氨酰胺等多种食品添加剂全球市场占有率达30%以上，蓝山屯河是国内唯一具备从原料BDO到PBAT/PBS系列生物可降解树脂全产业链的企业，川宁生物是全国最大的原料药中间体生产企业，众和股份已成为全国最大的高纯铝和电子铝箔生产企业，湘润新材料海绵钛和钛合金板材产量位居全国第一，可为航空航天领域提供重要的原材料支撑。

（4）创新能力显著增强

近年来，新疆积极推进以市场为导向、企业为主体、产学研用相结合的技术创新体系建设，打造了一批高端创新研发平台，有力提升了战略性新兴产业的创新能力。目前，自治区共建成国家工程技术研究中心5个、国家重点实验室5个、国家级企业技术中心17个、国家级技术创新示范企业11家、自治区级企业技术中心146个，培育自治区级制造业创新中心12个，产业自主创新能力进一步提升。同时，新疆设立了硅基、铝基、钛基、风电装备、高端智能农机、生物医药大数据、网络和信息安全等产业创新研究院，持续推动以企业为主体的创新体系逐步建立，新产品、新技术研发投入力度不断加大，重大短板装备、关键新材料、节能环保等核心技术攻关取得显著成效，特别是一批新产品达到国际领先、国内领先和国内先进水平，超（特）高压输电、直流输电等输变电装备、直驱永磁风电机组、光伏逆变器、亮氨酸等技术、产品达到国际领先和先进水平，高压电子铝箔、高强高韧铝合金、大卷幅宽重钛带材、高纯多晶硅、生物可降解树脂、生物基聚酰胺等技术、产品达到国内领先水平。

（5）绿色低碳成效显现

2020年，新疆规模以上战略性新兴产业单位主营业务收入能耗强度为0.8%，较规模以上工业企业行业平均能耗强度低0.52个百分点，较高能耗行业平均能耗强度低1.22个百分点，主要优势产品的工艺、技术、装备和能效水平行业领先，是名副其实的绿色产业。截至 2022 年底，共创建自治区级绿色工厂 146 家（国家级 86 家）、自治区级绿色供应链管理企业 7 家（国家级 5 家）、绿色园区 10 家（国家级 8 家），开发自治区级绿色设计产品 53 种（国家级 52 种）①。此外，还建成国家级绿色数据中心 2 个、国家级工业产品绿色设计示范企业 8 家，企业绿色低碳转型取得显著成效。

2. 重点行业发展概况

（1）新能源

按照国家“三基地一通道”的战略定位，新疆大力推进大型风电光伏发电基地建设，已经形成风力、光伏两大产业集群和较为完整的产业链，集中建成 1 个（哈密）千万千瓦级和 6 个（准东、达坂城、百里风区、阿勒泰、塔城、巴州）百万千瓦级新能源发电基地。2023 年，新疆新增新能源装机规模突破 2000 万千瓦（其中，风电装机 522 万千瓦、光伏装机 1489.8 万千瓦），是 2022 年的 5 倍，新增新能源装机规模在全国排名第一；新能源累计装机规模达到 6203.8 万千瓦，占总装机规模的 45%，新能源建设由快速布局推进阶段转入加速建成并网阶段。自我国启动“疆电外送”以来，新疆累计外送电量达到 7408 亿千瓦·时，其中新能源外送电量突破 2100 亿千瓦·时，占总外送电量的近 30%，相当于减排二氧化碳约 1.8 亿吨，在推动新疆能源结构不断优化，构建清洁低碳、安全高效能源体系的同时，在助力全国能源绿色转型发展中发挥了重要作用。

（2）新材料

新材料产业已形成以硅基新材料、金属新材料、化工新材料、碳基新材料等为主的新材料产业体系。硅基新材料：依托资源、能源和低电价优势，发展“煤电硅一体化”的特色路径，加快产业集聚发展，初步形成吐鲁番市、哈密市、伊犁哈萨克自治州、昌吉回族自治州、石河子市等地产业集聚区，打造了以“工业硅—多晶硅—单晶硅”和“工业硅—有机硅”为主的两条产业链。多晶硅、工业硅产能产量均居全国首位，成为全国最大的绿色新能源材料供应基地，基本形成了“世界看中国、中国看新疆”的产业格局。金属新材料：依托丰富的矿产资源和低电价优势，发展了铝基、铜基、钛基、稀有金属等新材料产业体系，截至 2022 年底，自治区形成合规电解铝产能 653

---

① 《点“绿”成金看新疆绿色制造如何发力》，天山网，https：//www.ts.cn/xwzx/jjxw/202305/t20230505_13225777.shtml，最后访问日期：2023-10-10。

万吨，占全国的16%，位居全国第二，全年电解铝产量599.3万吨，电解铜产量12.5万吨，铝棒、铝杆、铝合金板型材以及电子铝箔等铝下游加工产业发展迅速，形成铝下游加工产能超180万吨；10种有色金属全年产量640.13万吨，占全国的10.6%，居全国第三位，其中海绵钛和钛合金板材产量居全国第一位。化工新材料：依托丰富的石油、煤炭等能源资源优势，新疆化学工业持续稳定发展，已建成世界级环烷基润滑油生产基地、国内最大的氯碱化工基地，以及国家重要的石油化工基地，形成了石油化工、天然气化工、盐化工协调发展的产业格局。2022年，乙烯产量197.7万吨，增长23.5%①；对二甲苯产量约60万吨，较2021年同期有所下降；环烷基润滑油、单体硫酸钾生产规模位居全球第一，聚氯乙烯、聚丁二酸丁二醇酯产能均位居全国第一，天利高新20万吨/年EVA、新疆美克化工股份有限公司四期10万吨/年BDO（1，4-丁二醇）等项目建成投产，进一步扩大了战略性新兴产业规模。碳基新材料：新疆隆炬新材料、新疆护翼新材料、克拉玛依愿景新材料、克拉玛依胜新复合材料等一批碳基材料企业落户新疆，市场主体不断汇聚。新疆隆炬新材料有限公司5万吨/年碳纤维项目已建成投产，实现了新疆碳纤维产业从0到1的历史性突破。

（3）新一代信息技术产业

新疆加快推进数字技术应用，新一代信息技术产业加快发展，产业规模、效益持续提升，2022年，数字经济规模4906.9亿元，占GDP的比重为28.4%；同比名义增长15.3%，高于同期新疆GDP名义增速6.7个百分点，高于全国同期数字经济名义增速5个百分点。数字产业主营业务收入1590亿元，同比增长43%。基础设施建设加快推进，投用17个数据中心、机架2.2万余架。已建成全国单体最大影视动漫渲染基地。“两化”融合持续推进，新疆发布了《自治区信息化和工业化深度融合“十四五”发展规划》，纳入工业和信息化部“5G+工业互联网”项目库17个，5G应用“扬帆”行动计划优秀案例23个、企业数字化转型优秀案例22个、企业数字化应用场景解决方案16个。宝钢集团新疆八一钢铁有限公司等企业数字化建设有序开展，传统企业数字化转型步伐加快。建成新疆工业互联网安全态势感知平台，实现与国家级工业互联网安全态势感知平台数据交互共享。2022年11月，金风科

① 《新疆维吾尔自治区乙烯产量数据分析（2022年1—12月）》，市场调研网，https：//www.20087.com/M_ ShiYouHuaGong/2023 - 05/XinJiangWeiWuErZiZhiQuYiXiChanLiangShuJuFenXi - 2022.html，最后访问日期：2023-10-10。

技和溢达纺织 2 家企业获得国家智能制造示范工厂认定。新疆电子信息制造产业规模保持平稳增长态势。南疆电子产品组装业保持稳定，北疆电子元器件产业快速发展，硅基、铝基电子材料产业发展迅速。先后吸引中国长城、中科曙光 2 家国内知名 IT 制造央企落地新疆，实现了具有自主知识产权、安全可控、基于国产 CPU 的计算机、服务器本地化生产。新疆高纯铝、电极箔达到国内领先水平，显示面板用高纯铝靶材坯料打破国外垄断局面，230 千克大尺寸蓝宝石晶体实现工业化生产。工业化生产芯片用亚微米球形二氧化硅微粉打破日本厂商垄断，填补国内空白。新疆多晶硅、电子铝箔产品约占全国产量的 50%。

（4）生物医药产业

新疆生物医药产业发展成绩显著，已初步形成中成药、中药饮片、化学原料药及制剂、生物制品、医疗器械、卫生材料、中药种植养殖业和动物药（动物疫苗）八大门类的生物医药产业。目前，新疆生物医药产业年平均增长速度超过 20%，已成为新疆国民经济发展最快的产业之一。川宁生物、天康生物、维吾尔药业、恒升生物、新奇康药业、银朵兰维药、德源生物、国药集团新疆制药等一批销售收入过亿元的医药龙头企业带动作用不断增强，医药行业生产过程自动化、智能化水平明显提高，技术装备水平整体跃升。祖卡木颗粒、寒喘祖帕颗粒等以维吾尔药为代表的中药品种已进入国家基本药物目录，产品销往全国。新疆天康畜牧生物技术股份有限公司已成为我国动物用生物疫苗生产前三强企业之一，川宁生物形成全球领先的硫氰酸红霉素原料药中间体智能制造工厂新模式，新疆维吾尔药业承担的国家智能制造项目已通过验收。

（5）新能源汽车产业

新疆新能源汽车产业逐步发展，形成了覆盖重型载货车、乘用车、客车、专用车和城市越野车等车型的组装生产能力。乌鲁木齐市电动汽车智能充换电服务网络运营监控系统已经建成。新疆中通客车有限公司已申报生产插电式气电混合动力公交车；东风汽车新疆公司可根据用户需求，导入生产气电混合动力公交车、新能源公交车的生产；广汽乘用车新疆分公司广汽传祺 GA3S 纯电动轿车具备生产条件；新疆恒宇祥投资集团有限公司已取得特种车辆制造许可证，具备年产低速电动车 1.5 万辆的能力，主要为四轮电动车产品（包括巡逻车、观光车、移动警务室、行政执法车、载货车、摆渡车、区间消防车等）。拥有新疆吐鲁番自然环境试验研究中心、上汽大众吐鲁番试验场、泛亚热区试验基地（吐鲁番）、中交火焰山汽车检测有限公司等热区试验场和吉利汽车、泛亚、东风、广汽 4 个专属试验基地。

（6）先进装备制造产业

新疆已初步建成以输变电装备、新能源装备、农牧机械等为主的先进装备制造产业体系。目前，新疆装备制造业规模以上企业主要分布在乌鲁木齐、昌吉、哈密以及库尔勒、石河子、克拉玛依等地。乌鲁木齐经济技术开发区已建成“国家能源装备制造新型工业化产业示范基地”“国家风电装备高新技术产业化基地”；昌吉高新技术开发区已建成“国家输变电装备制造新型工业化产业示范基地”“国家输变电装备高新技术产业化基地”。龙头企业成为带动产业增长的主要动力，金风科技连续 10 年保持国内风电装备市场占有率第一，连续 8 年位列全球风电装备行业前三，占中国风机出口的 60%。金风科技在清洁能源领域已成长为行业标准制定者，业务遍及全球 38 个国家和地区。特变电工的特高压输变电装备技术已达到国际领先水平，为 20 多个国家提供了完整的电力集成技术解决方案和总承包工程服务。农机装备中的棉花、玉米、番茄、辣椒、籽瓜、饲料等收获机械，在全国已具有较强的影响力，采棉机完全实现国产化，销量占全国市场份额的 87%。

二、新疆新能源新材料等战略性新兴产业发展中的困难与问题

（一）产业发展相对滞后

新疆战略性新兴产业基础薄弱，总体体量相对较小，多数战略性新兴产业尚未形成完整产业链，信息产业与制造业、现代服务业融合发展不足，新商业模式、新业态发展滞后，难以发挥协同效应和规模效应，产业发展任务较为艰巨。如图 10-1 所示，2020 年，新疆规模以上战略性新兴产业工业总产值占规模以上工业总产值的比重达到 8.47%，约低于全国平均水平 5.5 个百分点①。碳基新材料产业工业总产值仅占全部战略性新兴产业的 0.16%，仅 1 家企业投入生产；网络和数据安全产业实现营业收入占全部战略性新兴产业的 0.3%，重点网络数据安全企业 15 家，其中 1 亿元以上企业仅 3 家；生物技术、先进装备制造和节能环保产业规模较小，新能源汽车产业和数字创意产业处于发展初期。

① 《战略性新兴产业成为新疆经济增长新引擎》，新疆维吾尔自治区人民政府网，https：//www.xinjiang.gov.cn/xinjiang/xjyw/202111/f221db9c6ed44aaf8e2269b9f82267e9.shtml，最后访问日期：2023-10-10。

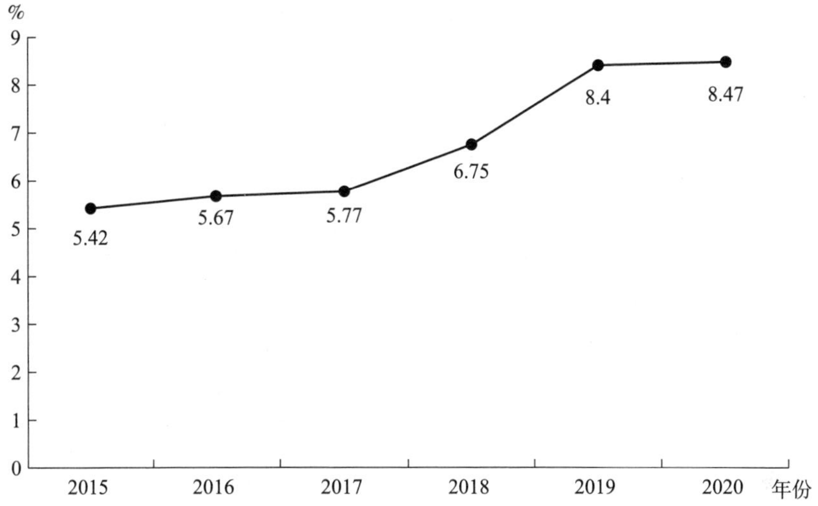

图 10-1　2015—2020 年新疆规模以上战略性新兴产业工业总产值占规模以上工业总产值的比重

数据来源：新疆维吾尔自治区统计局。

原因分析：一是产业发展起步晚。2008 年全球经济危机，导致大批产业的规模缩小，各国开始大力发展新兴产业。2010 年 10 月，国务院印发《关于加快培育和发展战略性新兴产业的决定》（国发〔2010〕32 号），首次对战略性新兴产业作出了明确的定义：战略性新兴产业是以重大技术突破和重大发展需求为基础，对经济社会全局和长远发展具有重大引领带动作用，知识技术密集、物质资源消耗少、成长潜力大、综合效益好的产业。国家提出战略性新兴产业发展战略，较新型工业化提出晚 8 年，较中国工业化晚 60 年。而新疆作为我国欠发达地区，战略性新兴产业发展整体落后全国平均水平。二是支撑战略性新兴产业各领域发展的基础薄弱。虽然自治区拥有较为齐全的工业品门类，但大部分产业仍处在产业链前端，90% 以上的工业产品为初级产品，一些关键产品目前仍无法生产，或者在良率、性能、稳定性等方面与国内先进水平差距较大。三是引领性、标志性重大项目不足。虽然自治区持续加大工业领域投资力度，2022 年，工业投资增长 37. 8%①，但制造业投资仅占工业投资的 39. 7%，同比下降 8. 3 个百分点，低于陕西 20 个百分点，战略性新兴产业投资占比较低，主要集中在风电、光伏等领域。

① 资料来源：新疆维吾尔自治区统计局。

（二）发展机制有待完善

新疆战略性新兴产业与兄弟省区发展相比较为滞后，在一定程度上还需政策支撑。但目前的政策支撑与产业的发展要求还有差距，支持战略性新兴产业发展资金由最多的1亿元削减至目前的0.08亿元，与兄弟省市相比，缺乏配套的政策体系、支持资金等，对产业的带动和扶持作用有限，也给新兴产业的招商引资带来较大的困难与挑战。目前，迫切需要政府整合现有各类专项资金用于支持战略性新兴产业发展。

原因分析：一是凝聚共识不足。一些地方和部门，特别是一些领导干部对战略性新兴产业的认识和理解有待确立，存在表面响应、被动落实的现象，对战略性新兴产业所需的新知识、新信息、新要求一知半解，运用创新思维、专业方法、法治手段、市场机制解决问题的能力不足。二是对工业高质量发展的认识不足。各地推动经济高质量发展责任感、紧迫感不强，对新技术、新产业、新业态、新模式认识不深、把握不准；传统发展思维和方式根深蒂固，对解决制约本地战略性新兴产业发展的突出问题研究不够、担当不足，欠缺实化、细化、量化的具体举措。

（三）资源利用不够充分

新疆煤炭、油气、光热、农产品以及土地、人力等生产资源要素丰富，但利用不充分问题突出。一是油气资源方面，石油石化产业规模占工业的1/3，但疆内石油化工产业链条短、精深加工比例低，未充分发挥本地支柱和引领作用。长期以来，石油、天然气生产销售计划由能源央企总部决定，地方政府和企业无法掌握推动石油石化下游延伸和高质量发展的资源，高端工程塑料、聚树脂和高性能橡胶等新材料产品产量少。二是煤炭资源方面，新疆煤炭资源预测总量居全国第一位，但现代煤化工产业发展缓慢，与同步启动煤化工产业发展的内蒙古、宁夏差距较大，同时与建设国家大型煤炭煤电煤化工基地的定位有较大差距，资源优势尚未转化为产业优势、经济优势。三是有色金属资源方面，与全国同行业相比，有色金属特别是稀有金属资源勘探相对滞后，探明储量占远景储量的比例为4%~5%，和田大红柳滩稀有金属矿等一批具有全国影响力的重点矿山开发利用步伐尚需加快。四是风光资源方面，新疆风能、太阳能资源丰富，储量及技术可开发量均居全国前列，

2022 年，风电装机规模 2614.6 万千瓦①，居全国第三位，仅占内蒙古（全国第一）的 60%；光伏装机规模 1354 万千瓦，从 2018 年的全国第七位跌至 2021 年的全国第十一位。

原因分析：一是资源勘探开发滞后。与全国同行业相比，新疆矿产资源勘查相对滞后，整体勘查程度低，探明的资源储量少，多数矿种探明资源量占远景资源量不足 20%，同时，铜、铅、镍、锂等部分战略性关键矿产资源保障能力不足，与冶炼加工能力极不匹配。例如，有色金属资源探明储量仅占远景储量的 4%~5%；新疆煤化工项目原料用煤低于同为煤化工产业创新发展示范区的内蒙古、宁夏的消耗量。二是资源配置不够合理。自治区煤炭、矿产资源等配置不尽合理，“圈而不采”“探而不采”问题突出，煤炭、石油、煤层气等矿业权重叠问题影响相关产业发展。例如，准东经开区现有探明煤炭资源量均分配给了企业，政府可控调配资源几乎为零，招引煤基新材料项目吸引力较弱。三是产业发展相对滞后。新疆尚处于从工业化初期向中期迈进阶段，工业体系仍然以原材料工业和能源工业为主，新材料、新能源、装备制造等产业起步晚，发展规模小，带动资源开发利用能力弱，如风电、光伏资源开发利用率仅分别为 2.6%、6.3%，开发利用空间巨大。

（四）集群效应有待发挥

新疆装备制造、新能源、新材料等战略性新兴产业存在产业配套能力不足的问题，企业间生产连接和协作配套差，原料及配套零部件供应能力较弱，产业发展互补性、协调性不足，缺乏一批“专精特新”中小企业，致使产品链和市场链薄弱，产业链条短、层次低问题依然存在，产业同质化、产品结构雷同、企业辐射带动不足，未形成配套齐全、上下游一体化的大中小企业融通发展、分工协作的产业集群。

原因分析：一是产业集聚度不够。新疆地域辽阔，导致产业集聚较为分散，同时各地（州、市）同质化现象严重，集聚效应发挥不足。例如，目前各地（州、市）均加快发展风电、光伏等新能源产业。二是尚未形成错位发展态势。龙头企业引领带动能力不足，没有有效整合上下游企业发展，产业链条不够完整，各企业之间缺乏有效的分工协调，产业整体竞争能力弱。中小企业产业往往规模较小，其产品集中在中低端，高技术含量、高附加值、

① 《新疆电网新能源装机容量突破 4000 万千瓦》，新华社新媒体，https://baijiahao.baidu.com/s?id=1754064447030121571&wfr=spider&for=pc，最后访问日期：2023-10-10。

竞争力强的产品相对较少。三是新型基础设施供给有待进一步优化。全社会新一代信息技术加快发展，正在与实体经济加速融合，5G、工业互联网、物联网等新型基础设施的建设将激发更多新增需求，未来政府还需加大在这一领域的投入力度，继续释放新兴需求。

（五）产业链条亟待延伸

新疆大部分战略性新兴产业链仍处于产业上游加工环节，产业链条延伸不足、高附加值产品少等问题突出，全产业链发展仍有待进一步开发。硅光伏产业主要集中在工业硅、多晶硅等上游产业，切片、组件等中下游产业缺失；软件和信息技术服务业以系统集成和工程应用服务为主，缺少核心基础软件和产品。

原因分析：一是市场主体少。新疆战略性新兴产业企业数量少、规模小，规模以上企业数不足百家，仅占全部规模以上工业企业的 1.4%，大多数企业为中小企业，发展能力弱，延伸产业链动力和能力不足。“专精特新”中小企业仅有 492 家，专精特新“小巨人”企业仅有 42 家[①]，在全国占比均不到 1%。二是远离消费市场。新疆常住人口 2500 万人，不足北京、上海的 1/4，市场空间有限。加之新疆距离东部消费市场 3000 公里以上，运输成本高。三是园区载体功能有待加强。园区是战略性新兴产业发展的重要载体，目前，新疆园区基础设施建设不足，部分园区“七通一平”、环保、应急等基础设施及生活配套设施还不够完善，工业用地集约利用率不高，以产兴城、以城带业、产城融合力度不够。

（六）创新能力有待提高

当前，新疆战略性新兴产业的创新能力还有待加强，新疆综合科技创新水平指数在全国排名第 28，仍处于全国最后一个梯队，创新能力与发达省市差距悬殊，特别是关键核心技术创新能力不足、创新效率较低等问题突出。科技创新平台普遍规模小、发展水平低，没有形成动态运营机制。企业作为创新主体的作用发挥仍不明显，高新技术企业 R&D 投入占新疆的 40%左右，低于全国平均水平 10 个百分点以上。高技术、高附加值的重大装备产品及关键器件生产配套尚不完善。软件产品研发、信息安全产品研发、智慧文旅、

① 《新疆累计培育专精特新中小企业 492 家》，兵团网，http：//www.bingtuannet.com/btrb_ wmxjhdf/202302/t20230207_ 147254.html，最后访问日期：2023-10-10。

现代商贸物流等产业实施产品和技术支持主要依靠内地企业，缺乏本地的创新人才、创新团队，尚未形成多元化发展的产业结构。

原因分析：一是模仿创新仍是新疆战略性新兴产业的主要方式。当前，我国已转向高质量发展阶段，正在构建新的经济发展格局，战略性新兴产业已逐步由模仿创新向自主创新转变，而新疆仍处于以模仿创新为主的阶段，原始创新能力弱，成果转化能力不足，原创性成果较少。二是基础投入、研究成果转化率不高。基础研究是科技创新的源头，基础研究的累积进步往往会催生重大科学发现和重大技术创新。目前，新疆基础研究投入相对较低，2021 年，全社会 R&D 经费投入 78.31 亿元，比 2012 年增加 38.58 亿元，年均增长 8.9%。R&D 经费投入中，基础研究经费投入为 9.26 亿元，仅占全社会 R&D 经费投入的 11.8%①。三是创新公共服务平台基础支撑能力有待提升。虽然近年来新疆重视创新公共服务平台建设，并取得一定成效，但是仍存在高水平服务平台少、服务能力不足等问题，技术创新体系尚未完全建立，产学研用协调攻关机制不健全，新型创新研发机构缺乏，创新平台建设滞后。四是人才支撑不足。新疆地处偏远西部，对人才的吸引力不足，现有科研与产业化机会对海外人才开放程度不高，战略性新兴产业领军人才、优秀企业经营管理人才和高技能人才缺乏，现有教育与培训体系更新速度远远赶不上产业发展速度，与产业发展相匹配的人才培育体系亟待建立，复合型人才培育力度不足。

三、新疆新能源新材料等战略性新兴产业发展的趋势分析与对策建议

（一）趋势分析

1. 战略性新兴产业发展展望和趋势分析

（1）产业加速向创新发展聚焦

在国际发展竞争日趋激烈和我国发展动力转换的背景下，战略性新兴产业发展基点将进一步聚焦到创新上，推进以科技创新为核心的全面创新，形成促进创新的体制架构，使创新成果加快转化为现实生产力，培育发展更多

① 《数说新疆这十年｜科创引擎　动力澎湃》，昌吉市人民政府，https：//www.cjs.gov.cn/xwzx/jrcj/911643.htm，最后访问日期：2023-10-10。

创新引领型新兴行业将是我国战略性新兴产业获取竞争优势的重要途径。通过持续加大基础研究投入，加强关键核心技术攻关，未来战略性新兴产业自主创新活力将得到进一步释放，涌现出一批发展新动能。面对新一轮科技革命加快推进，全球各国政府均在完善国家科技顶层设计、战略布局与战略部署，致力于提升本国新兴产业发展新优势，打造前沿技术新阵地。

（2）产业融合的广度和深度不断拓展

战略性新兴产业是发展新动能、新业态、新模式的主要途径，产业融合发展是其重要特征。随着全球云计算、工业互联网等新一代信息技术的发展，数字经济与实体经济融合将继续向前推进，且融合的深度持续拓展。首先是产业内部的融合，如新材料产业链向下游应用延伸，功能一体化材料加快发展。其次是产业间的融合，如信息技术、生物技术、新能源技术、新材料技术等的交叉融合，数字技术与新能源汽车产业融合。这些产业间的融合将不断催生智能化、网联化新产品，使智能网联汽车成为世界汽车产业发展的战略方向。最后是战略性新兴产业与传统产业的融合，如数字经济从技术范式、价值形态和生产组织 3 个方面与传统制造业、服务业实现深度融合，从而不断衍生新的增长极，如人工智能与传统医疗器械产业的融合催生手术机器人等新产品。

（3）产业加速从分散化向集群化转变

战略性新兴产业是现代产业体系的主要内容。多年来，我国战略性新兴产业规模、质效不断提升，培育了一批具有国际竞争力、行业带动作用大的产业集群。未来，随着现代产业体系持续建设，战略性新兴产业将加速向规模化、集群化发展。同时，我国战略性新兴产业发展东高西低、南快北慢的区域发展态势和格局有望逐渐改变，中西部地区战略性新兴产业的发展速度有望加快，发展水平与东部沿海三大都市圈的差距逐步缩小，将形成以长三角、环渤海、珠三角地区为核心，以中部、西部和东北地区为支撑，中西部地区快速发展的产业空间发展格局，协同打造世界级产业战略性新兴产业集群。

（4）产业发展越来越趋向于国际合作

随着科技革命持续变革、经济全球化持续发展，国际产业链加快重构，新兴产业合作形势正在形成。产品生产很难由一个国家单独完成，特别是高技术产品，其研发和生产具有技术性、复杂性，因此，每个战略性新兴产品都拥有数十家甚至数百家供应商和服务商，其价值链遍布全球。以苹果公司为例，它拥有 766 家供应商，分布在中国、日本、韩国、马来西亚等 27 个国家和地区。由此可见，高科技产品往往由众多企业共同协作生产完成，才能获得更多的技术和市场资源。未来，我国将进一步加大战略性新兴产业的对外开放力度，深度融入全球价值链分工体系，强化产业的合作交流协同发展。

当前，我国战略性新兴产业发展正处于抢占制高点、向更高位跃升的重要关口。未来，我国将加快发展新能源等战略性新兴产业，实施国民经济和国防建设重大工程，为新能源、新材料等战略性新兴产业发展提供广阔的市场空间。《自治区国民经济和社会发展第十四个五年规划和2035年远景目标纲要》提出，发展壮大新能源产业，加强风电关键设备及零部件研发和生产，有序发展分布式光伏发电，推进风能、光伏发电进行电解水制氢；加快发展新材料产业，积极发展铝基、碳基、硅基、铜基、钛基、锆基、稀有金属、化工、生物基等新材料及复合新材料、前沿新材料，提升新材料产业集群和产业协同效应。政策支持、市场需求和技术进步是驱动新兴产业增长的“三驾马车”。同时，绿色化、数字化是全球发展的重要主题，也是战略性新兴产业发展的必然趋势。

2. 重点行业发展展望和趋势分析

（1）新能源

发展新能源产业、优化能源结构是实现“双碳”目标、实现经济可持续健康发展的重要支撑。党的二十大报告再次强调，积极稳妥推进碳达峰碳中和，加快规划建设新型能源体系，加强能源产、供、储、销体系建设，确保能源安全。从全国范围来看，南方“电荒”现象频发，部分地区短时间内电力供应偏紧。党中央明确国家2030年前二氧化碳排放达到峰值，努力争取2060年前实现碳中和，国家大力推动储能、氢能产业发展，将进一步拓展新能源发电消纳空间。新疆严格贯彻落实国家新能源投资监测预警机制，多措并举，弃风弃光率逐年降低，随着电力系统调峰能力增强、电网网架结构完善、“疆电外送”通道加快建设，新能源消纳问题将逐步解决。以风电、光伏、水电、氢能、核能等为代表的新能源产业，势必引领未来能源革命，促进制造、科技、消费等众多行业的价值链重构，为经济可持续、高质量发展注入长期发展动力。

面对新趋势，新疆将加快太阳能发电、风电、氢能、地热（干热岩）、生物质能等新能源产业发展，开展新能源和清洁能源技术、材料、装备集成创新，加强储能技术的开发和应用，构建清洁低碳、安全高效的现代能源体系，提高能源转化效率。

太阳能产业领域：开展光伏电站的关键技术提升与应用，有序发展集中式、分布式光伏发电，推动光伏发电多元化应用，开展太阳能热发电产业化示范。搭建光伏创新平台，重点开展高压直流光伏电站系统集成技术研究及关键设备研制、柔性输配电核心装备研发和测试能力建设等研发，提升光伏产业研发能力。着力打造“光伏+”产业，探索光伏产业结合治沙、农牧业、工业原材料生产、生态环境修复等不同应用方向，联合开发绿色产业发展新场景。

风能产业领域：开展风电机组控制策略、自主风力发电相关设计、运行软件等平台研发，实现风电关键技术自主可控。鼓励集中式、分散式风电开发，推动风资源评估、风电机组及关键零部件生产制造、风电场设计建设施工控制运维等全产业链发展，促进风电产业转型升级。积极推动运用大数据、云计算技术开展风电场远程运行维护。

新能源汽车领域：支持新能源关键零部件企业加强技术创新，推进关键零部件、基础材料、智能制造等配套产业升级，突破一批适宜新疆高寒地区的新能源汽车制造的关键技术。培育发展具有持续创新能力的动力电池企业和关键材料企业。加快布局有序、便捷、高效的充换电设施网络建设。加快推动高功率、高转换效率、高适用性、无线充电、移动充电等新型充换电技术及装备研发。推进智能网联汽车产业跨行业融合，加快促进网络通信技术、人工智能技术与道路交通基础设施的深度融合，推动电动汽车、充电桩等互联互通，建立新能源汽车示范运营信息管理平台。

（2）新材料

新材料是战略性、基础性产业，是我国新质生产力发展的重要方面。我国新材料技术和产业与发达国家相比，起步较晚、发展滞后、基础薄弱。经过多年努力，我国新材料产业在产业规模、技术研发、集群效应等方面成效显著，在国民经济各领域的应用持续加强，基本涵盖高分子、金属、陶瓷等材料的研发设计、生产应用等各个环节。随着“互联网+”、材料基因组计划、增材制造等新技术发展，国际竞争日趋激烈。目前，我国新材料产业仅有10%左右的领域处于国际领先水平，60%~70%的领域处于追赶状态，20%~30%的领域还与国际水平存在较大差距，未来产值增长速度将保持在每年20%以上。大力推动新材料产业发展，为制造业转型升级、加快新型工业化发展提供重要支撑。

面对新趋势，新疆发挥能源资源优势，强化基础材料对重大装备、重大产品生产的保障能力，加快新材料技术攻关和产业化发展，推动硅基新材料、金属新材料、化工新材料等产业创新发展，开展新材料行业标准化建设，打造具有全国乃至世界重要影响力的新材料产业基地。

硅基新材料产业领域：新疆具有发展光伏新能源的天然优势，石英矿、工业硅、多晶硅均处于产业链的核心区，是终端光伏电站最大市场，也是新能源电力外送主要地区。在“双碳”目标、产业结构和能源结构调整、经济社会系统性变革的大背景下，通过“强链”确保新疆在多晶硅领域的持续领先地位，通过“补链”补齐石英矿、高纯硅供给方面的短板，通过“延链、补链、强链”大力发展有机硅及深加工，强化新疆在硅基新材料、新能源领域的优势地位。积极打造石英矿—高纯硅—多晶硅—有机硅产业链，实现对新疆硅基新材料产业的延链、补链、强链。

金属新材料产业领域：新疆拥有铝、钛、镁、铜、锂、镍、锰等金属材料产业资源优势，以铝基材料为例，在轻量化关键部件使用上，铝合金材料具有不可替代性。近年来，虽然我国铝材生产能力和技术水平取得了巨大进步，铝材产量居世界首位，但关键基础材料、核心零部件仍不能自给。以集群建设、管理升级为重点，统筹区域资源供给、环境容量、产业基础等因素，大力承接东部地区产业转移，延伸发展铝基、铜基等材料产业链，重点发展高纯铝、电子铝箔、电极箔、精密铜箔、碳化硅衬底材料等领域优势产品，推进电子材料产业向下游半导体电子元器件、集成电路、光电子器件及产品等领域发展。

碳基新材料产业领域：以创新引领、成果转化为重点，依托乌昌石国家自主创新示范区，提高产业新材料保障能力，紧抓消费新材料市场机遇，聚焦碳基半导体、人造金刚石等方向，加快研发、测试和验证等碳基新材料领域创新能力建设，保障关键原材料、高端装备、先进仪器设备等的供给，着力发展石墨烯、碳纳米管、碳纤维等碳基新材料。

化工新材料产业领域：依托新疆油气资源优势，延伸发展 PX、PTA 等产业，推动“炼化纺”一体化建设，补齐纺织服装产业链。健全石油化工下游产业链，延伸发展高端精细化工产业，积极发展特种树脂、高端催化剂、功能性膜材料等石油化工新材料。加快现代煤化工产业延伸发展，积极发展煤制烯烃及工程塑料、聚酯切片、聚氨酯等化工新型材料。

（3）先进装备制造

先进装备制造业是以高新技术为引领，处于价值链高端和产业链核心环节，决定整个产业链综合竞争力的战略性新兴产业。党中央、国务院高度重视发展先进装备制造，先后出台了一系列政策措施推动产业快速发展。新疆作为资源禀赋、建设基础和区位优越的区域，将需要大量的装备投入，尤其是围绕核心产业的先进装备的投入较大。“十四五”及未来一段时期是先进装备制造业加速发展期，行业创新能力显著增强，总体发展势头良好。依托新疆自身项目建设和发展需求，支撑高端制造产业的发展。

面对新趋势，新疆围绕高端输变电、工程机械、新能源、矿山机械、农牧机械、汽车及轨道交通、能源及化工、节能环保、纺织专用基础零部件等重点领域，培育优势产业链，推动装备制造智能化、绿色化、服务化、国际化发展，加快形成先进装备制造业集群。

高端输变电装备产业领域：依托国家“新基建”、智能电网及能源互联网建设，围绕高端智能输变电设备市场需求，重点发展特高压换流变压器、大容量智能变压器、节能型变压器、新型特种变压器、动态无功补偿装置，以及柔性直流输电装备、智能电网用输变电及用户端设备，推进特高压关键核心部件国产化研发实现突破，保持自治区特高压输变电装备制造世界领先地位。研发电网自动管理、运行控制、数据采集等智能化用电侧设备，提高输变电装备智能化制造水平。

新能源装备产业领域：大力研发具有自适应能力、智能化的陆上大型风电机组、低风速机组，以及适应新疆极端气候条件的风电机组成套装备及电机、叶片、高速齿轮箱等关键零部件。积极推进新型高效光伏发电装备研制，重点发展光伏发电系统集成和并网设备，以及分布式和离网式太阳能光伏发电储能设备，完善光伏制造产业链集群。大力发展储能装备制造产业，开发先进电池材料，研制一体化集装箱式储能电源产品，推进储能技术在电源侧、电网侧的应用。推进生物质与垃圾高效清洁焚烧发电成套装置、煤炭清洁高效利用成套装备的研发和应用。研发热电、风电、光电、抽水蓄能等新型绿色能源装备。

智能农业机械装备产业领域：推进新一代智能农业装备科技创新，围绕特色林果、葡萄酒、馕、乳制品、畜禽肉类等产业及芳香作物、辣椒、番茄、枸杞、沙棘、肉苁蓉、红花、籽瓜等主要优势农产品，开展大型高端农业、节水农业、智能采摘、清洗、分拣等关键技术与装备研发。推动农业装备与GIS、北斗导航系统、遥感系统以及农业物联网技术融合应用，推广“互联网+农机作业”新模式，加强智能农机装备在精准农业生产中的应用。将自主研发与引进消化相结合，大力发展面向区域特色产业及中亚国家市场需求的农机装备。

先进工程机械装备产业领域：依托自治区新型基础设施、新型城镇化、交通水利等重大工程，以及重点矿产资源生产基地建设，大力开发工程及建筑成套机械装备，实现工程设备本地化生产。重点发展大中型矿山井下及露天综采、矿石粉碎、智能化洗选设备，以及新型智能化矿山成套设备，打造自治区矿山机械再制造基地，开发“互联网+矿业”数字化、信息化和自动化矿山装备。

能源及化工装备产业领域：围绕煤炭、煤电、现代煤化工、石油与天然气化工产业发展，重点推进勘探开采、管道输送、储存运输等装备研制开发和产品迭代升级，提高综合录井仪等勘探仪器设备的性能和石油钻采、井下作业装置的智能化水平，开发适用于深井、超稠油开采的新型智能抽油机，提高采输设备和零部件的配套能力及石油专用管道制造和再制造水平。开发油气集输处理设备、管道密封装置等油田专用装备。依托大型煤化工项目，研发生产大型不锈钢压力容器、换热类压力容器、重型压力容器、压力管道、反应釜及非标设备等煤化工装备。

（4）电子信息制造业

智能制造应用的兴起带动了电子信息制造业的发展。而电子信息制造业要向智能化、高端化迈进，根本还是核心技术的提升。我国智能手机市场销量连续出现下滑，彩电销量也持续低迷。但新一代年轻消费者的成长为市场注入了新的活力。目前，电子信息产业正进入技术创新密集期，应用领域呈现多方向、宽前沿、集群式等发展趋势。人工智能的万物互联等高端技术或将带来一片新蓝海。

面对新趋势，新疆电子信息制造业以芯片设计、晶圆制造、封装测试为主的半导体电子器件的制造及应用，推进以 SMT 贴片、外壳加工、模具、喷涂包装为主的电子信息配套基础产业发展，建设电子信息产品检测认证基地等公共服务平台；衍生 5G 移动智能终端、人工智能、智能电器、汽车智能、安防装备制造等产业链，建成半导体产业集群，打造智能移动端、物联网智能端电子信息应用体系，打造外向型电子产品制造基地；支持卫星移动通信系统及终端、通信专用芯片、宽/窄带融合无线专网通信系统的研发及产业化；承接东部电子产品组装产业转移，着力开发适应“一带一路”沿线国家市场需要的多语种智能终端和电子产品，打造面向中亚、西亚和东欧市场的电子产品出口加工基地。

（5）新一代信息技术产业

当前，全球信息技术创新日益加快。以大数据、云计算、物联网、人工智能、区块链为代表的新一代信息技术蓬勃发展。未来，全球信息技术创新速度不断加快、专业程度不断提高、融合边界不断扩展，以区块链、数字孪生、脑机接口、量子计算为代表的下一代信息技术不断获得新的突破，并推动社会生产力的进一步提高。

面对新趋势，新疆将加快5G、大数据、云计算、人工智能等新一代信息技术和实体经济的深度融合。

软件和信息服务业领域：以强基础、建生态、重融合、促开放为重点，重点发展云计算、大数据、网络与信息技术服务、物联网、信创、信息技术服务外包、人工智能等领域，实施工业App培育工程，持续推进“疆企上云”行动，建设丝绸之路经济带数据中心和智慧大脑，全力打造国家绿色数据中心，完善“两核多星”云计算中心布局，创建国家数字服务出口基地，打造信创产业基地、人工智能产业基地。

云计算和大数据产业领域：拓展丝绸之路经济带沿线国家数据存储、备份和系统承载等业务，建设丝绸之路经济带数据中心和智慧大脑。积极开展虚拟化、云计算、云安全、云储存等核心技术的研发，推进云计算应用和服务体系建设。培育数据要素市场，构建数据采集、存储、标准、加工、清洗、分析、交易、服务等全生命周期大数据产业体系。充分发挥数据资源要素新价值，依托电子政务、网络政务数据中心和共享交换平台等基础设施，健全政务数据安全管理机制，大力推动政务数据资源共建、共享、共用。推进大数据在农产品加工、装备制造、纺织服装、能源化工等领域以及文旅、社保、教育、健康等智慧社会建设中的应用。

人工智能领域：以智慧安防和平安城市建设为牵引，开展视频图像识别、语音识别、语音合成、机器翻译等人工智能技术应用创新，构建多语种智能机器互译平台，打造人工智能应用创新产业园。围绕智能工厂、智能矿山、智慧安防、智能家居等建设需要，建立智能机器人应用创新中心和产业化服务基地，推进机器人在经济建设、社会管控和居家生活中的应用。

网络和数据安全领域：以系统安全、应用安全为重点，聚焦能源、金融、交通、水利、卫生医疗、教育、工业等行业，提升重要系统、关键节点及数据的安全防护能力，扩大自治区网络和数据安全产业规模，提升创新能力，加快需求释放，完善产业生态。推动网络安全业务板块在新疆开展企业化运营，建立态势感知、通报预警、应急响应、安全运营等安全机制及纵深防护体系，推动威胁动态跟踪、风险全域感知、事件协同处置等平台技术加快应用。以乌鲁木齐、克拉玛依等为重点打造网络和数据安全产业集聚区。

（二）对策建议

1. 提升创新引领能力

加强企业创新主体地位，完善配套支持政策措施，推动企业加大研发投入力度，扩大自治区科技领军企业、高新技术企业、“专精特新”中小企业等创新主体规模。围绕产业重大项目建设、重点领域关键核心技术攻关，深入实施“揭榜挂帅”“赛马”制度，着力突破产业发展的“卡脖子”技术和共性关键技术“瓶颈”，开展前沿先导技术和重大战略产品研发，提升技术创新能力。加快完善技术创新体系，培育和认定一批制造业创新中心、企业技术中心、重点实验室、工程研究中心、工程技术研究中心、技术转移中心、技术创新战略联盟等国家级和自治区级创新平台，实现战略性新兴产业大中型企业研发机构全覆盖。以链主企业为重点，创建一批产业创新研究院、院士专家工作站、博士后工作站，引进和培育高端领军人才和创新团队，推动创新链、产业链、人才链深度融合。加强企业主导的产学研深度融合，深化企业同国内外高校科研院所的技术交流与合作，提高创新成果转化和产业化水平。

2. 促进产业优化升级

深入推动大数据、人工智能、工业互联网等新一代信息技术同战略性新兴产业深度融合，推进产业链数字化，构建产业链上下游和跨行业融合的数字化生态体系。大力引进和培育智能制造领域优势企业，支持企业数字化、网络化、智能化改造，在产业转型中带动软件和信息技术服务、网络和数据安全等信息技术产业发展。加快文化产业数字化升级，促进新一代信息技术在文化创作、生产、传播、消费等环节的应用，推动智慧文旅深度融合发展。引进知识产权、检验检测等公共服务机构，完善数字基础设施，提升产业智能化水平。

3. 补链强链增强韧性

开展产业链供应链补短板、锻长板行动，聚焦重点产业薄弱、关键环节和配套需求，建立集群产业链核心企业库和项目库，因地制宜地引进一批有产品市场、项目前景、技术竞争力的企业，推进产业延链、补链、强链，加快建设上、中、下游密切协作配套的完整产业链，提高产业集聚水平。坚持产业转型升级和创新发展相结合，围绕核心企业高标准构建产业链，健全紧密对接产业链的标准图谱，支持重点企业与国内供应链上下游企业联合技术攻关和生产制造，着力打通研发设计、生产制造、集成服务等产业链条，推动战略性新兴产业由“连续化、大规模和大规格制造”向“高精尖”全链条方向转变。

4. 加大产业招商力度

坚持精准招商，确定条件成熟的目标企业范围，高位推进招商工作，引导企业加快落地。聚焦战略性新兴产业，通过对口援疆对接、龙头企业带动、行业平台招商等方式精准发力，引导东部地区产业向新疆转移，引进一批战略性新兴产业上下游配套项目。编制战略性新兴产业领域招商投资指南，引导各地（州、市）锁定优势行业和目标企业，重点针对带动性强、投资规模大、发展前景好的世界500强、国内500强和行业100强等龙头企业开展招商活动，大力推进央企入疆、民企入疆、外企入疆，以此带动相配套下游产业落户，形成产业集群。

5. 推动项目加快建设

组织实施好项目建设，推进项目建设提质增效，全区各地、各部门全力加强要素保障。坚持“资金、要素跟着项目走”，加强政银企融资对接，统筹用好各类财政资金，积极鼓励引导社会资本投入；优先保障用地、用能、用工、用材，以及市政配套项目建设要素要求，保障投资项目合法合规尽快落地、顺利推进。

6. 梯度培育优质企业

鼓励“链主”企业通过并购、控股、参股等形式，加快产业链关键资源整合，提高主导产业供应链自主可控水平。鼓励企业开展兼并重组、集团化经营、产业链整合等，形成一批具有核心竞争力的链主企业，支持链主企业对产业链、创新链、价值链进行优化整合，提升产业竞争力。鼓励和支持中央企业在新疆设立的子企业或分支机构属地注册。实施“专精特新”培育计划，建立中小科技企业和“专精特新”中小企业库，在更多细分领域成为全球市场、技术等方面领先的单项冠军和“隐形冠军”。促进集群产业链上下游企业开展纵向分工协作，鼓励龙头企业构建线上线下相结合的大中小企业创新协同、产能共享、供应链互通的新型产业生态，促进各集群企业间开展横向联动融通。

7. 塑造良好产业生态

推动产业集群发展与城市功能定位协同匹配，加快形成以产促城、以城兴产、产城融合的发展态势。推进产业集群产城融合发展，促进加快形成创新引领、要素富集、空间集约、宜居宜业的产业生态综合体。加大对战略性新兴产业集群发展的金融、知识产权、土地、人才等政策支持力度，支持建设国家级创新平台或示范区。聚焦新疆经济发展实际和产业发展需求，开展新业态新模式试点示范，建设新型科技创新成果转移、转化、孵化平台，加速新技术示范应用和产业化，构建资源高效利用、产业分工协作、企业共生发展的产业生态体系。

8. 提高品牌质量水平

围绕战略性新兴产业集群质量提升关键节点，创新产业集群质量联动提升工作机制，探索实施质量联动提升行动。加强全面质量管理，大力推广先进质量管理方法，引导企业建立覆盖全员、全过程的质量管理体系。持续推进自治区地理标志产品认证，培育打造一批在国内外市场具有较强竞争力的新疆品牌。实施“新疆品质”区域公共品牌建设工程，采信“新疆品质”区域公共品牌认证结果，推进特色产品生产标准化、产品品质化、销售品牌化；推动实施企业标准“领跑者”制度，鼓励企业制定业内领先的企业标准，对企业标准“领跑者”企业进行奖励。深入开展质量品牌提升行动，推行建立企业首席质量官、首席品牌官制度。支持企业主持和参与制定国际、国家、行业与地方标准，引导社会机构发布、实施满足市场和创新需要的团体标准，以技术进步引导品质提升。

第十一章　新疆旅游产业高质量发展报告

吴　强[①]

摘　要：旅游业是国民经济的战略性支柱产业，《新疆维吾尔自治区文化和旅游发展“十四五”规划纲要》指出要持续推进旅游兴疆战略，把旅游业打造成为新疆经济高质量发展的重要引擎和战略支柱产业。2023 年，新疆旅游业呈现淡季不淡、旺季更旺的趋势。2023 年，新疆接待游客 2.65 亿人次，与 2022 年相比，增长 117%；实现旅游收入 2967.15 亿元，与 2022 年相比，增长 227%。在政府投资、社会投资、文旅融合的带动下，新疆旅游产业实现了高质量发展，增加了就业机会、改善了居民收入，为新疆经济高质量发展注入了强劲动力。推动新疆旅游产业高质量发展，旅游从业人员要了解并合理使用国家政策，充分释放国家政策红利；政府部门要做好政策选择，积极应对实现旅游高质量发展过程中存在的诸多挑战，从供给侧、消费端“一侧一端”搭载“一带一路”倡议，共谋新疆旅游高质量发展，为全方位、多层次推进新疆旅游高质量发展，实现中国式现代化再上新台阶助力。

关键词：新疆旅游产业；文旅融合；高质量发展；政策选择

在党的二十大报告中，习近平总书记再次明确提出坚持以文塑旅、以旅彰文，推进文化和旅游深度融合发展的要求，为文旅产业未来的发展指明了方向。旅游作为载体，要承担起物质文明和精神文明相协调的责任。旅游业是国民经济的战略性支柱产业，《“十四五”旅游业发展规划》提出建设“旅游强国”。2020 年以来，统筹疫情防控和经济发展，国内旅游产业经历了从缓慢发展到强劲复苏的变化，各地旅游产业纷纷推进高质量发展进程。《新疆维吾尔自治区文化和旅游发展“十四五”规划纲要》指出，要持续推进“旅游

① 吴强，新疆社会科学院经济研究所副研究员。研究领域：区域经济和产业经济。

兴疆”战略，把旅游业打造成为新疆经济高质量发展的重要引擎和战略性支柱产业，把新疆建设成为世界级旅游目的地，扩大新疆文化和旅游对外影响力，把文化产业和旅游业培育成为“富民兴疆”的重要产业，实现文化和旅游高质量发展。2022 年和 2023 年，习近平总书记连续两次考察新疆时强调，要加强文物和文化遗产保护利用；加大新疆旅游开放力度，鼓励国内外游客到新疆旅游。习近平总书记为新疆旅游产业高质量发展指明了方向，深入实施“旅游兴疆”战略，加强旅游宣传推广，推进旅游为民，发挥旅游促进各民族交往、交流、交融的作用，是在中国式现代化进程中更好建设团结和谐、繁荣富裕、文明进步、安居乐业、生态良好的美丽新疆的重要一步。

一、政策环境：多措并举加速旅游业恢复、实现高质量发展

（一）国家政策

旅游业作为国民经济的战略性支柱产业，中央高度重视其发展。自 2019 年新冠疫情暴发以来，全球旅游业受到了前所未有的打击。中国作为全球最大的旅游市场之一，其旅游业也遭到了重大影响。2022 年 8 月，国务院印发《“十四五”旅游业发展规划》，顺应我国将全面进入大众旅游时代的机遇。该规划是我国旅游业受新冠疫情影响处于低谷时出台的，反映了新冠疫情对旅游业影响的临时性，彰显了中央对旅游业长期向好发展的信心。从坚持创新驱动发展、优化旅游空间布局、构建科学保护利用体系、完善旅游产品供给体系、拓展大众旅游消费体系等角度推动旅游业未来发展。2023 年以来，新冠病毒致病力减弱及我国调整优化疫情防控政策，对提振消费者旅游信心发挥了重要作用。中央及时出台一系列政策，以加速中国旅游业的恢复并实现高质量发展。这些政策包括提高优质旅游产品和服务供给、激发旅游消费需求、加强入境旅游工作、提升行业综合能力等措施。

为了恢复和振兴旅游业，2023 年初，文旅部办公厅印发《关于落实新型冠状病毒感染“乙类乙管”做好文化和旅游行业疫情防控工作的通知》，要求各地文化和旅游行政部门要结合当地实际，制定实施“乙类乙管”后行业疫情防控措施和疫情严重时的防控措施，确保各项疫情防控要求落实到位，保障文化和旅游活动正常开展，人员有序流动。2023 年 4 月 28 日，中央政治局会议强调，要改善消费环境，促进文化旅游等服务消费。2023 年 7 月，国务院办公厅转发《关于恢复和扩大消费的措施》，关于丰富文旅消费，提出了促进假日消费、加强区域旅游品牌和服务整合、健全旅游基础设施、推动夜间

文旅消费规范创新发展、开设新型文旅消费集聚区等举措。7月底，国务院领导同志主持召开推动旅游业高质量发展专家座谈会，进一步对促进旅游业加快恢复发展工作作出明确部署。发展旅游业已经成为推动经济高质量发展的重要着力点。

（二）自治区政策

2018年召开的自治区旅游发展大会明确提出“旅游兴疆”战略，旅游业日益成为新疆战略支柱产业和经济高质量发展重要引擎。2020年，第三次中央新疆工作座谈会提出“富民兴疆”，中央明确要求编制《旅游兴疆规划（2021—2030年）》。旅游业在经济社会发展中的引领作用不断凸显，成为新疆促就业、惠民生的重要产业。为实施“旅游兴疆”战略，优化旅游发展环境，促进旅游业高质量发展，2022年5月27日，自治区建立健全旅游富民产业体系，公布实施了《新疆维吾尔自治区旅游促进条例》，出台了《新疆维吾尔自治区乡村旅游促进办法》《新疆维吾尔自治区乡村旅游扶贫实施意见》等政策文件。同时，在2022年成立了自治区旅游产业发展领导小组，自治区文化和旅游厅挂牌成立，地、县两级文化和旅游机构改革全面完成。修订和落实了《自治区文化产业发展专项规划（2016—2020年）》，印发了《关于进一步激发文化和旅游消费潜力的实施意见》。2023年一季度以来，自治区文化和旅游厅围绕“首季开门红，促半年，保全年”工作思路，实施和推进文旅融合提升工程、旅游精品创建工程、产业发展提档工程、业态产品培育工程、市场管理提质工程、宣传营销提效工程六大工程。新疆旅游经济稳中向好，发展活力显著增强。6月13日，2023年自治区旅游发展大会暨“新疆是个好地方”旅游推介会在喀什举行，马兴瑞书记强调要推动新疆由旅游资源大区向旅游经济强区转变。为促进行业持续健康发展，改善旅游服务，6月21日，自治区旅游产业发展领导小组办公室下发《“同心护旅”专项行动方案》。方案要求，从吃、住、行、游、购、娱6个方面开展市场监督检查和整治，治理扰乱旅游市场的违法违规行为。9月26日，自治区旅游产业发展领导小组全体会议召开，指出2023年新疆文旅市场呈现“稳步恢复、加速回暖”的发展态势，旅游业进入蓬勃发展的“快车道”；强调要丰富文旅产品供给，在出奇、出新、出彩上下功夫，将夜间经济、演出经济和体育赛事相结合，打造旅游消费新热点。

二、2023 年新疆旅游发展形势分析

（一）市场变化：新冠疫情后加速恢复，呈现淡季不淡、旺季更旺的趋势

1. 旅游规模：1—8 月接待游客总量超过 1.8 亿人次

“十三五”期间，新疆旅游业快速发展，旅游市场逐步壮大。2016—2019 年，新疆游客接待量年平均增长 38.08%，环比增长分别为 32.89%、32.38%、40.09%和 41.96%。2017 年，新疆接待游客首次突破 1 亿人次，2019 年突破 2 亿人次，据新疆大学和新疆社会科学界联合会测算，2019 年，新疆旅游增加值对 GDP 的贡献率达到 13.95%。2020 年，新疆克服新冠疫情的不利影响，累计接待游客 1.58 亿人次。随着“旅游兴疆”战略的深入实施，旅游市场开放力度的持续加大，新疆旅游市场的规模和潜力进一步扩大。根据新疆文化和旅游厅统计数据，2023 年，新疆接待游客总量超过 2.65 亿人次，与 2022 年相比，增长 117%。

图 11-1 为 2023 年 1—8 月新疆游客接待量及同比变化情况。如图 11-1 所示，2023 年 1—8 月，新疆游客接待量最多的月份为 8 月，为 4013.12 万人次，最少的月份为 2 月，为 1048.49 万人次。整体来看，2023 年游客接待量呈现逐月递增的态势，且从 4 月开始，增长幅度明显上升，尤其是 7 月暑假期间，游客接待量较 6 月增加 34.66%。同比来看，2023 年 1—8 月，新疆游客接待量均较 2022 年有所增加，2 月同比变化最小，为 2.85%，8 月同比变化最大，为 400.10%，这主要是受 2022 年新冠疫情的影响，8 月旅游业发展暂时停滞。除此之外，可以发现，7 月、8 月新疆处于旅游旺季时全疆游客接待量分别为 3987.28 万人次、4013.12 万人次，说明在当前新疆旅游业发展现状下，新疆旺季旅游业接待人数在每月 4000 万人次左右。

图 11-2 为 2023 年 1—8 月新疆游客人均消费情况。从图 11-2 中可以看出，2023 年 1—8 月，游客人均消费变化趋势与游客接待量变化趋势基本一致，整体呈现逐月递增的态势，8 月达到最大值，为 1219.75 元。这说明在新疆旅游旺季，游客更愿意消费，反映了旅游活动对消费的有效刺激。但整体来看，游客人均消费的月份平均值为 957.63 元，不足 1000 元/人，说明新疆整体旅游业消费水平与国内其他省份相比仍存在一定的差距。新疆应该依托各地旅游资源禀赋，打造核心吸引物，培育旅游增长极，满足多层次旅游需

求，让游客来新疆旅游的次数更多，在疆停留时间更长，为旅游产品支付的意愿更强。

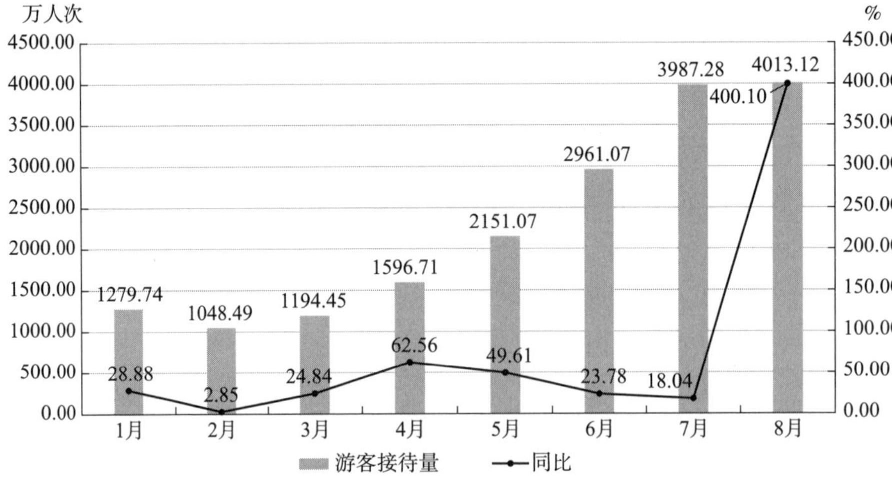

图 11-1　2023 年 1—8 月新疆游客接待量及同比变化情况

数据来源：新疆维吾尔自治区文化和旅游厅。

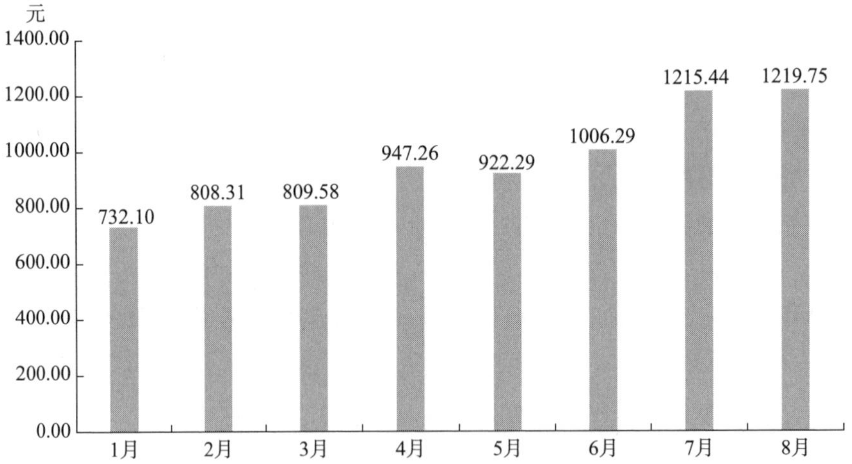

图 11-2　2023 年 1—8 月新疆游客人均消费情况

数据来源：新疆维吾尔自治区文化和旅游厅。

2. 旅游收入：1—8 月旅游总收入达 1896. 88 亿元

2023 年，新疆充分释放旅游业"一业兴、百业旺"的综合带动效应，发挥了新疆经济重要支柱产业的引擎作用。一季度新疆旅游市场加速回暖，全疆接待游客 3522. 68 万人次，同比增长 18. 64%；实现旅游收入 275. 14 亿元，同比增长 36. 05%。根据新疆文化和旅游厅统计数据，2023 年 1—8 月，新疆旅游总收入达 1896. 88 亿元，与 2022 年相比，增加 11. 42%，有力地促进了新疆经济增长、增加了就业机会、改善了居民收入。

图 11-3 为 2023 年 1—8 月新疆旅游收入及同比变化情况。如图 11-3 所示，2023 年 1—8 月新疆旅游收入整体呈现逐月增长的态势，2 月有所下降，但是之后开始回升，并在 7—8 月旅游旺季实现了约 1000 亿元的收入，假日旅游经济成为推动旅游经济增长的重要引擎。同比来看，2023 年 1—8 月，新疆旅游收入均比上年有所增加，2 月同比变化最小，为 10. 55%，8 月同比变化最大，为 634. 98%。还可以发现，7 月、8 月新疆处于旅游旺季时全疆旅游收入分别为 484. 63 亿元、489. 50 亿元，说明在当前新疆旅游业发展现状下，新疆旺季旅游业收入约为 500 亿元/月。新疆旅游收入大幅增长源于新疆旅游热度居全国前列，疆外游客增长明显，自驾游、避暑游、探险游等备受青睐。同时节假日旅游火爆，2023 年“五一”、端午节、古尔邦节等假期，自治区实现旅游收入分别为 60. 34 亿元、45. 74 亿元、91. 93 亿元，同比分别增长 192. 18%、151. 86%、33. 60%。

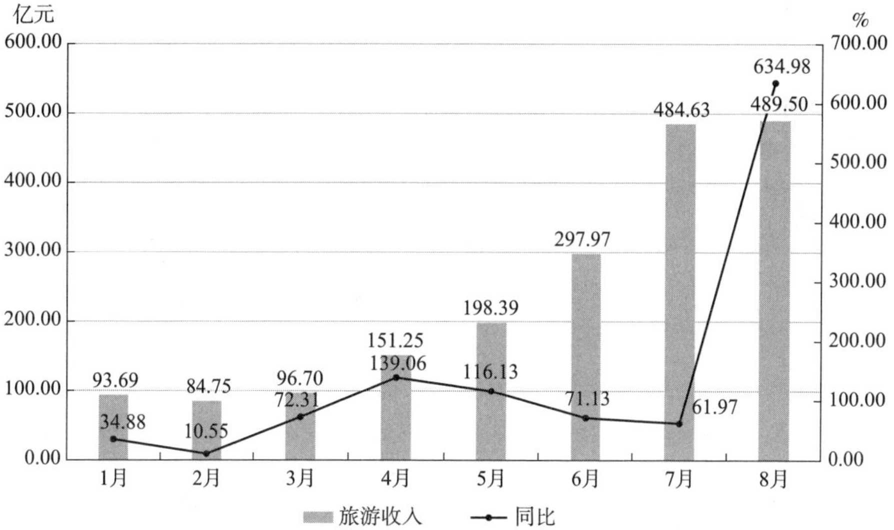

图 11-3　2023 年 1—8 月新疆旅游收入及同比变化情况

数据来源：新疆维吾尔自治区文化和旅游厅。

3. 消费结构：交通、购物和餐饮为游客消费的重要组成部分

新疆游客的消费结构较为多样化，主要包括交通、住宿、餐饮、购物、景点门票、导游服务等方面。其中，交通、购物和餐饮是游客消费的重要组成部分。住宿、景点门票和导游服务的消费在整体消费结构中占比较小。图11-4为2023年1—8月新疆旅游市场游客消费比重构成，可以发现，首先是交通消费，占游客全部消费的35%~40%；其次是购物消费，约占游客全部消费的20%；最后是餐饮消费，约占游客全部消费的15%。从总体趋势来看，6类消费比重逐月变化趋势不明显，整体呈现稳定趋势。

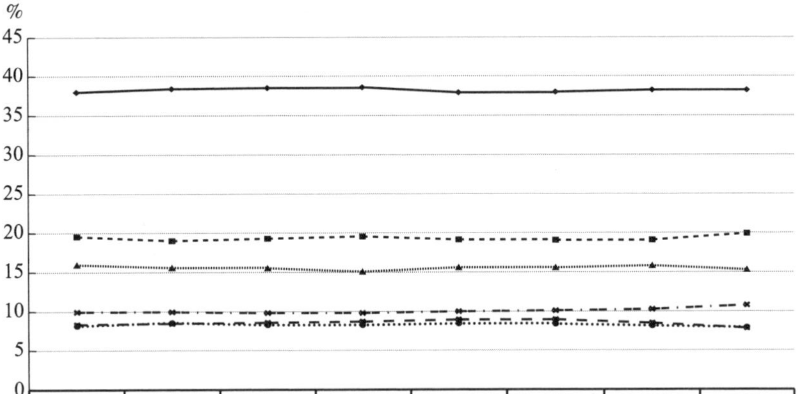

	1月	2月	3月	4月	5月	6月	7月	8月
交通	37.99	38.40	38.51	38.59	37.91	37.97	38.22	38.21
购物	19.55	19.01	19.29	19.55	19.13	19.06	19.08	19.91
餐饮	15.96	15.58	15.52	15.07	15.59	15.56	15.80	15.29
娱乐	9.96	9.95	9.82	9.81	9.99	10.08	10.26	10.78
游览	8.36	8.48	8.58	8.71	8.94	8.95	8.49	7.86
住宿	8.18	8.58	8.28	8.27	8.44	8.38	8.15	7.95

图11-4　2023年1—8月新疆旅游市场游客消费比重构成

数据来源：新疆维吾尔自治区文化和旅游厅。

同时贯穿整个消费结构的旅游是新疆旅游业高质量发展的又一大特色，随着“旅游兴疆”战略的深入推进，喀什地区有效串联“吃住行游购娱”的全产业链，推动旅游消费升级，成为新疆旅游业的一大亮点。2023年前8个月，喀什地区共接待游客2622.64万人次，同比增长83.86%；实现旅游收入217.22亿元，同比增长97.09%，“不到喀什，不算到新疆”的金字招牌越擦越亮。

（二）旅游核心产业发展基本情况

1. 旅游景区

新疆风土人情在旅游行业中具有很大的优势，景点种类繁多，旅游业态丰富，打造了一批国内一流和世界级精品旅游景区。截至 2023 年 9 月 1 日，新疆 A 级景区发展到 596 家，新创建国家 5A 级旅游景区 4 家，国家 5A 级旅游景区总数达 13 家（不含兵团），数量居西部地区首位。国家 4A 级旅游景区总数达 108 家。那拉提景区成功创建新疆首个国家级旅游度假区。成功创建 5 个国家全域旅游示范区（昭苏县、博湖县、特克斯县、布尔津县、温泉县），数量居西部地区第一位。除此之外，新疆有国家级旅游度假区 1 家，国家级旅游休闲街 4 家、国家级生态旅游示范区 2 个、国家级滑雪旅游度假地 3 个。那拉提和巴尔鲁克景区成功创建国家生态旅游示范区。培育了温泉县和乌鲁木齐南山等高品质休闲度假目的地。建设了温泉县克鲁格、新源县欣驿、乌尔禾等一批高端自驾营地。

图 11-5 为 2023 年 1—8 月新疆热门景点旅游接待情况，可以看出，喀什古城景区、赛里木湖风景名胜区和喀纳斯景区位居新疆旅游热门景点前三。为丰富喀什古城旅游业态、拓展喀什古城旅游深度，景区着力打造集民宿、餐饮、文创、购物等于一体的休闲街区，有效串联“吃住行游购娱”全产业链，使古城旅游业态迎来了新突破。同时喀什不断推进旅游业与其他产业深度融合，充分发挥“旅游+”综合带动效应，丰富产品内容，从供给数量、质量、结构、空间上实现了产品提升，推动了区域资源有机整合、产业深度融合、全社会共同参与，构建了丰富完整、品质优越、结构合理的旅游产品体系。

2. 旅行社

旅游业的快速发展有力地带动了旅行社数量的增长。根据新疆维吾尔自治区文化和旅游厅公布的数据，目前全疆（含兵团）共有旅行社千余家。在 3 月 14 日举行的 2023 年新疆旅行社与旅游客运企业签约大会上，有来自全疆各地的 70 多家旅游客运企业、汽车租赁企业、涉旅企业和 300 多家旅行社现场洽谈签约，相比前几届，参会企业、旅行社数量大幅增长，均创历届最高。《新疆维吾尔自治区文化和旅游发展“十四五”规划纲要》指出，要开展西北五省区文化和旅游合作，拓展合作领域，建立旅游城市、旅游景区、旅行社、酒店等各类联盟，不断增强新疆文化和旅游的区域参与度和影响力。

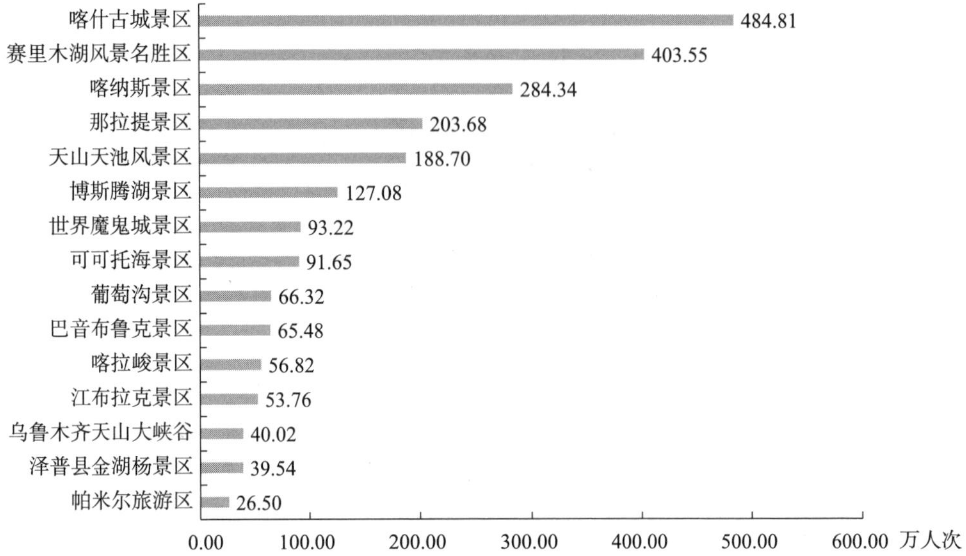

图 11-5　2023 年 1—8 月新疆热门景点旅游接待情况

数据来源：新疆维吾尔自治区文化和旅游厅。

3. 星级酒店

新疆的主要城市和旅游景点设有各类酒店与宾馆，包括国际品牌酒店和当地特色客栈，提供多样化的住宿选择。中国旅游饭店业协会相关数据显示，截至 2022 年 5 月 31 日，新疆共有 384 家星级（包括两星、三星、四星、五星）酒店。其中，五星级酒店 13 家，四星级酒店 59 家。新疆的农村地区也逐渐发展起了民宿和农家乐，提供独特的住宿体验和当地特色风味餐饮。目前，新疆农家乐已有近万家，其中，星级农家乐 2000 家，特色民宿更如雨后春笋般涌现，出现了一大批全国乡村旅游重点乡镇、重点村，全国休闲农业和乡村旅游示范点等。据测算，新疆旅游直接从业人员超过 30 万人，带动间接就业约 150 万人，其中新增旅游直接就业约 5.41 万人。

《新疆维吾尔自治区文化和旅游发展“十四五”规划纲要》提出，要推进住宿提档升级，丰富住宿类型，逐步构建满足游客多元需求的接待住宿体系。重点发展养生度假酒店、主题酒店、生态庄园酒店、帐篷酒店、房车/自驾车营地、汽车旅馆等住宿业态。实施民宿提质升级工程，依据《旅游民宿基本要求与评价》（LB/T 065—2019）开展星级民宿评级挂牌，促进民宿服务质量提升和管理规范化；整合盘活特色民居、城市公寓等存量资源，开发多种类型、不同档次的精品民宿，打造民宿产业聚集区。到2025年，力争各地（州、市）至少具备五星级酒店1家，四星级酒店3~5家，星级民宿5~8家，新业态住宿设施8~10家。

（三）政府投资助力旅游产业高质量发展

“十三五”期间，新疆成功创建6个国家文化产业示范基地和112个自治区级文化产业示范基地。新疆文化和旅游投资集团及各地文化和旅游投资集团相继成立，一批国内外著名文化和旅游品牌进驻新疆。同时实施旅游基础设施和公共服务设施建设项目141个，建设了一批乡村旅游富民工程和红色旅游重点项目，重点旅游目的地基础设施和公共服务体系不断完善，旅游目的地生态环境不断改善，具有较强吸引力的精品景区不断增加，旅游产业发展质量和效益明显提升。除此之外，新疆持续推广景区经营权、管理权、所有权“三权分置”模式，推动以经营权为核心的股份制重组、股份合作改革，实施经营权竞争出让和协议出让相结合，引导社会资本加大文化产业和旅游业投资力度。

（四）文旅融合激发消费活力，增强产业竞争力

首先，文化和旅游基础设施逐步完善。“十三五”期间，新疆累计落实中央和自治区预算内投资22.35亿元、地方政府专项债券48.16亿元，支持乌鲁木齐市京剧院、喀什古城、新疆大剧院等591个文化和旅游基础设施项目建设，带动社会资本投入近70亿元，解决了“三难一不畅”问题，补齐了旅游基础设施短板，有效地解决了旅游交通“最后一公里”问题，为文旅融合发展奠定了基础。其次，文旅融合新业态激发消费活力。持续挖掘景区文化内涵，红色文化、历史文化、民俗文化、工业文化、节庆文化、影视文化、文化艺术作品、非遗等与旅游融合的新业态不断涌现，文化和旅游消费市场加快转型升级。国家级和自治区级红色旅游经典景区增至20家，95个国家级和自治区级文物保护单位对外开放，成为重要的爱国主义教育基地和旅游景点。最后，文化产业和旅游产业竞争力不断增强。乌鲁木齐市被列为第一批国家文化消费试点城市。

三、新疆旅游发展趋势展望

当前新疆正处于旅游发展黄金期，要深入实施“旅游兴疆”战略，持续加大旅游开放力度，全力推动旅游业实现新突破、取得新成效，不断擦亮

“新疆是个好地方”的亮丽名片，打造世界重要的旅游目的地。

（一）高质量发展成为新疆旅游发展的重要方向

高质量发展是我国国民经济和社会发展的总体要求，也是未来一段时期旅游业发展的根本要求。全面推动旅游业高质量发展，需要不断优化旅游供给结构及消费结构，培育壮大旅游市场主体，提高企业综合效益，提升旅游业对 GDP 的贡献率；需要加快旅游业科技赋能和科技创新，提升旅游服务品质，创建旅游现代治理体系，建设新型文旅融合复合型人才队伍，用新疆旅游高质量发展推动实现中国式现代化建设。

（二）旅游市场全面复苏，为新疆旅游业高质量发展提供了澎湃动力

从全球来看，2022 年全球旅游总人次达到 95.7 亿人次，全球旅游总收入达到 4.6 万亿美元，分别恢复至 2019 年的 66.1%和 79.6%，旅游业呈现持续复苏和繁荣发展的势头①。从国内来看，随着 2022 年末我国疫情防控政策优化，国内旅游需求迅速释放，2023 年，国内旅游业营业收入迅速上涨。2023 年一季度，国内旅游业营业收入为 1.3 亿元，较 2022 年同期增长了 69.5%。国内旅游市场呈现“国民旅游消费能力增强，国内旅游业接待能力也持续提升；国内旅游需求加速释放，城镇居民的旅游需求增速较快”的特点。2023 年 3 月 15 日，随着我国出入境政策的调整，国内入境旅游热度迅速上涨。2023 年一季度，我国旅行社接待入境游客 5.2 万人，高于 2022 年全年入境接待人次。自 7 月 1 日起，新疆 5A 级景区日接待游客突破 11 万人次，新疆的机票、酒店、景区等旅游产品预订量暴增。阿勒泰地区喀纳斯景区、伊犁哈萨克自治州那拉提景区、昌吉回族自治州天山天池风景区、博尔塔拉蒙古自治州赛里木湖风景名胜、新疆生产建设兵团三五九旅屯垦纪念馆获“国家级文明旅游示范单位”授牌。国际国内双市场的全面复苏，为新疆旅游高质量发展提供了澎湃动力。

四、新疆旅游高质量发展存在的问题

（一）核心景区时空跨度较大，旅长游短矛盾存在

新疆土地面积 166 万平方公里，约为全国陆地总面积的 1/6，相当于北

① 《新疆维吾尔自治区文化和旅游发展“十四五”规划纲要》。

京、天津、河北、山西、陕西、山东、河南、安徽、江苏、浙江、上海、湖北、湖南 13 省（市）的面积之和。东西纵深相当于从北京到广州的距离，飞机从北疆阿勒泰至南疆和田需要近 4 小时的航程。新疆除大海之外，还有高山、河谷、森林、花海、草原、峡谷、沙漠、湖泊、人文、历史、民俗风情等 56 种旅游资源类型，占全国旅游资源类型的 83%。全疆共有景点 1100 余处，居全国之首，又被称为歌舞之乡、瓜果之乡、黄金玉石之乡。新疆以它独有的魅力，吸引着无数的游客。但是，由于新疆地域辽阔，核心景区之间的距离动辄几百上千公里，游客大部分时间和精力花在路上，无法感受到旅游的乐趣，旅长游短的问题存在。

（二）旅游资源原生潜力未有效释放，文旅市场整体偏弱且尚未成熟

新疆文化旅游发展水平与丰富的资源还不相称。首先，囿于资金投入不足，旅游资源潜力无法得到有效的开发释放。新疆 A 级景区近 600 家，除几家头部的 5A 级景区在资金投入、基础设施和公共服务体系建设方面相对完善外，其余大部分存在投入不足、建设相对滞后的问题，文化旅游消费的便利度、舒适度、体验感都有待进一步提升。此外，新疆高端、特色、品质化旅游产品还很欠缺，旅游资源的整体开发力度、竞争力亟待提高。其次，新疆文旅融合度较低，文旅企业整体实力较弱，产品总量不足与品质不优并存，新产品新业态不够丰富，缺少具有较强市场竞争力的大企业、大集团。文化产业主要经济指标排位较为落后，支柱业态和支柱企业偏少，文旅融合程度不高，文化产业市场竞争力整体偏弱。新疆文化旅游产业人才队伍还存在存量偏少、增量不足、精英匮乏、结构断层、供不应求等突出问题，已经成为文化旅游产业发展的主要“瓶颈”之一。与文化旅游业发展相适应的人才市场尚未成熟，文化企业、旅行社、酒店、景区等企业创意人才匮乏。

（三）文旅消费市场参差不齐，服务环境隐患亟待改善

旅游业作为一个重要的经济领域，需要依法规范经营行为、加强监管，确保旅游市场秩序良好、旅游服务质量优秀，避免出现乱象和不良影响。2023 年旅游旺季，新疆还存在一些影响消费服务环境的隐患：游资承包热门景区附近的酒店，造成网上一房难求，但实际空房很多，价格高企；旅游大巴借机压车抬价，人为造成旅游旺季需从周边省区协调解决运力问题；个别景区天价饭菜、天价客房冲上热搜；等等。

五、新疆旅游高质量发展对策建议

（一）供给侧关注点：加强优质旅游产品和服务供给

在供给侧，推进文化和旅游深度融合发展。引导戏剧节、音乐节、艺术节、动漫节、演唱会、艺术展览、文旅展会等业态健康发展，丰富“音乐+旅游”“演出+旅游”“展览+旅游”“赛事+旅游”等业态。加快实施美好生活度假休闲工程，开展文旅产业赋能城市更新行动，打造一批文化特色鲜明的国家级旅游休闲城市和街区，从而推动旅游度假区高质量发展。以实施体育旅游精品示范工程为契机，推动体育赛事和旅游活动一体谋划、一体开展，结合重大、特色赛事，发展冰雪经济，推动冰雪运动、冰雪装备、冰雪旅游全产业链发展，加强疆内滑雪旅游度假地建设。把开展乡村旅游提质增效行动与开展旅游产业赋能乡村振兴试点相结合，推动提升乡村旅游运营水平。建设一批富有地域文化特色的乡村旅游重点村镇，推动实施旅游民宿国家标准，打造“乡村四时好风光”线路产品。将发展生态旅游产品作为可持续发展的出发点，在严格保护的基础上，依法依规合理利用自然生态资源，积极开发森林康养、生态观光、自然教育等生态旅游产品。加大旅游基础设施投入，支持疆内各地根据旅游业发展需求，合理规划、有序建设旅游咨询中心、旅游集散中心、旅游厕所、旅游风景道、旅游交通标识标牌、智慧旅游公共服务平台等旅游公共设施。从供给侧提供更为丰富的旅游产品和优质的服务供给。

（二）消费端关注点：激发旅游消费需求

在消费端，改善旅游消费环境，支持文化体育场所增强旅游休闲功能，合理设置旅游咨询区、餐饮区、文创产品销售区等旅游接待设施。推动利用数字技术改造提升传统旅游消费场所，打造智慧旅游、沉浸式体验新空间。通过完善消费惠民政策，开展文化和旅游消费促进活动，鼓励各地围绕节假日、寒暑假期等时间节点，联动文化和旅游企业、金融机构、电商平台、新媒体平台等举办形式多样的消费促进活动。同时，调整优化景区管理，完善景区预约措施，简化预约程序，尽可能地减少采集游客个人信息，科学设置线上、线下购票预约渠道，最大限度地满足游客参观游览需求。完善旅游交通服务。提高旅游目的地的通达性，构建“快进”交通网络，加快干线公路与景区公路连接线及相邻区域景区间的公路建设。结合有序发展夜间经济，引导夜间文化和旅游消费集聚区规范创新发展。完善夜间照明、停车场、公共交通、餐饮购物等配套服务设施。促进区域合作联动。紧密围绕区域旅游兴疆战略及重点旅游城市群等，实施域内一体化文化和旅游消费惠民措施和便利服务，举办区域性消费促进活动。推进南北疆跨区域旅游协作，激发旅游消费需求，从消费端探索实现新疆旅游高质量发展的路径。

（三）供需两端共同发力

1. 提升行业综合能力

以支持旅游企业发展为基点，适当放宽旅行社补足旅游服务质量保证金期限，旅行社可申请全额暂退或暂缓交纳旅游服务质量保证金。同时加强导游队伍建设与导游职业资格准入管理，严格规范导游执业行为，净化导游执业环境，依法保障导游劳动报酬，提升旅游服务质量。通过完善旅游服务质量评价体系，开展监测评估和品牌建设，健全有关标准。建立完善以信用监管为基础的新型监管机制，依法认定失信主体并实施信用惩戒。依法规范旅游市场秩序，加强旅游市场执法，深入开展旅游市场整治。建立健全跨部门旅游市场举报投诉和执法协作机制，加强数据信息共享和线索移交，坚决维护游客合法权益，从行业层面上整体提高行业综合能力。

2. 保障措施

以健全旅游工作协调机制为出发点，及时开展工作调度和研究会商，加强跨部门统筹协调和综合监管，推动解决新疆旅游业发展中的重点、难点、堵点问题。强化政策保障，用好各有关渠道财政资金，加强政策协调配合。通过自治区预算内投资等既有专项资金渠道，支持旅游基础设施建设。通过旅游发展基金、中央支持地方公共文化服务体系建设补助等渠道，支持地方提升旅游公共服务水平。及时拓宽融资渠道，引导金融机构结合自身业务和旅游企业生产经营特点，加强信贷管理，丰富信贷产品，支持旅游设施建设运营。不断加强用地、人才保障，进一步优化旅游产业用地政策，依法依规保障旅游项目合理用地需求。做好旅游安全监管，联合开展行业安全检查，督促经营主体落实安全生产、消防安全、特种设备安全、食品安全主体责任，抓好重点场所单位、重要时间时段的安全管理，强化事故灾害防范应对措施，进一步提高旅游突发事件应急处置能力，为旅客切身安全保驾护航。

（四）共谋“一带一路”旅游发展

新疆充分发挥“五口通八国、一路连欧亚”区位优势，积极打造亚欧黄金通道和向西开放的桥头堡，着眼“一带一路”，对标国家战略，积极推进对外和对港澳台工作。聚焦高质量共建“一带一路”，服务国家发展战略全局和总体外交大局，坚持“请进来”与“走出去”相结合，成功举办系列文化旅游交流活动，对深化国际人文交流合作，推动中华文化更好地走向世界发挥了积极作用。通过实施入境旅游促进计划，优化入境旅游产品和线路，推出更多广受入境游客欢迎的旅游产品和服务。加强海外市场宣传推广和精准营销，持续开展“你好！中国”国家旅游形象系列推广活动。再者，优化签证和通关政策，充分发挥口岸签证、过境免签及区域性入境免签等政策对旅游业发展的积极作用，加大政策推介力度。为自驾车旅游及其他涉及出入境的旅游活动提供通关保障。增加国际航班。增加与入境旅游主要客源国、周边国家的航线，加密航班频次，提高航空出行便利性。完善入境旅游服务。加强导游，以及景区、酒店等服务人员外语培训，完善景区、机场、车站、酒店、购物商店等场所的多语种标识及导览设施。提高入境游客使用境外银行卡及各类电子支付方式便捷程度，以及外币兑换便利性。发挥旅游贸易载体作用。支持国内文化和旅游企业、机构参加各类国际文化和旅游展会。鼓励举办市场化旅游展会，吸引外国文化和旅游企业来疆参展、参会。高质量建设一批对外文化贸易基地，为外国文化和旅游企业来疆投资合作提供服务保障。

参考文献

[1] 王宏丽．新疆旅游发展形势分析与趋势展望［J］．克拉玛依学刊，2024（6）：2，32-37.

第十二章　新疆文化产业高质量发展报告

丁守庆　王宏丽　周　丽　如山古丽·吾斯曼[①]

摘　要：文化产业是经济高质量发展的新引擎。新疆文化产业稳步发展，促进发展政策和举措全面多元。但文化产业发展定位不清晰、企业发展实力偏弱、文化产业消费能力较低、资金技术缺乏明显、政府主导作用有待加强。建议推动文化产业向优势产业、支柱产业发展，构建文化产业高质量发展格局，培育壮大数字文化产业，并在坚持系统观念研究谋划文化产业、落实文化产业高质量发展政策、激发企业活力推进高质量发展、升级产业园区构筑高质量发展平台、扩大消费增强高质量发展拉动力量、培养人才提供高质量发展智力支撑等方面持续用力。

关键词：文化产业；高质量发展；文化强区

文化是一个国家、一个民族的精神和灵魂，是一个国家或地区发展的深层动力，是综合国力的重要标志，也是一种生产力。文化产业具有成长性强、关联度高、产业链长、附加值高、环境代价低的特点，是当今时代的世界性朝阳产业、“低碳”产业，对一个国家经济结构的优化具有极强的引导性。2023 年 6 月，习近平总书记在文化传承发展座谈会上深刻阐明新时代新的文化使命：“在新的起点上继续推动文化繁荣、建设文化强国、建设中华民族现代文明，是我们在新时代新的文化使命。”

---

① 丁守庆，新疆社会科学院党委书记、副院长，教授，博士生导师。研究领域：马克思主义理论、政治学理论、管理学理论。王宏丽，新疆社会科学院经济研究所所长、研究员。研究方向：区域经济学。周丽，新疆社会科学院哲学研究所副所长、研究员。研究方向：社会主义文化建设。如山古丽·吾斯曼，新疆社会科学院农村发展研究所助理研究员。研究方向：区域经济学。

一、文化产业是经济高质量发展的新引擎

文化产业是经济高质量发展的新动能和新引擎。文化产业以“文化创意”为核心高速发展和不断繁荣，形成新型经济发展与增长形态，彰显社会生产力发展中的一种强劲动力和新的形态，这就是文化生产力。当实现经济高质量发展成为新时代经济社会发展的必然要求时，文化生产力推动文化产业成为经济高质量发展的新动能和新引擎便是必然选择，文化生产力亦成为体现经济发展实力的重要标志。文化生产力因具备先进思想与创意、高素质人才支撑、创新理念与技术、产业融合发展度高、产品附加值高等优势特征，故而可以表现出作用巨大的产业带动能力。文化产业对 GDP 的贡献越大，经济结构和产业结构优化程度就越高，单纯地依靠第二产业拉动经济发展的局面就会向第一、第二、第三产业协同发展转变，成为经济结构调整的重要标志。因此，文化产业也常常被视作社会凝聚力和创造力的重要源泉、国家核心竞争力的重要体现及经济社会发展的重要支撑。同时，文化产业具有满足文化消费需求、拉动居民消费、利于促进新业态发展、带动创业、扩大就业等功能，成为经济高质量发展的新动能和新引擎。

文化产业担负面向 2035 年建成文化强国的新使命。国务院常务会议于 2009 年审议通过我国第一部文化产业专项规划——《文化产业振兴规划》，标志着文化产业上升为国家的战略性产业。党的十八大以来，以习近平同志为核心的党中央提出坚持中国特色社会主义文化发展道路，把文化建设摆在治国理政的突出位置。2022 年 8 月，中共中央办公厅、国务院办公厅印发《“十四五”文化发展规划》，明确指出进入新发展阶段，加强文化建设不仅是新时代中国特色社会主义事业总体布局和战略布局的重要内容，也是推动经济高质量发展的重要支点，“必须进一步发展壮大文化产业，强化文化赋能，充分发挥文化在激活发展动能、提升发展品质、促进经济结构优化升级中的作用”。至此，文化产业从“十二五”时期的总量规模提升时期发展至“十三五”时期的优化文化产业结构布局，在“十四五”时期，文化产业向健全文化产业体系和市场体系、优化文化产业结构布局、提升文化供给质量、持续扩大文化产业规模方向发展。党的二十大报告提出“推进文化自信自强，铸就社会主义文化新辉煌”，对“繁荣发展文化事业和文化产业”作出重要战略部署。

文化产业在高质量发展实践上印证了新引擎的巨大能力和带动作用。实

践证明，发展文化产业是我国为推进新型工业化，调整产业和产品结构，培育新的经济增长点，转变经济发展方式而作出的重大战略选择。中国文化产业虽然起步晚，但发展快、势头好，已成为涵养税源、促进就业、扩大内需的一支生力军。2022 年，我国人均 GDP 达到 12741 美元，中等收入群体已超过 4 亿人，与之相伴的是人民群众更加旺盛的精神文化需求，坚持高质量发展导向、扩大优质文化供给更是发展空间巨大。在一系列重大政策和重大举措的推动下，中国文化产业发展成效显著，呈现显著特征：从强调"支柱性"向注重"高质量"转型，由"文化科技"向"数字化智能化"转变，由"产业融合"向"深度融合"发展，从鼓励"居民消费"向释放"社会消费潜力"延伸，由产品"走出去"向中华文化"走出去"迈进。科技赋能、数字驱动，以国家文化大数据体系建设为抓手，成为加快文化产业数字化布局、推动文化产业发展新模式的巨大动能。同时，文化产业赋能发展成为新的发展动力和发展方向。文化产业赋能乡村振兴试点工作启动，"文化产业园区携行计划"开始实施，国家级夜间文化和旅游消费集聚区名单不断公布，"百城百区"文化和旅游消费助企惠民行动计划深受欢迎……一系列文化产业赋能发展、协同发展成效显著，2022 年，全国规模以上文化及相关产业企业实现营业收入 121805 亿元，比 2021 年增长 0. 9%。其中，文化新业态特征较为明显的 16 个行业小类实现营业收入 43860 亿元，比 2021 年增长 5. 3%。建立产业项目协调推进机制，争取基础设施政策性、开发性贷款支持，推送 30 余家文化和旅游骨干企业、171 个重点项目。推动文化和旅游领域纳入设备购置和更新改造新增贷款贴息政策支持范围，1237 个项目被纳入备选名单，项目总投资 2461 亿元。在持续的发展成长中，文化产业在促进国民经济转型升级和提质增效、满足人民精神文化生活新期待、巩固和坚定文化自信、增强中华文化影响力、建设文化强国等方面发挥了重要作用。

经济理论、国家政策和发展实践都证明，繁荣发展文化产业是经济高质量发展的新引擎；加快开辟文化产业发展新路径，是助推新疆经济高质量发展取得新突破的新引擎、新动能和重要着力点。

二、新疆文化产业发展现状

经过近年的快速扩张、繁荣发展和转型升级，新疆文化产业增加值占 GDP 比重逐年提高，文化"走出去"新格局逐渐形成，新疆独具特色的文化软实力得到提升。

（一）产业发展水平

1. 文化产业总体发展水平

新疆文化产业总量规模稳步提升，各类企业迅速成长，文化产品和服务日趋丰富，居民文化消费水平持续提高，逐步形成现代文化产业体系。

截至2022年底，新疆在市场监督管理部门注册的文化企业有7896家，其中规模以上文化企业265家①。2021年，新疆文化产业增加值532.24亿元，占GDP比重为1.73%，比值较低。

在新冠疫情影响下，2021年规模以上法人单位营业收入232.4亿元、2022年规模以上法人单位营业收入208.7亿元（见表12-1）。新疆文化产业新兴业态快速发展，形成新兴业态特征明显的16个行业小类。文化产业新兴业态规模从2019年的28个增加到2022年的35个，从业人员从2019年的551人增加到2022年的736人，增速提高0.7个百分点。2022年，文化产业新兴业态营业收入40.6亿元，同比增长-8.4%。为推动文化产业向规模化、集约化、专业化方向发展，培育形成了一批骨干文化企业。已建成文化产业示范基地104个（其中国家级5个）②。文化和旅游融合示范集聚区49个，其中，入选国家级文化和旅游消费试点城市4个、国家级夜间文化和旅游消费集聚区4个。

表12-1　2018—2022年新疆规模以上文化产业发展概况

年份	文化及相关产业增加值（亿元）	占当年GDP比重（%）	规模以上法人单位数（个）	规模以上法人单位资产总计（亿元）	规模以上法人单位营业收入（亿元）
2018	258.2	2.1	210	355.2	234.8
2019	276.5	2.0	251	500.1	264.8
2020	238.6	1.7	265	550.5	236.0
2021	312.6	2.0	259	601.9	232.4
2022	—	—	275	587.4	208.7

2. 文化产业消费发展水平

根据《中国文化及相关产业统计年鉴》数据，2017—2021年，中国人均

① 李莉．新疆持续推动文化产业高质量发展［N］．新疆日报，2023-08-10（A08）．

② 《新疆维吾尔自治区2022年国民经济和社会发展统计公报》，新疆统计局，http：//tjj.xinjiang.gov.cn/tjj/tjgn/202303/6fc01f2b37a84efaa38fd34363c0a84e.shtml，最后访问日期：2023-10-23。

可支配收入从 25973. 8 元提高到 35128. 1 元，增长了 9154. 3 元，年均增速为 7. 8%；全国人均消费支出从 18322. 1 元提高到 24100. 1 元，增长了 5778 元，年均增速为 7. 2%。群众收入和消费支出均呈增长趋势。但因新冠疫情对文化消费的影响，居民文化娱乐消费需求收紧，导致群众文化消费支出减少。2017—2021 年，全国文化娱乐消费支出从 849. 6 元降至 645. 7 元，全国文化娱乐消费支出占人均消费支出的比重从 4. 6%降至 2. 7%（见表 12-2）。新疆居民文化消费与产业关联性较弱。2000—2020 年，新疆居民文化消费与产值之比为 0. 0754，相关性甚微。2018—2021 年，新疆居民人均可支配收入分别低于全国平均水平 6728. 0 元、7629. 8 元、8343. 8 元、9053. 1 元。2018—2021 年，新疆居民人均消费支出分别低于全国人均消费水平 3664. 1 元、4161. 9 元、4697. 9 元、5139. 1 元。新疆居民人均文化娱乐消费支出也未达到全国人均文化娱乐消费支出水平，文化娱乐消费在消费结构中占比不明显。从分地区居民人均文化娱乐消费支出来看，新疆居民人均文化娱乐消费支出从 2017 年的 486. 7 元降至 2021 年的 392. 0 元，2017—2021 年新疆居民人均文化娱乐消费支出分别达到全国人均文化娱乐消费支出水平的 57%、63%、56%、52%、61%。在全国 34 个省（区、市）中，新疆居民人均文化娱乐消费支出排名最后（见表 12-3）。

表 12-2　2017—2021 年全国与新疆人均可支配收入及文化娱乐消费支出

指标	2017 年	2018 年	2019 年	2020 年	2021 年
全国人均可支配收入（元）	25973. 8	28228	30732. 8	32188. 8	35128. 1
新疆人均可支配收入（元）	—	21500	23103	23845	26075
低于全国平均水平（元）	—	6728. 0	7629. 8	8343. 8	9053. 1
全国人均消费支出（元）	18322. 1	19853. 1	21558. 9	21209. 9	24100. 1
新疆人均消费支出（元）	—	16189	17397	16512	18961
低于全国平均水平（元）	—	3664. 1	4161. 9	4697. 9	5139. 1
全国文化娱乐消费支出（元）	849. 6	827. 4	848. 6	569. 0	645. 7
新疆人均文化娱乐消费支出（元）	486. 7	528. 9	481. 4	296. 7	392. 0
低于全国平均水平（元）	—	298. 5	367. 2	272. 3	253. 7
全国文化娱乐消费支出占人均消费支出比重（%）	4. 6	4. 2	3. 9	2. 7	2. 7

表 12-3　2017—2021 年分地区居民人均文化娱乐消费支出　单位：元

地区	2017 年	2018 年	2019 年	2020 年	2021 年
全国	849.6	827.4	848.6	569.0	645.7
北京	2394.7	2191.6	2272.1	1217.8	1367.1
天津	1337.2	1522.2	1579.0	833.5	1089.1
河北	606.0	620.5	655.7	467.6	425.5
山西	634.7	617.6	667.5	390.9	441.2
内蒙古	924.9	737.8	742.1	543.9	608.5
辽宁	1014.4	1101.0	1056.3	586.4	770.1
吉林	655.9	675.3	663.0	432.7	512.8
黑龙江	584.4	602.8	609.7	397.5	458.9
上海	3008.5	2786.3	2898.0	1468.8	1719.2
江苏	1399.4	1100.2	1119.9	679.5	835.8
浙江	1190.5	1258.9	1366.8	866.9	958.5
安徽	544.0	552.6	606.1	456.2	531.2
福建	735.2	767.3	788.6	480.0	629.5
江西	571.5	632.2	576.0	444.6	501.5
山东	656.2	718.9	786.9	779.4	914.5
河南	542.0	511.4	539.2	353.9	445.4
湖北	688.8	691.4	734.1	422.7	580.3
湖南	1111.0	1130.2	1039.8	726.1	743.6
广东	1207.2	1114.0	1216.3	779.5	824.1
广西	451.7	523.5	494.6	352.9	338.7
海南	455.6	530.4	512.1	353.4	401.4
重庆	768.2	764.4	790.3	635.5	739.1
四川	716.4	663.5	642.1	478.7	500.1
贵州	554.5	477.2	484.0	365.6	441.9
云南	584.9	552.1	549.6	418.7	437.5
西藏	156.9	200.4	199.7	158.5	224.2
陕西	669.8	704.5	691.5	435.2	451.3
甘肃	519.5	520.3	470.4	416.5	403.5
青海	674.9	585.2	605.9	416.3	425.7
宁夏	643.8	754.9	767.0	428.9	465.0
新疆	486.7	528.9	481.4	296.7	392.0

数据来源：《中国文化及相关产业统计年鉴》，本部分数据若无特殊说明均引自自治区统计局。

物质生活消费“刚需”有限，必将极大地释放“非必需”的精神文化生活需求。现阶段，新疆制定《自治区级夜间文化和旅游消费集聚区建设指南（试行）》，组织评定25家单位为首批自治区级夜间文化和旅游消费集聚区；指导伊犁哈萨克自治州六星街、吐鲁番市葡萄沟风情街区成功创建第二批国家级夜间文化和旅游消费集聚区；多产业联动促进文化和旅游消费助企惠民，从减费纾困、活动开展、便利支付等方面努力推动文旅市场发展，激发文旅消费活力。

3. 文化产业“走出去”水平

据统计，自治区有进出口文化产品贸易的企业从2014年的332家增加至2018年的518家。相关企业采取服务外包、数字内容服务、数字平台搭建等方式积极打造面向俄语系国家的外向型文化产品。2018年以来，新疆兄弟联盟文化贸易跨境电商平台等9个项目入选“一带一路”文化产业和旅游产业国际合作重点项目库。新疆华特信息网络有限公司搭建面向中西亚地区的数字资源平台，积极与周边多个国家开展合作交流。2021年，在文化和旅游部的支持下，国家对外文化贸易基地（上海）与新疆文化旅游企业联盟签订合作协议，双方共同组织将具有中国特色的瓷器类、丝绸类、民族服饰类、书籍类、艺术品类等十大类文化产品出口至“一带一路”沿线俄语系国家。已合作搭建起中国之窗对俄跨境推介平台（www. oknovknr. ru），入驻51家企业，开拓国际市场新业务、新模式。组织文旅企业参加中国（深圳）国际文化产业博览会、中国新疆喀什·中亚南亚商品交易会招商引资大会、中国(新疆)—哈萨克斯坦经贸投资洽谈推介会等，成功签约新疆特色优势领域项目涵盖文旅项目①，扩大对外贸易，促进国际贸易交流与合作。制作推广《舌尖上的丝路美食》系列微纪录片，并译制4种语言版本供国外民众观看。自治区文化和旅游厅争取资金支持开展对外文化贸易课题研究，指导伊犁哈萨克自治州申报创建国家对外文化贸易基地。

4. 文化产业发挥引领带动作用

新疆现有的国家级、省级文化产业示范基地基本涵盖文化旅游、文化演艺、文化创意、工艺品、民俗文化等领域。七坊街文化创意产业集聚区、新疆软件园、诚和和田玉文化创意产业园、克拉玛依工业遗产保护文化产业园、昌吉木垒民族传统哈萨克刺绣文化产业园等园区的发展壮大，对孵化各地小

---

① 未获取签约文旅项目具体情况。

微文化企业起到了积极作用，文化产业园区聚集效应逐步显现。自治区重视文化产业数字化发展，指导各地区 IP 开发和转化，推出特色文创产品。阿克苏地区柯坪县的城市 IP 柯小驼，是近年来优秀的文旅 IP 代表之一。柯小驼主题鲜明，地方文化内涵丰富，具有极高的艺术价值。同时，通过柯小驼的全品类应用及线上线下运营，提升了柯坪县的知名度，带动了地方经济发展，有力地推动了柯坪文旅产业升级。总体而言，由于主客观因素制约，新疆文化产业的示范、辐射和带动水平还有待提升。

（二）新疆文化产业发展举措

1. 出台政策保障措施

我国文化产业政策涵盖多方面、多层次，旨在营造良好的发展环境，激发文化创新活力，实现文化与经济的良性互动。一段时期以来，结合新疆文化产业发展实际，新疆出台一系列文化产业发展政策，主要包括《贯彻落实国务院关于推进文化创意和设计服务与相关产业融合发展若干意见的实施意见》《自治区关于进一步激发文化和旅游消费潜力的实施意见》《文化和旅游部关于推动数字文化产业高质量发展的实施意见》《国务院关于加快发展对外文化贸易意见》《自治区关于加快发展服务贸易的实施意见》（新政发〔2019〕17 号）、《自治区贯彻〈“十四五”服务贸易发展规划〉促进服务贸易高质量发展实施意见》《新疆维吾尔自治区文化和旅游发展第十四个五年规划》。结合《中华人民共和国文化产业促进法》，新疆出台《自治区文化产业发展专项资金暂行管理办法》（新财教〔2017〕168 号）、《自治区财政厅、自治区新闻出版广电局关于印发〈新疆维吾尔自治区电影事业发展专项资金征收使用管理办法〉的通知》（新财数〔2018〕233 号）、《自治区文艺扶持激励资金管理办法》（新党宣字〔2020〕54 号）。结合国家对服务业的支持政策，新疆出台《关于促进自治区服务业困难行业恢复发展若干政策措施的通知》。

2. 推进文化旅游项目建设

2018—2021 年，自治区 9 个项目入选文化和旅游部“一带一路”文化产业和旅游产业国际合作重点项目。大力实施文化产业人才扶持计划，2016—2021 年共培训从业人员 3690 余人，逐步提升了从业者素质。2020 年，新疆文化产业建设项目 52 个，总投资额达 116.38 亿元。2021 年，新疆落地建设的重大文化和旅游产业项目 86 个，总投资额达 721.7 亿元。2022 年，梳理文化和旅游产业重点招商引资项目412个，计划总投资额达1827.53亿元。现阶段，自治区正在实施新疆文化和旅游产业投融资服务平台优化升级，发挥平台功能，精准把握重点项目动态，对全疆文旅产业链重大项目实施跟踪。同时，加强与重点地区、重点文旅企业与文旅大企业、大集团学习交流，对接落实合作事项。争取文化和旅游部支持常态化举办新疆文化和旅游产业投融资促进活动，配套举办高端旅游发展论坛。推动成立新疆文化和旅游金融服务中心，积极解决新疆文旅企业面临的“融资难、融资贵”等问题。争取广东省深圳市对口援疆前方指挥部的支持，共同举办“新疆是个好地方”文旅产业项目招商引资专场推介会，吸引有实力的企业参与新疆文化、旅游产业资源开发和运营管理。

3. 培育文化市场主体

新疆文化产业涵盖新闻信息服务、内容创作生产、创意设计服务、文化传播渠道、文化投资运营、文化娱乐休闲服务、文化辅助生产和中介服务、文化装备生产、文化消费终端生产九大门类百余种业态。文化辅助生产和中介服务类企业初具规模。建成标准化室内摄影棚，不断夯实产业基础，已打造成全国影视公司及剧组提供影视制片及设备租赁服务基地。影视剧落地拍摄，拉动当地各类投资，间接带动当地住宿、餐饮、娱乐等消费。创造新疆本土原创动漫IP形象，展示中华优秀传统文化，打造全产业链，催生了新疆文化产业新业态。新疆各文化传媒公司不断延伸产业链，探索产学研模式，推进了企业良性发展。为疆内各地红色文化教育基地提供内容及设计服务，深受好评。同时数次参加自治区文创大赛，获得好成绩。此外，夜间经济集休闲、娱乐、购物、文化、住宿于一体，已成为文化旅游知名打卡点。

4. 加大资金投入力度

2020年，西北五省区文化和旅游事业费分别为陕西26.54亿元、甘肃18.44亿元、宁夏9.43亿元、青海11.46亿元、新疆27.51亿元。其中，新疆的文化和旅游事业费较2019年的19.3亿元增长43%，实现了从2019年排名第三到2020年位列西北之首的发展。2020年，新疆人均文化和旅游事业费106.43元，较2019年增加29.92元，增幅39%，人均文化和旅游事业费全国排名由2019年的第十七位提升至2020年的第八位，较全国人均文化和旅游事业费（77.08元）高出29.35元，在西北五省区排名第三。2020年“文化润疆”贯彻实施，新疆文化、文物、旅游资金保障稳中向好，文旅部门经费增幅明显，2020 年收入较 2019 年增加 126110 万元，增幅 32%，2020 年支出较 2019 年增加 128377 万元，增幅 34%。2016 年至今，全疆文化企业获得自治区文化产业发展专项资金 1.4 亿元，支持推动了一批文化产业重点项目建设。文化投资运营取得突破。新疆文化旅游投资集团有限公司（以下简称新疆文旅投）牵头，与部分商业银行及旅游产业联盟企业采取有限合伙的组织形式，设立新疆文化旅游及消费发展投资基金，总规模 5 亿元（新疆文旅投实缴 1 亿元）。

2023 年 6 月开展的新疆文化和旅游产业投融资促进活动共促成 24 个投资项目、融资项目签约，签约总额超 101 亿元。昌吉回族自治州重视引导民间资本投向文化领域，使民营文化产业投资规模显著增大，经营领域显著拓宽。据不完全统计，全州目前共有投资 500 万元以上文化企业 30 家、上亿元企业 2 家，涉及影视、印刷、演艺娱乐、艺术品经营、广告、会展等 10 多个行业。

5. 优化文化市场营商环境

现阶段，自治区发展改革委、自治区财政厅等 14 部门联合印发《关于促进自治区服务业困难行业恢复发展若干政策措施的通知》，为新疆文化、旅游企业纾困解难提供政策保障，并适时跟进政策落实到位情况。结合新疆文旅产业发展需求，策划搭建新疆文化产业和旅游产业投融资服务平台，“投资新疆”平台涵盖重点文旅产业项目库、企业库、金融服务、招商引资政策、文创产品和旅游商品名录等功能，平台已吸纳 297 家企业入驻，发布招商引资项目 568 个，计划总投资 2255.23 亿元，收录发布相关优惠政策 86 条，推动金融机构发布相关金融产品 37 个。相关职能部门严格落实“放管服”，针对企业开办后的行政审批，依法优化流程、压缩办理时限，从法定 20 个工作日减少到 13 个工作日，为企业提供便利，简化办事流程，加快办事速度。自治区加强与地方金融监督管理局对接沟通，为文旅产业重点项目提供配套融资支持。与人民银行乌鲁木齐中心支行联合开展文旅企业金融服务月活动，推动建立金融机构与文旅企业“一对一”帮扶机制，摸清新疆注册的文旅企业底数，通过定制化金融服务产品助力中小文旅企业摆脱融资困境。进一步完善文化和旅游产业投融资体系，解决新疆文旅企业投融资实际困难。

6. 发展文化创意产业

近年来，自治区组织 100 余家文创企业，参加国内外展会 50 多个，有力地推动文创产品走出新疆。现阶段，克拉玛依机械厂文化创意产业园入驻文化企业 30 余家，聚集了音乐、影视制作、文化创意、音乐餐吧、艺术培训教育、金丝玉、紫砂民间博物馆、铁艺工艺品设计生产等企业。博湖县阿勒奇民族工艺品有限公司推出芦苇画创意作品，“马兰魂”获 2021 年全国红色文化工艺品展演优秀奖。自治区文化和旅游厅与共青团中央青年发展部、文化和旅游部产业发展司、中国光大集团文旅事业部共同在北京、新疆两地举办“创青春”中国青年文化旅游创意设计大赛，挖掘新疆优秀创意人才，促进创意成果落地转化。自治区正在重点培育 5 家文创企业和旅游商品企业。积极实施“新疆礼物”品牌提升及市场开拓。

7. 加快文旅宣传推介和深度融合

近年来，自治区坚持线上、线下强力实施新疆文旅宣传推介。中央电视台、新疆电视台等主要电视媒体、中央驻疆媒体和疆内媒体等传统媒体，以及“两微一抖”等新媒体成为推介主力军。借助援疆力量，赴援疆省市开展推介活动，拓展国内文化旅游市场。以新疆为窗口，树立“开放中国·礼仪中国·和平中国·自信中国”形象，打造“新疆是个好地方”特色文化品牌。推动文化与旅游产业相融合，为旅游业注入更加优质、更富吸引力的文化内容。依托世界文化遗产、国家重点文物保护单位、革命遗址、博物馆、纪念馆等，推动建设一批文化旅游精品景区，积极开展研学旅游。实施非遗进景区、进特色街区、进乡村旅游重点村，组织非遗文创产品走进国际大巴扎、乌鲁木齐馕文化产业园等。在吐鲁番葡萄沟景区设立全疆首个非遗集市；推动“新疆喀什民俗非遗主题游”；举办各类文化旅游活动 1200 余场次。

（三）新疆文化产业发展评价

国家统计局《中国文化产业发展报告（2022）》显示，现阶段中国文化产业发展呈现 5 种类型：支柱型地区、扩张型地区、成长型地区、调整型地区、培育型地区。根据支柱产业理论，衡量一个产业是否达到支柱产业标准的重要依据之一，是该产业增加值占 GDP 比重达到 5%，因此，从连续 11 年的发展数据上看，虽然新疆文化及相关产业增加值从 2010 年的 45. 21 亿元增加到 2021 年的 312. 6 亿元，翻了 5 倍以上；占 GDP 比重从 2010 年的 0. 83%提高到 2021 年 1. 96%，增速提高了 136 个百分点，呈现持续增长的态势，但是新疆文化产业主要经济指标都达不到前四类地区水平，文化产业增加值占 GDP 比重始终低于全国平均水平，存在支柱业态和支柱企业偏少，文化产业市场竞争力整体偏弱现象。例如，2022 年新疆文化产业发展水平居全国第 31 位，比上年降低两位（见表 12-4）。这表明，新疆文化产业发展水平偏低，尚处于培育阶段。

表 12-4 中国文化产业高质量发展指数（2022 年）各省（区、市）全国总体排名及年度变化情况

全国排名	省（区、市）	比上年排名	全国排名	省（区、市）	比上年排名
1	上海	+3	17	安徽	+4
2	北京	-1	18	海南	+2
3	广东	-1	19	吉林	-1
4	浙江	-1	20	辽宁	+5
5	江苏	+1	21	云南	-5
6	山东	-1	22	河北	-5
7	四川	没变化	23	广西	没变化
8	湖北	+5	24	甘肃	没变化
9	山西	没变化	25	内蒙古	+5
10	天津	-2	26	宁夏	+5
11	福建	+3	27	青海	+1
12	陕西	-1	28	西藏	-6
13	重庆	+6	29	贵州	-3
14	湖南	-2	30	黑龙江	-3
15	河南	没变化	31	新疆	-2
16	江西	-6	—	—	—

注：各省（区、市）总排名相较上年提升标注为“+”；相较上年下降标注为“-”。

中国文化产业高质量发展指数相关省份“投入—产出”关系如表 12-5 所示。

表 12-5 中国文化产业高质量发展指数相关省份“投入—产出”关系

	高产出	低产出
高投入	上海、北京、广东、浙江、江苏、山东、四川、湖北	天津、福建、湖南、江西、吉林、陕西、安徽
低投入	山西、重庆、河南	西藏、黑龙江、青海、新疆、内蒙古、宁夏、贵州、甘肃、广西、云南、辽宁、河北、海南

三、新疆文化产业发展面临的主要问题

（一）文化产业发展定位不清晰

当前，新疆在国家文化发展战略、新疆文化资源、新疆文化产业等方面

的相关研究成果不多，对新疆如何充分挖掘文化资源，如何充分利用“文化+”资源，在国家文化发展战略中如何定位、如何参与、怎样作为等重大问题研究不足，导致认识不到位，文化产业发展定位尚不清晰明确，较为明显的表现就是“一致认为文化产业发展十分重要，但行动落实上文化产业始终难以获得资金、技术、政策等方面大规模的有效推动”。

（二）文化企业发展实力偏弱

新疆文化企业创新能力不足，“文化创意”核心环节提质难度大，文化产品科技含量低，难以满足消费群众个性化、品质化、高端化需求，难以匹配市场细分程度和多样化的市场需求。文化企业组织化、规模化程度低；近年来，文化企业经济效益普遍不佳，难以发挥社会效益；企业发展难度大，特别是小微企业多以生存为主要目标，自身核心竞争力建设薄弱，竞争意识和市场竞争能力不佳。企业在技术、经营、成熟度、创新能力等方面水平低。“文化+”产业融合发展能力弱，积蓄成为经济高质量发展的内生动力明显不足。同时存在文化市场高度同质化，恶性竞争、低端竞争、不正当竞争等问题。

（三）文化产业消费水平较低

受限于新疆各族群众的收入水平及消费者个体的文化观、消费观和价值取向，消费结构难以在短期内发生显著改变，文化消费能力仍处于亟待提升阶段。由于文化企业生产创新能力与市场需求匹配程度也处于较低水平，导致文化消费总量明显不足，文化消费占 GDP 的比重及居民消费率亟须提高。

（四）资金人才技术制约明显

文化产业资金投入来源较为单一，资金规模投入不足，文化企业融资难。虽然政府在文化产业领域的公共投资逐年增加，但与其他省份相比、与企业发展意愿相比、与群众公共需求相比，资金投入力度差距明显。同时，文化产业企业借助金融机构及社会资本的渠道不畅通，融资难度大，相关发展促进政策实际发展作用效果不佳，政策落地问题仍有待优化。

文化企业人才供给严重不足。本地高校、相关企业及政府部门自我培养人才能力存在滞后性和与时代不适性。先进技术、先进设备、高端人才及复合型人才匮乏。企业、资金、人才与技术之间相互制约、相互影响，形成短期内难以改善的不良循环。

（五）政府主导作用仍需加强

政策支持力度仍需加大。虽然各级政府持续加大文化产业及其相关产业发展的政策支持力度，陆续出台一系列支持发展政策，但与实际所需相比，仍需加大制度供给力度，增强政策落实落地效果，提高政府相关职能部门的执行力和协同能力，加大政务公开透明力度，政府官网相关投资政策、优惠政策、有力行动、宣传号召、服务热线等应做到可查、可循、及时回复。

体制机制仍需完善。大文化产业概念涉及发改、文化、旅游、经信、科技等部门，现阶段缺乏常设机构对文化产业发展进行统筹考虑、协调管理。资源利用不足与资源浪费、资源过度消耗问题并存。政府职能部门的治理能力仍亟待提升，特别是要深化“齐抓共管”实效。同时，文化企业受行政约束较多，市场竞争性、创新性难以发挥和体现。

四、新疆文化产业高质量发展的新路径

（一）推动文化产业向优势产业、支柱产业发展

1. 明确文化产业发展定位

文化资源是文化产业发展的战略条件。新疆是名副其实的文化资源大区，但文化产业滞后现状与资源禀赋极不相称。贯彻落实党的二十大“繁荣发展文化事业和文化产业”战略部署、深化拓展“文化润疆”事业社会效益，尤其是助推新疆经济高质量发展，亟待明确自治区文化产业发展定位：坚持把社会效益放在首位、社会效益和经济效益相统一，主动融入国家统一大市场，将文化资源优势转化为产业优势，推动文化产业由特色产业、优势产业成长为支柱产业，矢志不渝地建设文化产业强区。

2. 打造文化产业完整链条

瞄准文化产业强区目标，稳健推动文化产业由特色产业向优势产业提升，夯实培育支柱产业基础，关键在于打造文化产业链。完善供应链，重在研究制定自治区文化产业发展规划及行动方案和实施意见，通过高质量发展文化产业政策驱动，从财政、税收、金融、投资、土地等方面释放激励效应，从产业项目策划、文化创意设计、企业产品创新、市场营销运行等领域支持企业成长及人才队伍建设，从执行经济政策、强化法治保障、优化营商环境、落实组织责任等环节保证制度供给。延伸产业链，重在扬优势、补短板、创

品牌，吸纳应用新技术，显著提升文创链接各类文化资源可及率，鼎力支持“专精特新”小微企业和艺术家工作室创建品牌，培育和组建更多高端化、智能化、规模化文化企业，通过产业布局和结构优化，引导产学研融通、品牌创意与IP设计协同、制造业投产文创商品，在推动现代服务业同先进制造业、现代农业深度融合进程中努力提高全要素生产率。提升价值链，重在以现代技术手段和传播方式弘扬社会主义核心价值观和中华优秀传统文化、满足多样性个性化需求、引领文化消费方向，努力实现政府有为、企业有利、市场有效的价值增值最大化。

（二）构建文化产业高质量发展格局

1. 高位推动文化产业发展

成立文化产业高质量发展领导小组，由自治区主要领导任组长，整合部门职能、统筹社会力量、协调各种资源、促进全面发展。领导小组由党委宣传部、发展改革委、财政厅、税务局、文旅厅、广电局、科技厅、自然资源厅、市场监管局、统计局等部门及文化企业（集团）、银行、工商联、科协、文联、文化产业协会、高校和科研院所等单位构成。领导小组负责制定文化产业重大政策、研究解决重大问题、督导重点项目建设等，领导小组办公室负责协调处理各方面具体工作事务。

2. 推进文化产业机制改革

加速优化文化产业服务管理体制机制，政府部门由直接管理文化产业转向通过法律法规、服务、监督、调控等间接方式管理。坚持以市场化运作机制提高开发配置文化资源效率，支持文化企业资产组合和经营创新；尝试拓展合作网络、探索合作共赢模式，建立政企银沟通对接机制。建立政府部门、文化产业公共服务信息资源共享机制，提高服务精准化、专业化、便利化水平。将文化产业数据纳入国民经济统计体系，充分发挥统计数据对工作决策、产业调控、企业发展等的服务作用。

3. 成立自治区文化产业协会

借鉴兄弟省市经验，经党委宣传部批准、民政厅注册，由骨干文化企业共同发起成立具有独立法人资格的自治区级非营利性社会团体——新疆文化产业协会。协会以“搭建平台、提供服务、沟通协调、创新发展”为宗旨，吸纳全疆各类文化企业及艺术家工作室，建设联系政商企群学研跨界交流平台，推进文化产业与旅游、科技、金融等深度融合。发挥组织服务职能，助推会员企业做大做强，推动新疆文化产业高质量发展。

（三）培育壮大数字文化产业

1. 建设文化大数据服务应用平台

构建数字文化产业商业应用场景，通过云计算等技术手段打造云旅游、云展览、云游戏及云演艺等数字应用场景，创造线上演播、数字创意、数字艺术、数字娱乐、沉浸式体验等丰富数字文化产业新业态和消费模式。培育自治区文化大数据服务与应用平台，实现文化资源数字化采集与处理，加强文化数据创意开发应用，推动传统文化产业数字化发展。

2. 建设数字文化产业基础设施

运用数字技术实现文化产业生产端设备、材料升级换代，提升文化产业基础设施生产效能；在应用端实现交互投射、虚拟现实、全息投影等数字应用技术升级换代，增强、扩大数字科技产品应用功能和应用面。

五、新疆文化产业高质量发展的对策建议

（一）坚持系统观念，研究谋划文化产业

1. 前瞻性思考

自觉运用习近平新时代中国特色社会主义思想的立场、观点、方法，系统学习文化产业理论和政策法律，把握文化产业的科学内涵、战略地位、重大举措及其文化产业集聚、金融服务支持、市场消费拉动等专业知识。洞察国内外文化产业趋势，深刻认识新疆文化产业发展机遇与挑战、优势与劣势，前瞻思考文化产业发展。把近期目标、中期目标和远期目标统筹起来，既要顾好当下，也要谋好长远。坚持底线思维，准确预判和应对风险和挑战，稳健开掘文化产业协同发展的集聚强化、关联带动、结构优化效能。

2. 全局性谋划

从统筹两个大局、发展和安全、战略和策略以及扩展“文化润疆”和“富民兴疆”综合效益出发，围绕自治区党委确定的新疆在建设社会主义现代化强国中的战略定位和作出新疆贡献部署，在建设“八大产业集群”的同时，积极布局培育文化产业并促使其向集群化发展，为新疆经济高质量发展配置

新引擎。谋划文化产业前景，既要扎实调研摸清家底，又要向发达地区取经，更是对标国家文化产业政策，擘画体现进取精神和可行特征的发展蓝图。

3. 整体性推进

现阶段，南北疆区域发展不平衡问题突出。乌—克—昌片区是新疆文化产业发展的“领头羊”，南疆文化产业发展尤为滞后。推进文化产业发展需要立足全疆各地资源禀赋、发展条件，因地制宜确定思路举措、方法路径、重点工作，做到整体推进和重点突破相统一，提升新疆文化产业整体发展水平。

（二）落实文化产业高质量发展政策

1. 创立文化产业基金

由自治区党委宣传部和财政厅共同创立新疆文化产业专项基金。基金主要投向信息服务、融媒体、数字化文化新业态等文化产业核心领域的高成长企业和自治区影视业，以及与文化产业高度相关的旅游、体育等产业。重点支持小微文化企业走“专精特新”路子，在其起步或显现苗头之际，及时辅以专项基金孵化，助其打造品牌竞争优势，尽最大努力培育智能“小金刚”。

2. 强化财政支持

积极争取中央财政支持，创新投入方式，完善扶持体系，采取项目补贴、以奖代补、贷款贴息、股权投资等多种方式，建立健全社会资本参与机制，支持文化基础设施、资源开发和产业发展项目建设。通过政府购买、消费补贴、资金奖励、租购房补贴、配套资助等方式，引导和支持文化企业提供更多产品和服务。

3. 突出政策扶持

立足新疆文化产业发展实际，制定出台土地使用、税收优惠、金融信贷、财政支持等方面的文化经济政策。将文化产业重大项目建设纳入招商引资范畴。用好中央预算内投资、国家专项建设基金等投资政策，支持新疆数字文化产业发展和项目建设。支持符合条件的数字文化企业申报高新技术企业认定。持续推动落实国家相关支持文化产业发展的税费减免政策，切实减轻文化企业经营负担。密切关注处于困境的文化企业，厘清问题症结，依法依规研究相关办法帮助企业解决问题、摆脱困境。

（三）激发企业活力，推进高质量发展

1. 扶持成长型文化企业

探索建立文化市场主体“个转企”“企转规”机制，强化奖励扶持。优选文化个体工商户作为“个转企”重点培育对象，相关部门为其办理“个转企”登记提供便利，对符合减免相关政策规定的“个转企”企业给予税收减免、资金支持等政策支持。根据工商注册登记和税费缴纳情况，确定符合“企转规”文化企业名单，分别明确行业主管部门上门服务，实行“一对一”帮扶；建立“企转规”文化企业信息系统，拓展信息管理平台社会服务功能，有针对性地制定指导、扶持方案，实行定制化帮扶。同时加大财政奖补力度，充分利用财政资金引导中小微文化企业发展成为规模以上文化企业。

2. 重视数字文创产品内容建设

引导企业把握数字文化内容属性，充分运用动漫游戏、网络音乐、网络表演、网络视频、数字艺术、创意设计等产业形态，培育一批具有鲜明中国特色新疆魅力的原创 IP。加强 IP 开发和转化，彰显中华优秀传统文化、革命文化和社会主义先进文化的精神气质，打造一批具有广泛影响力的新疆数字文化品牌。

（四）升级产业园区，构筑高质量发展平台

1. 建设国家级文化创意产业园

采取政府引导、专业机构运营方式，充分发挥市场机制作用，培育国家级文化创意产业园，吸引文化企业进驻，推动园区由创意要素集聚空间向创新发展平台转变，逐步将其建设成为政策集成、企业集聚、业态集中、引领发展的新疆文化产业示范区。

2. 建设国家级影视文化产业园

产业园需建设新疆影视硬件库、20 世纪 50—80 年代实景基地、线上外景资源库等。产业园能够给影视爱好者和独立影视人提供创业平台，培养影视专业服务团队。根据经济社会发展状况，第一家国家级影视文化产业园落户乌鲁木齐。

（五）扩大消费，增强高质量发展拉动力量

1. 文旅融合创新文化产品和服务

顺应商业变革和消费升级趋势，深化文化与旅游、体育等产业融合，支持文化企业开拓文化产品走向海外，尤其是中亚市场，展现可信、可爱、可敬的中国新疆形象，推动中华文化更好地走向世界；创新文化产品和服务形态，丰富国内民众和赴疆旅游国外民众的文化体验形式和消费模式，持续活跃文化消费。

2. 大力发展数字文化消费场景

数字文化消费能够创造出更新颖的沉浸式、体验式、互动式场景。充分利用公共文化设施，推进数字化文化体验，巩固和扩大中华优秀传统文化数字化创新成果的展示空间。在文化消费终端广泛应用数字技术，使全息互动投影、数字场景、云端展览、虚拟旅游等新体验、新消费成为各族人民生活的重要组成部分。

（六）培养人才，提供高质量发展智力支撑

1. 倾斜政策举措支持文化产业人才

充分发挥自治区“2+5”重点人才计划作用，倾斜支持文化产业人才选拔培养。尽快研究出台优化文化产业人才发展环境若干措施，使优秀文化产业人才的创造愿望得到尊重、创造活动得到支持、创造才能得到发挥、创造成果得到肯定。完善分配和利益机制，允许有特殊才能、自主知识产权、突出贡献的人才以其技术、专利、品牌等创意参与收益分配；实施优秀文化产业人才奖励制度，挖掘新疆文化产业人才潜能。

2. 产学研相结合建设文化产业人才队伍

支持新疆文化企业尤其是骨干企业与区内外高校、职业院校、科研院所共同建立产学研协同创新平台，合力培养人才、创建品牌、开拓市场。职业院校根据企业需求开设课程、提供培训，企业配合学校加强实践性教学环节、提升学生专业技术能力和实际操作能力。高校和研究机构持续关注文化产业发展重大问题，为企业健康发展提供智力服务。

第十三章　新疆丝绸之路经济带核心区高质量发展报告

如山古丽·吾斯曼[①]

摘　要：2023年是“一带一路”倡议提出的10周年，丝绸之路始终坚持以互联互通为主线的五大理念，加强共商共建共享，为推动世界经济增长注入新鲜血液，为完善全球经济治理拓展了新实践，为国际贸易和投资搭建了新平台，为增进各国民生福祉作出了新贡献。新疆作为丝绸之路经济带的核心区，通过建设立体化综合交通网络，打造多元化、国际化开发、开放平台，实施一批示范性、标志性的重大工程，促进区域经济转型发展，加快融入新发展格局，助推拓展对外开放广度和深度，核心区建设从理念变为行动、从蓝图变为现实，取得重要阶段性成果。本章将在梳理和总结新疆丝绸之路经济带核心区高质量建设成效的基础上，深层次分析推进丝绸之路经济带核心区高质量建设中的难题，精准把握推进丝绸之路经济带核心区高质量建设的重点任务和各级工作要求，提出高质量推进丝绸之路经济带核心区建设的对策建议。

关键词：高质量发展；丝绸之路经济带核心区；新疆

习近平总书记在党的二十大报告中强调：“推动共建‘一带一路’高质量发展，优化区域开放布局，巩固东部沿海地区开放先导地位，提高中西部和东北地区开放水平。”近年来，新疆按照习近平总书记、党中央“把新疆建设成为丝绸之路经济带核心区”的战略定位，积极融入国家向西开放总体布局，依托一港、两区、五大中心和口岸经济带建设，加快形成推进丝绸之路经济

---

① 如山古丽·吾斯曼，硕士，新疆社会科学院农村发展研究所助理研究员。研究方向：区域经济学。

带核心区高质量发展的新局面。①

一、丝绸之路经济带核心区建设进展与发展成效

在推进共建“一带一路”高质量发展的新形势下，新疆在我国向西开放格局中的重要地位日趋突出，习近平总书记讲的“新疆从相对封闭的内陆变成对外开放的前沿”，迎来了新的发展机遇和重大契机。② 基于“开放包容、优势互补”的基本原则，以及“五通”的基本要求，《新疆维吾尔自治区国民经济和社会发展第十四个五年规划和2035年远景目标纲要》出台。丝绸之路经济带沿线国家和地区之间正式制度与非正式制度的良性互动，是核心区建设取得阶段性成效的制度保障与行为规范。此外，贸易方各自拥有的产品比较优势、和平友好的政治关系，也是核心区建设取得成效的重要因素。③

（一）丝绸之路经济带核心区发展定位和顶层设计

在第二次中央新疆工作座谈会上，中央提出“立足区位优势，建设好丝绸之路经济带核心区”。新疆相继研究制定了贯彻落实国家《丝绸之路经济带和21世纪海上丝绸之路建设战略规划》《加快推进新疆丝绸之路经济带核心区建设的实施方案》《2015年新疆丝绸之路经济带核心区建设工作要点》等文件，更加精准地厘清了新疆丝绸之路经济带核心区建设的总体思路、发展目标、重点任务及当前工作建设的关键点。2020年4月16日，新疆推进实施“一带一路”建设领导小组办公室印发《2020年自治区推进丝绸之路经济带核心区建设工作要点》（以下简称《工作要点》）。2022年3月，汪洋主席在新疆调研时强调“当前新疆发展正面临前所未有的重要机遇，找准服务和融入新发展格局的切入点和发力点”。2022年7月，习近平总书记考察新疆乌鲁木齐国际陆港区时，强调“把新疆的区域性开放战略纳入国家向西开放的总体布局中，更好利用国际国内两个市场、两种资源，积极服务和融入新发展格局”。2023年8月26日，习近平总书记在听取新疆维吾尔自治区党委和政

---

① 《习近平在新疆考察时强调：完整准确贯彻新时代党的治疆方略　建设团结和谐繁荣富裕文明进步安居乐业生态良好的美好新疆》，中国政府网，https：//www.gov.cn/xinwen/2022-07/15/content_5701239.htm，最后访问日期：2023-11-01。

② 《习近平在新疆考察时强调：完整准确贯彻新时代党的治疆方略　建设团结和谐繁荣富裕文明进步安居乐业生态良好的美好新疆，中国政府网，http：//www.gov.cn/xinwen/2022-07/15/content_5701239.htm，最后访问日期：2023-10-10。

③ 祝辉．丝绸之路经济带核心区建设研究［M］．兰州：兰州大学出版社，2023：63.

府、新疆生产建设兵团工作汇报时强调，加快“一带一路”核心区建设，使新疆成为我国向西开放的桥头堡。“一带一路”倡议提出10年来，自治区党委、政府在贯彻落实新形势下共建“一带一路”总体要求，在落实好“五个统筹”的工作要求下，稳步推进丝绸之路经济带核心区建设。

（二）丝绸之路经济带核心区高质量建设现状与发展成效

习近平总书记在2020年9月召开的第三次中央新疆工作座谈会上作出了关于新疆丝绸之路经济带核心区建设的进一步指示，同时党的十九届五中全会所提出的要加快构建以国内大循环为主体、国内国际双循环相互促进的新发展格局，都是着眼于中国长远发展和长治久安作出的重大战略部署，为即将到来的新一个五年规划明确了目标和方向，必将促进丝绸之路经济带核心区建设加快进入新一轮高质量发展。

1. 优先领域完善，重大设施联通项目扎实推进

新疆已具备铁路、公路、民航及管道等枢纽基础设施，并建成一批重点项目。中欧班列通达欧亚19个国家和地区、26个城市，开行班列线路已达21条，全年过境中欧（中亚）班列超过1.44万列，过境中欧班列占全国比重1/2以上。① 班列运载货源种类200多个品类。② 2023年，新疆开通双边国际道路运输线路118条，新疆至欧洲高速公路全线贯通。③ 通过乌鲁木齐国际航空枢纽建设论坛的智力支持，新疆将持续加强基础设施建设、完善航线网络、加快实施客货并举等。2023年1—8月，乌鲁木齐累计开通国际航线14条，通航国际城市13个，通航国家11个；④ 乌鲁木齐国际陆港区积极构建对外开放大通道，与广西、重庆等地合作，推动中欧跨境班车（重庆—新疆—德国）发运，陆海新通道（海防—乌鲁木齐—阿拉木图）国际联运班列首发，不断促进中欧班列在国际陆港区由“过路”变为“集结”，大力提升整体“带货”能力，构建了联通欧洲与东亚等地铁海联运新通道；⑤ 完善口岸基础

---

① 《前所未有！2023年新疆6项指标增速位居全国前五》，中国日报网，https：//xj. chinadaily. com. cn/a/202402/01/WS65baffd1a31026469ab170c9. html#，最后访问日期：2023-12-20。

② 《聚焦中欧班列集结中心　乌鲁木齐国际陆港区向西枢纽地位逐步凸显》，中国一带一路网，https：//www. yidaiyilu. gov. cn/p/268832. html，最后访问日期：2023-12-20。

③ 李自良，刘兵，潘莹，等．扎实推进“一带一路”核心区高质量发展取得新进展新成效［N］．人民日报，2023-10-04（02）．

④ 江仲平．新疆推进“一带一路”核心区建设述评［N］．新疆日报，2023-09-07（A01）．

⑤ 索蓉芝，郭倩．“一带一路”倡议十周年四联版特刊　打造“一港”开放枢纽［N］．新疆日报，2023-09-07（A01）．

设施，口岸进口、出口整体通关时间分别为 15.28 小时、0.1 小时，通关时效分别居全国第九位、第二位，通关时间分别较 2017 年 12 月压缩 84.31%、99.19%，均处于历史最高水平区间。① 建设开通跨境光缆 26 条，建成投运“疆电外送”直流通道 2 条、“西气东输”通道 3 条，“疆煤外运”年均增长 11.7%，“疆电外送”年均增长 38.9%。

2. 企业“走出去”步伐明显加快，共建共享赢口碑

“一带一路”倡议的提出，为企业提供了千载难逢的历史机遇，外向型企业坚持立足主业优势，继续发挥“领头羊”作用，将发展成果惠及更多当地人民，共建共享赢口碑。东风汽车、金风科技、广汇集团、特变电工等一些龙头骨干企业在塔吉克斯坦、哈萨克斯坦、格鲁吉亚、印度等国家建立了 7 个境外园区。② 截至 2022 年，特变电工公司在全球设立办事机构 100 多个，高新技术产品成功进入 70 余个国家和地区，为 30 余个“一带一路”沿线国家提供了包括勘测、设计、施工、安装、调试、培训、运营、维护服务等在内的交钥匙工程及系统解决方案。新疆金风科技股份有限公司国际化业务遍布全球六大洲 38 个国家，全球新增装机容量 12.7 吉瓦，全球市场份额约 15%，全球排名第一。③ 华凌集团在格鲁吉亚成立了经济特区和自由工业园，每年带动中国对格鲁吉亚出口近 1600 万美元，占中国对格鲁吉亚出口总额的 2%，带动本地就业超 3000 人，已成为双方高质量共建“一带一路”的成功范例。④ 新疆中泰集团投资建设新丝路塔吉克斯坦农业纺织产业园，先后投资近 20 亿元在塔吉克斯坦哈特隆和丹加拉两地建成 9 万亩棉花种植基地，2 座轧花厂，15 万锭纺纱项目，8000 吨针织布、1600 万米机织布、200 万件服装及配套印染项目，带动当地 2000 多人就业，创造固定就业岗位 2250 个，年临时用工 30 万人次，成为中亚产能最大、产业链最完善的农业纺织产业园。⑤

---

① 陈蔷薇．“一带一路”倡议十周年四联版特刊　打造“口岸经济带”开放门户［N］．新疆日报，2023-09-07（A01）．

② 《持续布局壮大清洁能源产业　金风科技全球风电装机容量突破 1 亿千瓦》，中国日报网，https：//baijiahao.baidu.com/s？id=1766484294831852495&wfr=spider&for=pc，最后访问日期：2023-05-21。

③ 《持续布局壮大清洁能源产业　金风科技全球风电装机容量突破 1 亿千瓦》，中国日报网，https：//baijiahao.baidu.com/s？id=1766484294831852495&wfr=spider&for=pc，最后访问日期：2023-11-01。

④ 《奔腾之路·对谈丨中格合作，新疆走在全国前列——访中国驻格鲁吉亚大使周谦》，天山网，https：//www.ts.cn/xwzx/jjxw/202309/t20230930_16421376.shtml，最后访问日期：2023-09-30。

⑤ 《中塔高质量共建“一带一路”结硕果》，天山网，https：//www.ts.cn/xwzx/gjxw/202407/t20240706_22341223.shtml，最后访问日期：2023-11-01。

3. 跨境电子商务得到发展，着力打造跨境电子商务枢纽陆港

新疆商务部门统计数据显示，2022 年，新疆跨境电商进出口 85.2 亿元，同比增长 311.6%，2023 年以来，跨境电商订单络绎不绝，前 2 个月实现跨境电商进出口 16.2 亿元，同比增长 326.3%。[①] 乌鲁木齐、阿拉山口、喀什、伊犁 4 个跨境电子商务综合试验区进出口值分别同比增长 24.9 倍、4.3 倍、2.1 倍、1.8 倍，[②] 发挥以点带面的引领辐射作用，创新拓展外贸发展新业态，已成为新疆外贸发展的新动能、转型升级的新渠道，实现内外贸一体化的开放新格局。2023 年 1 月 10 日，乌鲁木齐直飞哈萨克斯坦出口跨境电商全货机航线正式开通，共计 15 吨，价值 2474.4 万元。2022 年 2 月 27 日，我国跨境电商综合试验区首列跨境电商班列从新疆阿拉山口口岸发出，这是在 27 个城市和地区设立跨境电子商务综合试验区以来，我国发出的首列跨境电商班列。支持企业在喀什、阿拉山口等地建设口岸仓。

4. 聚焦大数据，引领经济高质量发展

持续推进丝绸之路经济带亚欧信息高速公路建设，围绕丝绸之路经济带核心区“五大中心”建设，以乌鲁木齐云计算产业基地、新疆信息产业园、新疆软件园、克拉玛依云计算产业园为支撑，加快推进丝绸之路经济带核心区数据、算法和算力中心建设，初步形成“两核多星”集聚发展布局，数据服务能力位居西部前列。[③] 乌鲁木齐经济技术开发区（头屯河区）的软件园打造软件与信息产业创新、聚集的专业化软件园区，已成为全疆软件与信息产业链最完整、产业集聚化程度最高的园区之一。克拉玛依云计算产业园，大数据建设更为迅捷，组成了强大的大数据方阵，中石油克拉玛依数据中心、中国移动（新疆）数据中心、华为云服务数据中心等已在园区建成并投入运行，重点发展物联网、大数据、电子商务、地理信息、云计算、软件研发、服务外包等产业集群，向丝绸之路经济带沿线城市提供云服务。

5. 资金融通迈上新台阶，打造创新发展新引擎

一是积极支持金融机构有序扩大市场布局，健全金融组织体系，为在丝

---

① 《跨境电商为新疆打造开放型经济注入新活力》，新华网，http：//www.xinhuanet.com/2023-03/23/c_1129456855.htm，最后访问日期：2023-11-01。

② 《跨境电商快速发展　新疆外贸新业态发力》，中国新闻网，https：//baijiahao.baidu.com/s?id=1755159345575430623&wfr=spider&for=pc，最后访问日期：2023-11-01。

③ 马伊宁．“5G+工业互联网”赋能新疆智造［N］．新疆日报，2020-12-14（A08）．

绸之路沿线国家发挥金融辐射作用立柱架梁。截至2023年6月末，新疆共有法人银行及各类银行业金融机构一级分行152家，较2012年末增加26家。二是着力提升跨境贸易投融资便利化水平。贸易外汇收支便利化试点工作取得积极成效，试点以来已办理试点业务1981笔，金额达8.78亿美元。① 以“线下+网上”办理服务，简化流程，提高效率，平均每笔外债办理时间较原先缩短2~7个工作日。国家大力支持对外直接投资，保证企业平等享受利用外资政策。三是稳步推进人民币向西“走出去”。截至2023年6月末，新疆跨境人民币结算金额累计突破3800亿元，覆盖境外118个国家和地区，办理跨境人民币结算业务的企业总数超3000家，有效帮助企业降低货币汇兑成本。② 四是加快金融向西开放合作步伐，加强与丝路沿线国家的金融业务对接与多边协商治理。

6. 强化经贸合作，走向更大开放

新疆“一带一路”建设的深入推进，依托各沿边口岸、跨境电商综合试验区、综合保税区和乌鲁木齐国际陆港区、喀什经济开发区、霍尔果斯等重点开放平台和载体，坚持深耕周边、拓展沿线，不断提升贸易投资便利化水平，稳步实施“走出去、引进来”战略，紧紧嵌入全球产业链供应链，商贸物流中心建设取得新成效。2023年，新疆进出口总额达3573.3亿元，引进区外到位资金增长16.5%，实际利用外资增长48.3%。中国新疆与中亚五国进出口值同比增长50%，占同期新疆外贸总值的79.4%，与前三大贸易伙伴国哈萨克斯坦、吉尔吉斯斯坦、塔吉克斯坦进出口值分别同比增长70.8%、25.8%、93.4%。③ 随着哈萨克斯坦—中国商品展览会、中国—亚欧博览会等一系列国际品牌盛会影响力、带动力的不断提升，新疆高水平对外开放平台发展辐射能力持续升级。

7. 人文交流不断走深、走实，核心区民意基础不断夯实

坚持将“共商共建共享”贯穿核心区建设各领域、全过程，加强组织领导、完善工作机制、狠抓工作落实，取得一批务实成果。稳步实施“留学

---

① 《大道如虹 聚焦共建“一带一路”倡议提出十周年》，新疆网讯，http：//www.urumqi.gov.cn/sy/zwxx/547244.htm，最后访问日期：2023-10-14。

② 《【共建“一带一路”十周年】王新平：“丝路金融”助力“一带一路”核心区建设》，中国金融新闻网，https：//www.financialnews.com.cn/zgjrj/202310/t20231009_ 280087.html，最后访问日期：2023-10-15。

③ 陈蔷薇.2023年新疆外贸进出口总值破3500亿元［N］.新疆日报，2024-1-25（A01）.

中国新疆计划”，已在俄罗斯、哈萨克斯坦、蒙古国、巴基斯坦、塔吉克斯坦、吉尔吉斯斯坦、格鲁吉亚七国建成10所孔子学院，新疆汉语国际推广成果被教育部列为“一带一路”教育行动典型案例，累计培养95个国家近1.2万名留学生。新疆获批丝绸之路经济带创新驱动发展试验区，组建丝绸之路创新研究院，建成国家级国际科技合作基地12个、“一带一路”联合实验室2个，组织实施上合组织科技伙伴计划及国际科技合作计划项目420个。①

（三）融入国家向西开放总体布局，高标准、高质量推进自由贸易试验区建设

党中央、国务院批准设立新疆自由贸易试验区，体现了对新疆开放发展的高度重视和充分肯定，对新疆打造内陆和沿边开放高地提出了新的、更高的要求，也为新疆全面深化改革、扩大开放注入了强大动力。这前所未有的发展机遇，必将对新疆经济社会发展产生重大而深远的影响。一是服务于“一带一路”核心区建设，积极融入国家向西开放总体布局。新疆与周边8个国家接壤，有着“五口通八国、一路连欧亚”的独特区位优势，拥有17个边境陆路口岸和3个航空口岸；新疆至欧洲高速公路全线贯通，开通国际道路运输线路118条；经由新疆口岸进出境的中欧班列约占全国通行总量的62%；现有民用机场25个；“疆电外送”直流通道2条，跨境光缆26条，“西气东输”通道3条，建设连接欧亚的综合物流枢纽，成为连通国内国际两个市场的重要枢纽。在“一带一路”倡议提出10周年之际设立新疆自由贸易试验区，依托新疆独特的区位优势，用好国内国际两个市场、两种资源，持续推进投资、贸易、金融等领域开放创新，建成了一条连接中西亚、辐射欧洲的国际贸易新通道，服务“一带一路”核心区建设，为共建中国—中亚命运共同体作出积极贡献。二是发挥改革开放综合试验平台作用，为深化改革提供新疆扩大开放经验。新疆自由贸易试验区是党中央、国务院批准设立的第22个自由贸易试验区，《中国（新疆）自由贸易试验区总体方案》充分立足新疆资源禀赋、区位优势和产业基础，赋予了新疆自由贸易试验区8个方面129项改革试点任务，其中6项改革试点任务涉及突破现行法律法规，包括改革重要工业品生产许可证审批制度、下放进出口企业种子生产许可证核发权限、

① 石鑫．“一带一路”倡议十周年四联版特刊　打造“五大中心”开放平台［N］．新疆日报，2023-09-07（A01）．

降低外资研发中心准入门槛、探索进口大麦加工为饲用芽苗闭环监管模式、推动在综合保税区开展保税混矿业务和探索开展跨境金融业务创新等。新疆自由贸易试验区的设立有利于新疆以深入实施自由贸易试验区提升战略为抓手，以制度创新为核心，推进集成性改革和制度型开放，不断提升改革质量、开放水平、发展动能和保障力度，努力形成更多可复制、可推广的制度创新成果，为新时代全面深化改革扩大开放贡献新疆力量。三是新疆推进对外开放全方位拓展，全力打造内陆开放和沿边开放的高地。新疆自由贸易试验区的设立，彰显新疆向世界敞开大门、扩大开放的决心，进一步丰富对外开放载体，提升对外开放层次，创新开放型经济体制，积极支持新疆企业遵循国际经贸规则，发扬和平合作、开放包容、互学互鉴、互利共赢的丝路精神，积极参与自由贸易试验区建设，与国内外企业深化合作，携手共同发展，持续推进高水平对外开放，打造内陆开放和沿边开放的高地。四是新疆自由贸易试验区的建设促进了新疆区域协调发展和民族团结。自由贸易试验区的设立为新疆各地区提供了更加平等和公正的经济政策环境，促进了新疆各地区之间的经济合作和互利共赢。同时，自由贸易试验区的成立也为新疆各民族提供了更多的就业机会和发展机会，促进了不同民族之间的交流和融合，增强了新疆的社会稳定和民族团结。新疆自由贸易试验区的成立给新疆的经济和社会发展带来了多方面的积极影响，包括促进经济合作、推动产业升级、促进人才流动和培养、推动区域协调发展和民族团结等，同时将为新疆的可持续发展提供有力支撑，为新疆的经济和社会发展注入新的活力和动力。五是新疆自由贸易试验区的建设推动了新疆的产业结构调整和升级。新疆结合自身产业优势，集中力量构建以油气生产加工、绿色矿业、新能源新材料、棉纺织等“八大产业集群”为支撑的具有新疆特色的现代化产业体系，推动经济高质量发展。新疆得天独厚的资源禀赋优势正转化为经济优势、发展优势。自由贸易试验区在政策上对新疆的特色产业和战略性新兴产业给予了更多的支持和优惠政策，鼓励企业加大研发创新、技术改造和转型升级的力度。自由贸易试验区还通过建设和完善相关的产业链、供应链与价值链，推动了新疆产业的协同发展和竞争力的提升。这些举措有助于推动新疆经济结构调整和升级，提升新疆的产业竞争力和可持续发展能力。六是新疆自由贸易试验区的建设促进了新疆的人才流动和人才培养。自由贸易试验区的设立为新疆提供了更加开放和包容的人才政策，吸引了更多的高级人才和创新创业人才来到新疆。这些人才带来了先进的管理经验、技术和创新思维，促进了新疆的人才培养和创新能力的提升。同时，自由贸易试验区的设立也为新疆的人才流动提供了更加便利和灵活的机制，吸引了更多的人才留在新疆，为新疆的经济和社会发展提供了人才支持和保障。

二、推进丝绸之路经济带核心区高质量建设的困难和问题

（一）配套基础设施建设相对滞后，功能亟待完善

随着丝绸之路经济带核心区建设迈向高质量发展之路，依靠西行“最后一站”优势，新疆的区位优势和交通优势日益凸显，逐渐从通道经济转身成为“通道+物流+枢纽经济”。霍尔果斯和阿拉山口口岸通行中欧班列和过货量实现双增长，导致口岸基础设施容量增长速度赶不上，场站资源短缺、场站换轨换装空间不足等问题愈加突出；新疆商贸物流基础设施薄弱，分拨集散中心、产业园区建设滞后，回程班列集货能力欠缺。第三方物流发展缓慢，信息化、专业化水平较低，冷链存储、运输、配送配套技术欠缺，运输车厢严重不足，冷链运输成本高。乌鲁木齐陆港区水、电、气等设施和市政道路、公路网络需更加完善；口岸综合配套设施功能需更加完善。

（二）产业基础薄弱，产业谋划与统筹发展不足

新疆工业产业结构的资源型特征十分明显，产品附加值低，同质化严重，企业自主研发和技术创新能力较薄弱，产业链条短、集聚能力弱；企业创新能力有限，科技成果转化能力相对较弱，进出口农产品同质化现象较为严重，多数生产主体生产组织化、规模化、标准化程度仍然较低，难以在市场上产生足够的影响力，缺乏深加工基地，运输货物附加值较低。新疆外贸企业和跨国公司数量少，外向型产品结构单一、附加值低、产品比重小等问题依然存在。新疆产业创新机制不完善，主导产业和品牌产品较少，上下游和外围服务企业配套不密集，缺乏创新人才。

（三）服务平台绩效不佳，支撑作用发挥不充分

中欧班列物流信息服务平台需强化互联互通，共享共用。物流平台公司联合协调机制需更加完善。新疆建设自由贸易试验区发展基础薄弱，应与沿海地区加强关于建设自由贸易试验区先进做法和先进经验方面的学习交流，并要积极借鉴落实，尤其是新疆创新环境和创新理念方面还有待突破，要缩小与内地自由贸易试验区建设先行先试各项工作中的差距。相对东部地区在

吸引人才方面的全面优势，新疆乃至整个中西部地区都面临人才流失的窘境。

三、丝绸之路经济带核心区高质量发展重点

（一）稳步推进乌鲁木齐陆港区建设，将港口枢纽资源转化为枢纽经济

以陆港区作为创新平台和试验载体，拓展新兴贸易业态、创新监管模式，在通关便捷、贸易便利、政策开放等方面营造与国际惯例衔接的制度环境；响应企业对“一带一路”沿线国家的贸易和投资需要，政府部门提供开放平台建设、贸易环境优化、体制机制保障等公共服务，金融保险机构提供多元化金融产品和境外风险保障服务；加快推进中欧班列乌鲁木齐集结中心扩建工程，推动中欧班列集结中心国际业务区域与多式联运中心形成统一的海关监管区，围绕班列集结中心公铁联运需求建设公路货运枢纽，加快完善中欧班列乌鲁木齐集结中心配套设施功能。用新疆地缘优势和新疆邮政稳定畅通的运邮渠道，推进进口保税备货模式跨境电商业务，吸引通过“渝新欧”“郑新欧”班列运输的中西欧产品在乌鲁木齐备货，利用乌鲁木齐连接全国各省省会城市的便利空运网络，实现跨境电商 48 小时送达国内消费者手中的目标；加快推进铁路口岸商务商贸区建设，实现进出口产品展示展销、跨境电商线下展示、保税展示交易等功能，以及集国际贸易企业总部办公、商品展示、商务接待、多功能国际会议等功能于一体的口岸商务商贸功能。立足新疆优势产业和区域经济特色，扩张延伸经济腹地，挖掘产业互补空间，打造具有国际国内双向辐射能力的国际产业合作基地。

（二）全面推进“五大中心”建设，加快内外联动

制定有关政策，推动物流基础设施投融资平台建设，支持国内外企业参与自治区商贸物流体系建设，积极搭建国际商贸物流合作平台。达到国际陆港物流组织平台、国际商贸交易平台、外向型产业发展平台等一批重点工程建设目标。依托商贸市场建设的基础条件，推动商贸流通与互联网、会展、旅游、金融等融合发展，打造国际批发市场集群、国际特色商品零售体系和国际贸易服务平台。大力推进文化创新，加快文化、体育事业发展，加大文化“走出去、引进来”力度，构建对外交流互联互通的新平台、新机制，全面提升文化感召力、媒体传播力，对外交流国际影响力和思想凝聚力。增进对周边国家在先行医疗服务模式、制度、市场需求等方面的了解，促进政策、

制度、信息等多方面的沟通协调，推动医疗卫生领域交流合作向深层次发展。全面落实丝绸之路经济带核心区区域金融中心战略定位，充分发挥区域金融中心对核心区建设的支撑和保障作用，增强辐射带动能力，着力打造三大特色金融基地，积极完善和壮大核心金融要素，实现金融服务功能的创新提升，强化金融风险防控。引导职业学校与“一带一路”沿线国家优秀职业教育机构开展教育交流合作，推进区内职业教育优秀成果的海外推介，展示中国新疆职业教育改革发展的成效。

（三）持续推动喀什、霍尔果斯经济开发区升级发展

建立健全稳定的财政科技投入增长机制，加强科技企业孵化，持续抓好高新技术企业培育。加快发展边境贸易、加工贸易等商贸物流产业，打造产业基地，探索国际交流合作新模式。完善跨境旅游合作区创建工作，推出跨境旅游精品线路，提升跨境旅游便利化水平。大力发展进出口实体加工产业，打造进出口产品加工基地，推进报税维修、研发设计、融资租赁等新业态集聚发展。以制度创新为核心，深入开展差别化探索，提升政策效能和效率，加快推进自由贸易试验区建设。以市场需求为导向，依托经济开发区聚集的资金、人才、技术等资源，实现高起点承接产业转型升级。

（四）整体驱动口岸经济带发展，充分发挥辐射带动作用

突出抓好霍尔果斯和阿拉山口综合口岸建设，积极争取国家在口岸基础设施建设、一站式服务平台提升改造和大通关建设等方面的资金支持，提升口岸通关过货能力。稳步推进喀什、霍尔果斯经济开发区基础设施建设，推动产业差异化布局、集群化发展。按照市场运作、企业化管理的方式，组建专业招商机构，推进以商招商、产业链招商。实现拓展网络、共享数据资源，打造全球化国际邮路通道网络；深化“一区多功能”监管创新，完善线下“综合园区”平台，把一般贸易检验中心、内贸货物监管中心、口岸作业区、快件监管中心等进行集中，更加优化“一站式、一窗口”有效服务。

四、推进丝绸之路经济带核心区高质量建设对策建议

（一）完善基础设施，提高综合运输能力

一是坚持市场化运作方式，形成市场主导的投资内生增长机制，强化项目带动、投资拉动和融资联动，撬动社会资本投向基础设施领域，强化项目

在稳投资、促增长中的支撑作用；二是建立完善项目库，加大对通信、交通、水利、能源等重点基础设施项目的推进力度；三是发挥乌鲁木齐多式联运中心、保税仓库等平台作用，完善流通加工、包装、信息服务、物流金融等物流服务；四是推动一批企业"上云用云"，新建一批工业互联网平台，推进信息技术融入百业服务大众，推动新一代信息技术发展应用同各产业深度融合；五是统筹交通规划布局，加快推进现代化高质量综合立体交通网。

（二）加快推进高质量"聚产业"，延伸产业链

一是推动一二三产业融合发展，重点抓好"八大产业集群"建设，统筹推进现代化产业体系，注重资源开发精细度、产业链现代化和产业基础高级化，使产业链和创新链双向融合发展，营造现代产业体系构建环境；二是加快乌鲁木齐和阿拉山口"陆港型+口岸型"国家物流枢纽建设，完善国际国内物流通道衔接，提升口岸通关承载能力，加快推进中欧班列集结中心建设；三是抓好中央对喀什、霍尔果斯经济开发区实施的特殊优惠政策的贯彻落实，促使优势产业发展，努力建设加工贸易和服务业发展示范基地，实现产业集聚和创新创业人才集聚；四是加强产融结合，不断开拓创新，提升金融服务实体经济能力；五是加大招商引资力度，充分发挥辐射带动作用，推进产业深度融合；六是鼓励引导辖区各企业积极参与"一带一路"国际合作，深化开放程度、提升开放水平，加强边（跨）境经济合作区、境外经贸合作园区建设；七是加快推进援疆工作，加强各企业间学习交流合作，做好承接东中部地区产业有序转移。

（三）创新核心区体制机制，提升服务能力

一是坚持以新发展理念引领核心区建设发展，充分发挥积极性、主动性，扎实推进丝绸之路经济带核心区重大项目建设和重点产业发展，确保各项重点任务落到实处、取得实效。二是明确牵头单位、责任部门和责任分工，形成纵向指导与横向协调相结合的工作落实机制，从大局出发，积极作为，密切配合，形成合力。担当履职尽责，保质保量完成各项任务，努力开创核心区建设新局面，拓展首府经济发展新空间。① 三是持续深化"放管服"改革，简化程序，提高效率。推进商事制度改革，深化"多证合一""证照分离"

---

① 《徐海荣主持召开丝绸之路经济带核心区建设首府重点工作专题会》，红山网，https：//www. hongshannet. cn/sylm/syyw2/202105/t20210525_ 749608. html，最后访问日期：2023-11-01。

改革，推动各类市场主体发展壮大，改善公平竞争、充分开放、高效规范的市场环境，呈现充满活力的市场主体。四是优化核心区建设评估体系，强化日常和年度绩效考核，全面落实核心区建设各项任务。①

（四）强化培育和引进人才资源

要不断深化对习近平总书记“人才是第一资源”重要论述的认识，将人才工作列为丝绸之路经济带核心区建设的重要议事日程。② 一是深化人事制度改革，突破体制机制约束，优化服务人才营商环境，建立健全统一规范、竞争有序、更加开放的人力资源市场，让人才能够实现顺畅有序流动；二是立足于培育本地人才，在核心区建设重点领域包括人才开发计划中，围绕基础设施建设、商贸物流、加工制造、人文交流等，推动新疆高校深化教育改革，优化专业设置，培育高素质、复合型的人才队伍，全面提升新疆对外工作的能力；三是让每一个想干事的人能干事、干成事，留住人才，营造人尽其用的用人环境；四是学习用好援疆干部成熟的发展思路和先进的发展理念，为建设美好新疆贡献力量；五是进一步完善新疆的人才政策，加快形成具有区域竞争优势的人才政策优势，通过利用分层次、分区域、分重点等灵活的人才政策，吸纳集聚各类尖端人才和实用人才；六是加大人才投入力度，支持和鼓励各级用人单位采取更加灵活的方式引进高层次人才。

---

① 祝辉．丝绸之路经济带核心区建设研究［M］．兰州：兰州大学出版社，2023：204.

② 丁守庆，石岚．丝绸之路经济带核心区建设［M］．乌鲁木齐：新疆人民出版社，2022：294.

第十四章　新疆塔城重点开发开放试验区发展报告

孜列·木合牙提[①]

摘　要：塔城重点开发开放试验区虽然在完善体制机制、推动跨境贸易和项目建设、边民互市转型升级、促进跨境电商发展等方面取得了一定成效，但仍存在口岸基础设施建设滞后、口岸交通运输方式单一、口岸产业基础薄弱、缺乏外向型人才、财政保障能力弱等制约因素。为此，提出5个方面的对策建议：不断完善口岸基础设施，提高口岸通关过货能力；大力发展多式联运，扩大对外开放；建设进出口加工制造基地，转型升级产业结构；深入挖掘各类人才的潜力，提升人才队伍的素质；改善营商环境，加大招商引资力度。

关键词：新疆塔城重点开发开放试验区；巴克图口岸；高质量发展

党的二十大报告指出，支持革命老区、民族地区加快发展，加强边疆地区建设，推进兴边富民、稳边固边，优化区域开放布局，提高中西部地区开放水平。塔城作为沿边地区，与哈萨克斯坦山水相连，是服务共建“一带一路”、打造周边命运共同体的“战略通道”和“开放前沿”，重点开发开放试验区是沿边开发开放的重要平台，是加强与周边国家和地区合作的排头兵。

一、新疆塔城重点开发开放试验区发展进展与成效

（一）新疆塔城重点开发开放试验区建设历程

2023年是“一带一路”倡议提出的10周年，共建“一带一路”已经从

---

① 孜列·木合牙提，新疆社会科学院经济研究所助理研究员。研究方向：区域经济学和发展经济学。

蓝图变成现实，新疆作为丝绸之路经济带核心区真正站到了我国向西开发开放的前沿。在基础设施方面，新疆加大了对交通、能源、通信等基础设施的投资，不断完善丝绸之路经济带的交通网络和物流体系，在提升区域联通能力和跨境贸易便利化方面取得了重要进展。在经济合作方面，新疆积极开展与中亚、西亚国家的经贸合作，加强与沿线国家的经济联系和务实合作，通过建立自由贸易区、经济技术合作区等多种形式，吸引了大量的投资和企业参与，推动了区域经济的发展。在产业发展方面，新疆着力打造丝绸之路经济带上的重要产业基地，特别是在能源、石油化工、农业、旅游等领域加大了投资和支持力度，提升了区域产业的竞争力和吸引力。

前期，国家已在广西东兴、云南瑞丽、内蒙古满洲里、内蒙古二连浩特、云南勐腊、黑龙江绥芬河—东宁、广西凭祥、广西百色设立重点开发开放试验区，是我国构建全方位对外开发开放格局的一项重要举措，在加快与周边国家互利共赢共同发展、探索沿边开放开发等方面取得了明显成效和重要进展，越来越受到周边国家和沿边地区的重视。综合考虑新疆对外开放的现状，从优化国家和新疆向西开放的整体布局出发，设立塔城国家重点开发开放试验区有助于打造新疆南有喀什、中有霍尔果斯、北有塔城的开放格局，是新疆提高开放水平和提升合作能力的有效选择，是西部沿边地区开发开放的新试验和新探索。

巴克图口岸是离城市近、通商条件较好的陆路口岸，具有独特的城市腹地资源，有着重要的区位优势和战略地位。面向哈萨克斯坦、俄罗斯 5 个州 10 个新兴工业城市，出境至哈萨克斯坦巴克特口岸约 800 米，至马坎赤市约 60 公里，至乌尔加尔机场大约 110 公里，至阿亚古兹火车站约 250 公里，距新西伯利亚（俄罗斯最大的高科技城市）约 1345 公里。1992 年，国务院特区办批复设立塔城市边境经济合作区；2013 年 12 月，巴克图口岸作为全国首个陆路口岸农产品快速通关“绿色通道”试运行；2014 年 10 月，获进境粮食指定口岸资质；2018 年，自治区政府确定巴克图口岸为边民互市贸易转型发展试点口岸；2019 年 3 月，获指定进口肉类口岸资质；2020 年，国务院同意俄罗斯、格鲁吉亚、韩国等 18 国商品在巴克图口岸边民互市区进行贸易；2020 年 5 月，塔城市被国家列为边民互市进出口商品落地加工第一批县（市）；2020 年 11 月，商务部同意将塔城列为边民互市贸易进口商品落地加工的试点县（市）；2020 年 12 月 7 日，国务院同意设立新疆塔城重点开发开放试验区，成为西北地区第一个、全国第九个沿边重点开发开放试验区。

（二）新疆塔城重点开发开放试验区发展总目标

以丝绸之路经济带核心区建设为驱动，推进试验区与中亚地区、俄罗斯和欧洲的开放通道建设，增强试验区集聚和辐射带动能力，建设国内国际双循环的重要枢纽。精耕细作中亚市场，创新合作方式方法，加强经贸、投资、产业、人文合作交流，构建与中亚国家、俄罗斯和欧洲全方位、宽领域、多层次开放合作新格局。用好对口援疆机制，拓展东西部合作，创新兵地融合和央地合作模式，促进发展要素集聚，加快构建优势产业集群，增强内生发展动力，构筑口岸带动腹地经济发展新典范，打造沿边经济发展新引擎。深化与周边国家睦邻友好关系，深入实施兴边富民行动，提升边境管控现代化水平，形成维护边境和国土安全的重要屏障。

到 2025 年，提升塔城重点开发开放试验区基础设施互联互通水平，改善巴克图口岸连通中亚国家的陆路物流通道；加快发展以现代农业、新型工业、生态旅游业和现代服务业为主的现代产业，国际经贸合作取得新进展；营商环境取得显著改善，生态文明建设得到新进步，形成一批可复制、可推广的创新试验成果和可视性成果。到 2030 年，大幅提升塔城重点开发开放试验区基础设施互联互通水平，进一步畅通巴克图口岸连通中亚地区、俄罗斯和欧洲的陆路通道；基本建立规则健全、可管可控、富有活力、高度开放的联动开发开放模式，深入推进国际经贸合作；基本形成以现代农业、新型工业、生态旅游业和现代服务业为主的现代产业体系，大幅提升特色优势产业竞争力；集聚各类资源要素，综合经济实力显著增强，人民生活更加富裕，明显提高稳边固边能力，建成经济繁荣、生态优美、宜业宜居、民族团结、睦邻友好、引领开放的丝路新城。展望 2035 年，试验区成为引领区域开发开放的重要引擎、国际合作的重要平台，综合经济实力、营商环境水平、人民生活质量达到全疆一流。①

（三）新疆塔城重点开发开放试验区发展思路

新疆塔城重点开发开放试验区地处亚欧大陆地理中心，毗邻哈萨克斯坦，总面积 15951.43 平方公里，包括塔城市、沙湾市、乌苏市、额敏县、和布克赛尔蒙古自治县、托里县、裕民县部分区域和新疆生产建设兵团第九师部分

① 《新疆塔城重点开发开放试验区发展目标》，塔城地区行政公署网，http：//www.xjtc.gov.cn/ztzl/xjtczdkfkfsyq/syqgk/content_ 36284，最后访问日期：2023-11-02。

团场，空间布局为“一核、两廊、三区”①。“一核”是以巴克图口岸、塔城市边境经济合作区为载体，建设农畜产品加工园区、建材产业园区、装备制造园区、新能源产业园区、生态文化旅游示范区、综合产业园区、口岸贸易区、进出口产品加工园区、国际物流园区、九师片区先行发展区。“两廊”是以克拉玛依—塔城—阿亚古兹出疆铁路通道、克拉玛依—塔城高速公路、奎北铁路等交通干线为主轴，以塔城机场、和布克赛尔机场为支点，以重点城镇和园区平台为载体打造的塔北经济走廊，以及以第二条亚欧大陆桥—兰新铁路出疆通道、连霍高速公路等交通干线为主轴，以乌苏机场为支点，以自治区级园区、中心城镇为主要载体构筑的塔南经济走廊。“三区”是依托各县产业优势和特点，建设现代农牧业发展示范区、制造业创新发展示范区、生态文化旅游示范区。试验区按照辐射周边、协同发展的思路，优化产业结构、加强生态环境保护、改善民生福祉、促进文化繁荣，加强区域合作与开放。

新疆塔城重点开发开放试验区的发展思路是：以经济建设为中心，加快塔城经济发展，推动经济结构优化升级，构建现代化产业体系；以绿色发展为导向，加强生态环境保护和修复，推动资源高效利用，打造生态宜居的塔城；以人民生活为核心，改善人民生活，提升公共服务水平，增强人民获得感和幸福感；以文化繁荣为支撑，保护和传承民族优秀文化，推动文化产业发展，打造多元共享的文化体验区；以开放合作为动力，加强与内外地区的经贸合作，扩大对外开放，构建面向中亚、俄罗斯的边境开放通道，推动塔城成为陆海内外联动的重要区域枢纽城市。

1. 优化产业结构

塔城重点开发开放试验区培育和发展有竞争力的产业，特别是在农产品加工、纺织制造、装备制造、新能源等领域。发展绿色农业，推动粮食全产业链发展，升级棉花生产保护区建设，打造绿色有机特色品牌，重点发展加工番茄、加工辣椒、红花、饲草料、打瓜、中药材等地方特色产业，推动畜牧业高质量发展，加快种业、蔬菜基地建设，培育特色林果业发展。支持出口食品原料种植（养殖）场备案和产品注册认证，促进特色优势农产品出口，支持优质农副产品进出口加工基地建设，打造农产品（蔬菜）国际物流中心和冷链物流基地，培育有机食品精深加工、中药研发等产业。

① 《新疆塔城重点开发开放试验区先行发展区布局》，塔城地区行政公署网，http：//www. xjtc. gov. cn/ztzl/xjtczdkfkfsyq/syqgk/content_ 36291，最后访问日期：2023-11-02。

支持发展加工制造业，做大做强现有龙头企业，加快构建生物基新材料生产加工、装备制造产业集群，积极发展信息技术、新材料、先进装备制造、生物医药、节能环保等战略性新兴产业，围绕专业农牧机械、专用车辆等重点领域，培育一批骨干企业和优势产品，通过吸引外部投资和技术引进，支持企业创新和技术研发，优化塔城的产业结构，推动传统产业转型升级，提升产业附加值和市场竞争力。

提升现代服务业发展质量，加快商贸物流业发展；加快金融、信息通信和软件、科技、法律等服务业发展，推动医疗健康、养老、育幼、文化、体育、家政、物业等生活性服务业向高品质和多样化升级；加快发展节庆文化游、民俗风情游、口岸边境游等地方特色旅游。

2. 加强生态环境保护

保护好试验区内森林、河流、湿地、绿洲、草原等生态环境，重点实施乌苏片区、沙湾片区生态保护修复工程与塔城老风口及第九师退化防护林修复工程，协同推进“奎屯—独山子—乌苏”重点区域大气污染联防联控和重污染天气应对机制建设，提升试验区重点区域生态环境质量。注重生态环境保护和修复，加大生态建设投入，应用节能减排、清洁生产等新技术，提高资源利用效率，构建园区资源循环利用产业链，打造低碳转型发展的示范园区，推动绿色发展，打造宜居的生态环境。

加强与哈萨克斯坦在跨境流域生态环境治理、大气污染治理、林地草原保护、生态保护与修复技术、生态环境监测信息共享等方面的交流合作，强化与哈萨克斯坦东哈州在动物重大疫病、林草防火、有害生物防治等方面的合作，探索跨国跨区域环保合作新模式。牢固树立“生态优先、绿色发展”的理念，加快新疆塔城重点开发开放试验区建设，立足特色，发挥优势，统筹“山水林田湖草沙”一体化保护和系统治理，推动绿色低碳生产生活，大力发展可再生能源，促进经济社会发展全面绿色转型。

3. 改善民生福祉

加大对教育、医疗、基础设施建设等民生领域的投入，提高公共服务水平，改善人民生活，增强人民获得感和幸福感。加大对教育的投资力度，提升学校设施水平和教师待遇，提高教育质量，推出教育补贴计划，确保每个家庭都能享受到良好的教育，加强对人才的引进和培养，鼓励高校、科研机构和企业开展合作，提升人才培养和科技创新能力，提供更多高质量的人才支持。建设和改善医疗设施，提高公共医疗服务的覆盖率，鼓励私人医疗机构的发展，并加强医疗资源的合理分配，满足人民的基本医疗需求。优化城市规划，改善交通、供水、供电等基础设施，提升道路、铁路、航空等方面的连接能力，改善物流和交通条件，降低物流成本，促进产业发展和区域一体化，提高居民的生活质量和城市的可持续发展。

4. 促进文化繁荣

保护和传承塔城的优秀民族文化，推动文化产业发展，打造多元共享的文化体验区，丰富人们的文化生活。组织多样性文化活动和节日庆典，鼓励各民族之间相互了解、交流与学习，举办文化展览、戏曲表演、阿肯弹唱会、那达慕大会等，提供一个平台让各个民族展示自己的文化艺术。注重保护和传承本地民族文化和传统文化，开设相关培训班和课程，培养年青一代对中华民族传统文化的自豪感和认同感。提供资金和资源支持本地艺术家、作家、音乐家等从事创作工作。利用本地自然和人文资源，开发文化旅游产品，吸引游客前来参观和体验本地的文化风情，推动旅游事业的发展，打通中国—中亚—俄罗斯—中东欧—波罗的海北部跨境旅游国际通道，开发“库鲁斯台草原—口岸城市—阿拉湖”跨境旅游精品线路。

5. 推动区域合作与开放

完善口岸综合服务功能，推动口岸周边区域配套建设相关物流设施与大宗商品交易场所，设立塔城、乌苏综合保税区或保税物流中心，申报建设巴克图口岸水果、食用水生动物、冰鲜水产品等进境指定监管场地，打造面向中亚、俄罗斯的检验检测认证服务平台。推动塔城成为与中亚、俄罗斯等国家及地区的重要边境开放通道，推动塔城至阿亚古兹段铁路建设，设立铁路口岸，打造中欧班列巴克图新通道，积极与内外地区开展经贸合作，促进贸易和投资的畅通，提升对外开放水平，丰富国际交流合作平台，创新国际交流合作方式，提升国际交流合作水平，构建陆海内外联动的重要枢纽城市，提升塔城地区在国际贸易中的地位和影响力。

（四）新疆塔城重点开发开放试验区发展现状与成效

1. 体制机制逐步完善

2020 年 12 月，根据《国务院关于同意设立新疆塔城重点开发开放试验区的批复》，国家发展改革委印发《新疆塔城重点开发开放试验区建设实施方案》，自治区党委、人民政府出台《关于加快推进新疆塔城重点开发开放试验区高质量建设的若干政策》，印发《新疆塔城重点开发开放试验区建设总体规划（2021—2030年）》，有力推动和支持了新疆塔城重点开发开放试验区高质量建设。参照霍尔果斯经济开发区机构设置模式设立试验区管委会，探索实行试验区与塔城地区“区区合一”的管理模式，集中塔城地区各种资源和力量，建立试验区先行发展区、各分区统一协调机制。2023年9月13日，新疆塔城重点开发开放试验区党工委、管委会成立，建立“区区合一”管理模式，按照集中式管理、开放式运营、自主式开发、一站式服务机制运行，充分向试验区先行发展区授权赋能，创新出台试验区项目审批代办、帮办等4项制度。

2. 跨境贸易稳中有进

表14-1为2023年1—8月新疆外贸进出口总额，2023年前8个月新疆外贸进出口值21919244万元，同比增长51.2%，贸易增速高于全国51.3个百分点；出口值18471130万元，同比增长53.5%，高于全国增速52.7个百分点；进口值3448114万元，同比增长40.2%，高于全国增速40.2个百分点。1—8月，塔城进出口总额797785万元人民币，全疆排名第六，同比增长16.7%，试验区积极推动跨境贸易，加强与邻国的合作，增加了出口额和进口量，前三季度累计验放交通运输工具约4.2万辆次，进出口货物46万吨，创历史新高。

表14-1　2023年1—8月新疆外贸进出口总额（人民币值）

地区	进出口总额		出口额		进口额	
	人民币（万元）	人民币同比增长（%）	人民币（万元）	人民币同比增长（%）	人民币（万元）	人民币同比增长（%）
合计	21919244	51.2	18471130	53.5	3448114	40.2
喀什地区	5120274	98.5	4987841	99.4	132433	68.1
伊犁州	5057224	65.0	4875569	61.0	181655	388.6
乌鲁木齐市	4573638	35.7	3561608	42.8	1012030	15.5
博州	2978189	48.3	1155176	38.6	1823013	55.3
阿克苏地区	907354	33.8	899542	33.7	7812	45.5
塔城地区	797785	16.7	765339	13.4	32446	277.3
阿勒泰地区	713686	28.5	618650	30.9	95036	15.2
昌吉州	696299	-3.2	646099	4.8	50200	-51.2

续表

地区	进出口总额		出口额		进口额	
	人民币（万元）	人民币同比增长（%）	人民币（万元）	人民币同比增长（%）	人民币（万元）	人民币同比增长（%）
巴州	284468	89.7	252439	83.4	32029	159.1
石河子市	261968	16.6	248462	30.6	13506	-60.6
和田地区	189518	69.7	189444	69.6	74	3228.7
克州	177506	-9.7	147293	-20.3	30212	156.9
克拉玛依市	107021	66.8	97568	70.6	9453	35.0
哈密市	44981	-31.5	17132	-64.2	27848	57.0
吐鲁番市	9334	-56.3	8966	-13.8	367	-96.6

数据来源：中华人民共和国乌鲁木齐海关统计数据，http：//urumqi. customs. gov. cn/urumqi_ customs/556675/556651/556655/556656/5380454/index. html。

3. 项目建设有序推进

试验区内产业结构逐步优化，现代农业、旅游文化、新能源和装备制造等产业发展较快，对区域经济增长起到了积极的推动作用。截至 2023 年 7 月，试验区先行发展区累计入驻企业 63 家，电子产业园、小家电制造、风电设备主机制造等一批项目陆续建成投产，带动巴克图口岸从“通道经济”转向“产业经济”“口岸经济”。试验区先行发展区总投资 76 亿元，实施固定资产投资项目 43 个，2023 年度投资 30.53 亿元，其中，新建项目 10 个、续建项目 28 个、储备项目 5 个。截至 6 月底，试验区先行发展区 35 个新建、续建项目已开工，招商引资到位资金 17.79 亿元，完成年度目标任务的 50.83%。

4. 边民互市转型升级

边民互市贸易是边境地区边民在边境线 20 公里以内、经政府指定的集市或批准的开放点，进行不超过规定数量范围或金额的商品交换活动。2009 年 2 月，外交部同意塔城巴克图口岸边民互市市场实行“一日游”贸易；2010 年 12 月 28 日，外交部同意以巴克图互市区为试点，由“一日免签”延长至“三日免签”。巴克图中哈边民互市是全疆首批边民互市贸易转型发展试点，边民通过互助组抱团经营，参与互市交易、装卸运输及落地加工等，形成了良好的社会效应和经济效应，并为新疆其他口岸开展边民互市贸易转型发展积累了经验。充分利用国家给予的“每人每天交易 8000 元免税”的优惠政策，提升边民在互市贸易交易中的参与度，积极组建边民合作社。2023 年上半年，共计16442人次参与边民互市交易，累计收入120余万元。同时，用好边民互市进口商品落地加工试点政策，创新“边民互市+落地加工”发展模式，制定边民互市“整进整出”业务流程，落地加工范围已扩大到周边3个国家8个品种。2023年1—8月，边民互市共进口大宗商品2581车，货值2.31亿元，重量5.45万吨，提前完成全年目标任务，实现了边民和企业共赢。

5. 跨境电商发展初显成效

塔城地区高度重视跨境电商产业发展，全力构建“买全国卖全球、买全球卖全国”的贸易格局，投资390万元用于搭建跨境电子商务平台，强化监管、提升服务，积极推动跨境电商货物安全、快速、顺畅、高效通关。2022年9月30日，巴克图口岸首单“9710”（跨境电子商务B2B直接出口）跨境电商货物顺利通关；仅1个月，通过巴克图口岸累计出口鞋类、服装、百货、数码电子商品等跨境电商货物77单，重量445.13吨，贸易额1.07亿元。开通跨境电商货物出口贸易后，塔城地区口岸委协调海关、边检等查验部门通过上门服务、预约通关、提前查验、开辟“绿色通道”、快速放行等措施全力保障进出口业务顺利进行。

二、新疆塔城重点开发开放试验区发展的困难与问题

（一）口岸基础设施建设滞后

自2015年以来，巴克图口岸查验设施共计投入1.9亿元，建成联检厅、车检通道、车体检查厅、海关H 986查验中心、出入境道路、口岸区“煤改电”等设施设备，查验方法更加精准，通关能力明显提高。2021年，塔城地区加大对口岸先行发展区基础设施投资力度，先后投入26.37亿元初步建成口岸区的道路、通信、饮水、电力等配套设施，口岸服务保障功能日益完善。从建设丝绸之路经济带和扩大对外开放的战略高度看，口岸在综合保税区、仓储物流、查验设备、通关环境、运输方式等方面仍较为滞后，“智慧化”“电子化”建设还在起步阶段，口岸体量比较小，承载能力低，海关监管仓库吞吐能力弱，监管货场条件差，基础设施建设和疆内其他口岸相比相对薄弱。哈方巴克特口岸的基础设施建设相对落后，口岸基础设施发展不对等，在很大程度上制约了口岸通关服务和效率的提升。

（二）口岸交通运输方式单一

塔城位于新疆的边远地带，地理位置偏僻，交通运输方式单一，仅依靠汽车运输，极大地制约了对外贸易发展，与以铁路运输为主的霍尔果斯和阿拉山口口岸进出口货物量相差甚远，口岸带动能力较弱。经由哈萨克斯坦的中欧班列数量日益增加，阿拉山口、霍尔果斯已经不能满足未来发展需求，巴克图至阿亚古兹铁路规划长度约 265 公里，是连接太平洋和大西洋最短、最便捷、最安全的国际铁路。中哈两国 2015 年 12 月签署的《中哈合作规划纲要（2015—2020 年）》明确，加强构建互联互通的通道建设，研究建设克拉玛依—巴克图—阿亚古兹铁路项目的可行性；2017 年 3 月 22 日，塔城地区与东哈萨克斯坦州政府共同编制《塔城至阿亚古兹铁路方案研究（初稿）》；2019 年 5 月 30 日，克拉玛依至塔城铁路开通，为打通新疆至中亚及欧洲的第三条铁路通道奠定基础；2023 年 5 月 17 日，国家发展改革委与哈萨克斯坦工业和基础设施发展部签署关于共同开展中哈第三条跨境铁路前期研究的谅解备忘录，共同完善交通基础设施，有效提升边境口岸过货量。2023 年，自治区重点交通项目有 77 项，塔城至阿亚古兹铁路建设项目仍在筹备中，缺少高位推动和项目资金支持是制约塔城至阿亚古兹铁路建设的主要因素。

（三）口岸产业基础薄弱

塔城地区经济主要依赖农业和资源开发，产业结构相对单一，缺乏多元化的产业结构可能会导致经济发展的不稳定和脆弱性。目前，巴克图口岸正处于建设阶段，企业入驻条件不成熟，加工贸易进出口值占比极低，从事加工贸易的企业数量较少，承接加工贸易转移能力不足，外向型产业发展规模小，聚集度较低，外贸发展缺乏主导产业支撑，尤其是在农副产品加工转化和产业链延伸方面，缺乏有实力的龙头企业，本地产品缺乏品牌优势，产业附加值较低，整体竞争力较弱，产业配套不足，产业链不完整，商贸流通基础设施滞后，缺乏上下游配套产业项目，产业聚集效应不强，产业链条延伸还面临艰巨的任务。与发达地区相比，试验区的产业技术水平相对较低，创新能力和科技含量较低，阻碍了新兴产业的发展和转型升级，限制了试验区经济的竞争力和可持续发展。

（四）缺乏外向型人才

塔城地区相对较少的人口数量和相对落后的教育水平导致人才和技术短

缺，普遍存在外地人才引不进、本地人才留不住的问题，特别是高素质专业人才、各类技能型人才相对稀缺，当前人才的数量、质量均与试验区发展的需求不匹配。随着塔城重点开发开放试验区建设快速推进，需要一批具备国际贸易专业知识，熟悉国际贸易经济规则、法律、投融资的外向型经济人才，特别是高端外向型人才。虽然试验区采取了一些措施吸引高层次人才，但与高新技术产业和创新创业的需求相比，人才供给仍存在不足。

（五）财政保障能力弱

开发开放试验区需要大量的资金投入，包括基础设施建设、产业引进等方面的投资，由于地区经济发展相对滞后，政府和企业的资金实力有限，因此资金投入不足是一个发展困难。从经济发展来看，长期以来受地缘、资源、资金、财力等诸多因素影响和制约，地区经济发展缓慢，财政增收来源单一，基础不牢固。当年可用财力只能维持低标准基本支出需求，而各领域财政支出的刚性增长，造成收支矛盾进一步加剧。塔城地区属于典型的财政自给率低的地区，低于 30%，大部分依靠上级补助，试验区基础设施建设主要依靠融资，但目前融资渠道有限、融资创新缓慢，建设资金紧张的问题较为突出。

三、新疆塔城重点开发开放试验区发展的趋势分析与对策建议

（一）趋势分析

2023 年 11 月 1 日，中国（新疆）自由贸易试验区挂牌成立，成为西北沿边地区设立的首个自由贸易试验区。自由贸易试验区的设立将进一步改善新疆的投资环境，吸引更多的国内外资本流入，吸引更多的企业和产业集聚到新疆，形成产业链和价值链的集聚效应，促进新疆的产业升级和转型，提升产业附加值和竞争力。自由贸易试验区的建设会带动新疆的基础设施建设，包括交通、通信、能源等领域的投资和建设，将提升新疆的交通运输能力，降低物流成本，提高区域竞争力。自由贸易试验区将进一步扩大对外开放程度，降低外商投资准入门槛，提供更加便利的贸易和投资环境，促进新疆的外贸发展，推动新疆与国内外企业进行更紧密的合作，促进技术、资金、人才等要素的跨境流动，带来更多的合作机会和创新资源，促进新疆的外贸多元化发展。

塔城重点开发开放试验区作为国家级试验区，将在政策环境、经济发展、

外贸开放等方面享受一系列优惠政策和措施。这将为塔城的经济增长和社会发展带来新的机遇和动力，有助于吸引更多的投资和企业落户，推动塔城的经济发展加快，促进产业结构的优化升级，推动创新创业活动的蓬勃发展。试验区探索跨境电商、保税物流、跨境金融等领域的创新发展，促进塔城与外部市场的紧密联系，吸引更多的外贸企业进驻，推动外贸发展，与中亚、俄罗斯等国家的合作将得到进一步加强，在贸易、投资、科技、文化等领域实现互利共赢。

（二）对策建议

1. 不断完善口岸基础设施，提高口岸通关过货能力

加大基础设施建设力度，提升交通、能源等基础设施水平，包括道路、供水、供电、通信等方面的建设，提高基础设施质量，扩大基础设施覆盖面，为居民提供更好的生活和工作条件，为企业发展提供便利条件，提升试验区的整体竞争力。对巴克图口岸国门广场（二期）、26 万平方米标准化厂房、甩挂场、检验检疫设施、监管货场、新能源创新产业园、水电四局塔筒制造、三一重能风机叶片、金风科技风电装备出口制造基地、G335 塔岔口—托里—巴克图口岸（塔岔口—额敏段）等项目，以及温州国际大酒店、中亚文化交流中心、科创中心、中亚文化民俗园、国际大巴扎等项目主体工程进行改扩建，努力将巴克图口岸的通关过货能力提高至 200 万吨，进一步优化试验区发展布局，推动各园区供排水、道路、供电等基础设施建设步伐，不断提升承载力。

做好外贸平台申建及指定产品进口口岸资质申请工作，大力支持指定监管场地的建设工作，深化与周边国家检疫合作，加快申请巴克图口岸进口水果、种苗、食用水生动物、冰鲜水产品等指定口岸资质，做好综合保税区、自由贸易试验区等平台的筹备申建工作。依托巴克图口岸向西开放的地缘优势，不断加快口岸仓、海外仓建设，及时赴商务部和有关部委汇报衔接，加快跑办进度，积极申报塔城跨境电子商务综合试验区。不断完善口岸综合服务功能，提升海关监管能力，创新海关、边检的方式和方法，积极构建口岸建设电子信息服务平台，加强对物流信息的监控，加快推进“单一窗口”建设，通过电子口岸平台进一步提升通关便利化，同时为试验区、边民互市、跨境电商、进出口加工企业提供强有力的数字化支撑，使货物流通可溯源、可跟踪。

全面提升巴克图—巴克特口岸的出入境通关环境、监管条件和服务品质，建立和东哈州政府层面的对话机制，推动哈方口岸与我方口岸基础设施建设相匹配、外贸政策相对等，深化与哈萨克斯坦海关各领域合作，逐步简化双方海关程序，创新通关模式，加强口岸跨区域监管合作，提高通关效率，建设通关示范口岸。

2. 大力发展多式联运，扩大对外开放

依托塔城机场、巴克图口岸推进通往中亚及欧洲的铁路、公路和航空多式联运，努力把试验区建成深化与中亚国家合作的重要平台、沿边地区经济发展新的增长极、丝绸之路经济带的重要支点，进一步促进塔城地区发展多式联运贸易和扩大对外开放。从国家层面高位推动巴克图—阿亚古兹铁路建设，目前该项目国内段塔城至巴克图口岸铁路项目已被列入《新疆维吾尔自治区综合交通（铁路）发展战略（2018—2030）》，积极将塔城至阿亚古兹铁路国内段列入国家《中长期铁路网规划》，作为国际运输通道纳入中哈两国重大合作项目，力争在“十四五”时期开工建设，打通连接中亚、欧洲的铁路新通道，使塔城地区全方位、多层次扩大向西开放。同时根据国家发展改革委试验区建设实施方案精神和自治区党委“疆内铁路环起来”的要求，积极推动塔城地区重点铁路纳入国家《中长期铁路网规划》，塔城至阿拉山口铁路全线281.98公里，匡算总投资89亿元；和什托洛盖至和布克赛尔至铁厂沟铁路全线203公里，匡算总投资为63亿元；和布克赛尔县至阿勒泰（布尔津）铁路全线166公里，匡算总投资58亿元，力争项目早日开工建设，进一步优化塔城地区路网。

3. 建设进出口加工制造基地，转型升级产业结构

加快推进巴克图进口商品落地加工产业园建设，推动“通道经济”向“落地经济”转变。用好、用足现行加工贸易政策，强化服务意识，会同海关等部门加大对外贸企业的宣传和培训力度，支持企业开展加工贸易业务，提高巴克图口岸外向型产业聚集度，不断丰富对外开放载体，推动外贸稳中提质。制定地区主导产业及上下游产业链图谱，细化明确重点产业的发展方向和侧重点，引导投资者和企业发展多元化的产业，通过优势互补、联合发展，促进区域经济的多元化，重点发展一些特色产业，如农业、旅游、能源等，通过培育和扶持特色产业，提高经济结构的合理性和可持续发展能力。

塔城地区风能、太阳能资源富集，有新疆著名的老风口—玛依塔斯、禾

角克—铁列克提两大风区，又是全国太阳总辐射较高的地区之一，国家发展改革委明确，要加快推进以沙漠、荒漠、戈壁地区为重点的大型光伏、风电基地建设，全力提升各类电源保障供应能力。塔城地区积极挖掘资源潜力，已实现新能源装机 89 万千瓦规模，并积极推进纳入国家规划的额敏抽水蓄能电站项目前期工作，国家电投新能源创新产业园、三一重能和中国水电四局新能源设备制造项目已入驻试验区，巴克图口岸已成为新能源设备向西出口的通关口岸，新能源产业发展正在有序推进。建议塔城地区继续建设战略性新兴产业，调动投资主体积极性，推动风电、光伏发电高质量发展，将资源优势转化为经济优势。

4. 深入挖掘各类人才的潜力，提升人才队伍的素质

加强教育培训，引进优秀人才，提供优厚的薪酬和发展机会，吸引人才留在当地，通过建立人才培养、科研合作和技术交流机制，打造创新型试验区，促进产业升级和转型，支持和协调国内外知名大学、研发机构在试验区设立区域性研发中心、技术转移中心等，鼓励公司与高校科研机构、企业合作在试验区建立研发中心或实验室，在促进国内外先进技术成果转移转化等方面给予帮助，加大引进海内外高层次人才和先进技术的力度，提升试验区的科技创新能力和竞争力。积极对接上级部委，争取更多外贸新业态新模式的业务骨干、专家、学者前往试验区指导跨境电商推进工作，采用选调、紧缺人才招录、借调、挂职、挂任等方式给予试验区规划建设、政策研究、招商引资、宣传推介、对外贸易、金融财会、工程设计等方面的人才支持，鼓励科技人员、高级管理人才、归国人员、有国际企业工作经历的人员到试验区工作，并提供人才子女教育、配偶就业、医疗保健等便利服务。积极推动外贸专干“走出去”，将现有人才送至自治区工信厅、商务厅、海关等部门培训，利用专题培训、讲座宣传、专业授课等方式，培养塔城地区原本的外向型经济人才全面掌握外贸知识，提高地区外贸人才的专业能力和水平。

5. 改善营商环境，加大招商引资力度

用足、用活、用好中央、自治区赋予新疆塔城国家重点开发开放试验区的优惠政策，结合地区外贸发展特点，重点围绕外贸进出口、农副产品加工、中医药制造、国际商贸物流等产业，高标准谋划一批项目，加大招商引资力度，吸引一批外贸进出口企业落户塔城重点开发开放实验区，不断壮大地区外贸队伍，夯实地区外贸发展基础，加强与企业的沟通和协作，解决企业在注册、审批、融资等方面的问题，提高企业的满意度和发展动力。

积极拓展国内外市场，寻找新的需求和销售渠道，通过加强交流合作，扩大市场份额，推动经济快速发展，引导社会力量参与建设，不断增强试验区的生存力、竞争力、发展力、持续力，打造市场化、法治化、国际化营商环境，营造公平、透明、法治的发展环境，营造有利于企业家健康成长的良好氛围。坚持把招商引资作为经济工作的生命线、作为经济高质量发展的突破口，用好试验区独特政策优势，找准切入点、找到突破口，精准开展招商引资，持续做好招商引资和跟踪服务工作，树立“服务好本地企业就是最好的服务指南、招商指南”理念，及时了解企业发展现状和困难诉求，全力帮助企业解决问题，使落户企业、本地企业成为招商引资的“名片”。

第十五章　新疆实体经济高质量发展报告

程云洁　段　鑫①

摘　要：实体经济是国民经济的根基，是社会生产力的直接体现，也是实现高质量发展和中国式现代化的物质基础，在此背景下，新疆必须坚持将经济发展的着力点放在实体经济上。党的十八大以来，新疆的实体经济呈现总量规模不断扩大、质量效益大幅提升、产业结构持续优化、工业投资总额和产品价格指数持续增长态势，也面临第一产业内部行业发展不均衡、轻重工业产值差距较大、三次产业结构与就业结构匹配度不高，以及大部分制造业行业专业化程度不高等问题。从政策视角，提出实现新疆实体经济高质量发展的对策：注重顶层设计，强化市场引领；积极实施人才策略，加快推进技术创新；促进数字经济与实体经济深度融合；坚持绿色循环低碳发展，大力发展主导产业，构建现代产业体系等。

关键词：实体经济；高质量发展；对策建议

实体经济是强国之本、兴国之基、产业之根，是实现中国式现代化最重要的物质基础，是现代化产业体系的根基和支柱；现代化产业体系是现代化国家的物质技术支撑，是经济现代化的重要标志。党的二十大报告提出："坚持把发展经济的着力点放在实体经济上，推进新型工业化，加快建设制造强国、质量强国、航天强国、交通强国、网络强国、数字中国。"②

---

① 程云洁，新疆财经大学经济学院教授。研究方向：贸易经济与区域经济。段鑫，新疆财经大学经济学院在读博士生。研究方向：区域经济与区域一体化。

② 《习近平：高举中国特色社会主义伟大旗帜　为全面建设社会主义现代化国家而团结奋斗：在中国共产党第二十次全国代表大会上的报告》，中华人民共和国政府网站，https：//www.gov.cn/xinwen/2022-10/25/content_5721685.htm，最后访问日期：2023-11-02。

一、新疆实体经济发展总体进展与成效

（一）国家层面实体经济高质量发展总方针

着力发展实体经济是在全面建设社会主义现代化国家新征程上推动高质量发展的重要内容，是建设现代化产业体系的根本指向。2023 年 5 月，习近平总书记在二十届中央财经委员会第一次会议上进一步强调，加快建设以实体经济为支撑的现代化产业体系，关系我们在未来发展和国际竞争中赢得战略主动①。这说明建设以实体经济为支撑的现代化体系是推动高质量发展的主要着力点。

党的十九大报告指出，我国已由高速增长阶段转向高质量发展阶段。高质量发展的内涵十分丰富，包含的领域也十分多元。高质量发展的目标包括经济转型、结构调整、动力优化、风险可控、共同富裕及环境优化等。针对实体经济各领域如何实现高质量发展，习近平总书记作出了明确指示。比如，强调制造业高质量发展是我国经济高质量发展的重中之重，要加快发展先进制造业，增强制造业技术创新能力，坚定不移地建设制造强国。强调要以农业供给侧结构性改革为主线，坚持质量兴农、绿色兴农，加快推进农业由增产导向转向提质导向。强调推动文化产业高质量发展，健全现代文化产业体系和市场体系，以高质量文化供给增强人们的获得感、幸福感。

（二）新疆发展总体思路与实施方案

坚持以习近平新时代中国特色社会主义思想为指导，深入贯彻落实党的二十大、十九届五中全会精神和第三次中央新疆工作座谈会精神，增强“四个意识”、坚定“四个自信”、做到“两个维护”，全面贯彻新时代党的治疆方略，牢牢扭住社会稳定和长治久安总目标，统筹推进“五位一体”总体布局，协调推进“四个全面”战略布局，立足新发展阶段、贯彻新发展理念、构建新发展格局，以推动高质量发展为主题，以改革创新为根本动力，加快建设现代化经济体系，坚持把发展经济的着力点放在实体经济上，强化创新

① 《习近平主持召开二十届中央财经委员会第一次会议　强调加快建设以实体经济为支撑的现代化产业体系以人口高质量发展支撑中国式现代化》，中华人民共和国政府网站，https：//www. gov. cn/yaowen/2023-05/05/content_5754275. htm？ jump = true&eqid = e14b62a9000bbf0a0000000264897ca3，最后访问日期：2023-11-02。

引领、转型升级、数字赋能，纵深推进新旧动能转换，培育壮大优势产业，着力构建现代化产业体系，以高端制造、智能制造、服务制造、绿色制造塑强实体经济新优势，建设绿色低碳高质量发展先行区，为奋力“走在前、开新局”提供坚实支撑。加快推动产业发展质量变革、效率变革、动力变革，大力推进农业特色化、工业高端化、现代服务业专业化，构建生态型现代产业体系，为新疆建设成为丝绸之路核心区、丝绸之路核心带提供强有力的产业支撑。

2022 年 1 月 18 日，《自治区关于支持实体经济发展减税降费若干政策举措》出台，指出要用好税收优惠政策、降低企业用工成本、加强企业用电保障、降低企业运输成本、降低企业融资成本 5 个方面 13 条具体措施，进一步加大对实体经济的支持力度，切实减轻中小企业税费负担，激发市场主体活力①。2022 年 6 月，新疆印发《自治区贯彻落实国发〔2022〕12 号文件精神　推进经济稳增长一揽子政策措施》，其中主要从财政税收、金融支持、扩大投资促进消费、稳外贸稳外资、保粮食能源安全、保产业链供应链稳定、保基本民生等 9 个方面提出 46 项措施来发展经济②。2023 年公布的《新疆维吾尔自治区国民经济和社会发展第十四个五年规划和 2035 年远景目标纲要》指出应立足新疆资源禀赋和区位优势，构建“1+8+N”产业集群发展制度体系，集中力量壮大特色优势产业和产业集群，积极培育新动能、新产业、新业态，建设具有新疆特色的现代产业体系③。2023 年 5 月，自治区工业和信息化厅发布的《新疆维吾尔自治区促进中小企业特色产业集群发展管理办法》指出促进自治区中小企业特色产业集群专业化、特色化、集群化发展④。2023 年 8 月，自治区发展改革委同国家能源局监管办公室、国网新疆电力有限公司联合制定《关于加快推进新能源及关联产业协同发展的通知》，提出推动油气行

① 《新疆出台 13 条减税降费举措支持实体经济发展》，天山网，http：//news. ts. cn/system/2022/01/29/036774408. shtml，最后访问日期：2023-11-02。

② 《自治区贯彻落实国发〔2022〕12 号文件精神　推进经济稳增长一揽子政策措施》，新疆维吾尔自治区人民政府网，https：//www. xinjiang. gov. cn/xinjiang/tzzc/202207/e87fef0ddbb54f8199c780319cb128a1. shtml？eqid=ad8417ce000070c900000006643f8c2d，最后访问日期：2023-11-02。

③ 《新疆维吾尔自治区国民经济和社会发展第十四个五年规划和 2035 年远景目标纲要》，新疆维吾尔自治区人民政府网，https：//www. xinjiang. gov. cn/xinjiang/c112287/202306/471fb1d3f65a4098828066585fb35d1d. shtml，最后访问日期：2023-11-02。

④ 《关于印发〈新疆维吾尔自治区促进中小企业特色产业集群发展管理办法〉的通知》（新工信企业〔2023〕9 号），新疆维吾尔自治区工业和信息化厅，https：//gxt. xinjiang. gov. cn/gxt/tzgg/202305/8aefc097a37647b8aefa1c33c4e83c64. shtml，最后访问日期：2023-11-02。

业增产扩绿和产业园区低碳转型[①]。2022 年，自治区人民政府印发的《新疆维吾尔自治区服务业发展“十四五”规划》中提出，推动服务业结构优化、效率提升、动力转换，重点发展旅游业、文化产业、商贸物流三大产业，培育壮大金融、信息和软件服务、科技服务、节能环保、广告会展五大生产性服务业，深化“放管服”改革，支持各类所有制服务业企业发展[②]。

（三）新疆实体经济发展现状与成效

实体经济是与虚拟经济相对而言的，这里最广义的实体经济是指国民经济中的第一产业、第二产业及除金融业和房地产业以外的第三产业。[③] 因此，本章将从实体经济总量、第一产业、第二产业、第三产业（金融业和房地产业除外）考察新疆实体经济的发展。

1. 实体经济总量规模不断扩大

党的十八大以来，新疆实体经济保持快速增长的发展势头。2022 年，新疆实体经济总量占 GDP 的比重为 89. 90%，相较于 2013 年的 88. 94%上升了 0. 96 个百分点。同时新疆实体经济总量从 2013 年的 7464. 7 亿元增加至 2022 年的 15948. 9 亿元，增加了约 1. 14 倍。2013—2022 年，新疆实体经济增速高达 7. 9%[④]。

2. 产业质量效益大幅提升

新疆坚持以绿色低碳转型发展为目标，大力实施创新驱动发展战略，加快转变经济发展方式，推动实体经济绿色发展取得了斐然成绩。新疆实体经济劳动生产率得到大幅提升，从 2013 年的 3. 67 提高到 2022 年的 6. 86，效率提高了接近 1 倍，实体经济劳动生产率呈现上升态势。新疆实体经济投资产出率从 2013 年的 1. 09 上升至 2022 年的 1. 31，振兴实体经济取得明显成效。新疆深入贯彻落实新发展理念，狠抓节能降耗，大力推动绿色低碳发展，实体经济万元生产总值碳排放量从 2183. 75 千克降至 2022 年的 1264. 02 千克，

---

① 《关于加快推进新能源及关联产业协同发展的通知》，新疆维吾尔自治区发展和改革委员会。https：//xjdrc. xinjiang. gov. cn/xjfgw/c108363/202305/9b537714af7341748971345cad3729ec. shtml，最后访问日期：2024-03-11。

② 《新疆维吾尔自治区服务业发展“十四五”规划》，新疆维吾尔自治区发展和改革委员会。https：//xjdrc. xinjiang. gov. cn/xjfgw/c108388/202208/910aa390c1044647b62352618ed744ef. shtml，最后访问日期：2024-03-11。

③ 黄群慧．论新时期中国实体经济的发展［J］. 中国工业经济，2017（9）：5-24.

④ 根据历年《新疆统计年鉴》和《中国统计年鉴》以及政府公报的数据测算得到。

实体经济绿色发展能力显著增强，为高质量发展提供了强有力的支撑。

3. 产业结构持续优化，但与全国相比仍有差距

新疆实体经济产业结构持续优化升级。新疆产业结构变化趋势总体呈现向“三二一”的转变趋势。从2013年的17.77：46.62：35.61转变为2022年的15.73：45.59：38.68。新疆实体经济第一产业增加值从2013年的1326.6亿元增加至2022年的2509.3亿元，其占实体经济总量的比重从17.77%降至2022年的15.73%，下降了2.04个百分点。但实体经济第一产业长期保持平稳增长，出色发挥了“经济压舱石”“社会稳定器”的作用。新疆实体经济第二产业增加值从2013年的3479.9亿元增加至2022年的7271.1亿元，其占实体经济总量的比重一直稳定在46%左右，符合工业化发展阶段及其产业演进规律。新疆实体经济第三产业增加值从2013年的2658.2亿元增加至2022年的6168.5亿元，其占实体经济总量的比重从35.61%增加至2022年的38.68%，彰显了第三产业强劲的发展势头。

新疆实体经济中三产比重远低于全国和西北五省区的平均水平。据测算，从2013年来看，新疆实体经济中一产比重均高于全国和西北五省区平均水平，二产比重和三产比重均低于全国和西北五省区平均水平。从2022年来看，新疆实体经济中一产比重比全国高出5.17个百分点，比西北五省区平均水平高出3.50个百分点；二产比重高于全国0.74个百分点，低于西北五省区平均水平3.41个百分点；三产比重低于全国5.92个百分点，低于西北五省区0.09个百分点。可以看出，新疆三产与全国仍旧有较大差距，与西北五省区平均水平几乎相同；一产比重依旧较高，二产比重也仅在2022年高于全国平均水平，低于西北五省区平均水平。

4. 投资总额持续增加

新疆固定资产投资总额持续增加。新疆实体经济固定资产投资总额从2013年的7732.3亿元增加至2022年的13327.12亿元，增长了1倍左右。分行业来看，采矿业固定资产投资总额从899.72亿元增加至1000.29亿元，制造业固定资产投资总额从1693.29亿元增长到2303.19亿元，电力、热力、燃气及水的生产和供应业的固定资产投资总额从1225.08亿元增长至1896.66亿元，建筑业的固定资产投资总额从69.46亿元减少至3.29亿元，批发和零售业的固定资产投资总额从141.07亿元增长至156.05亿元，交通运输、仓储和邮政业的固定资产投资总额从551.06亿元增长至1447.55亿元，住宿和餐饮业的固定资产投资总额从68.61亿元增长至104.57亿元，信息传输、软件和信息技术服务业的固定资产投资总额从50.92亿元增长至106.81亿元，房地产业的固定资产投资总额从1854.03亿元降至1838.28亿元，科学研究和技术服务业的固定资产投资总额从8.49亿元增长至63.19亿元。

5. 工业产品价格指数呈现增长趋势

2022年的居民消费价格指数较2021年同期上涨1.8%，分类来看，除衣着消费价格指数较同期下降0.2%，医疗保健价格与2021年同期一致外，其余均呈现上升趋势，具体为食品烟酒消费价格指数、居住消费价格指数、生活用品及服务消费价格指数、交通通信消费价格指数、教育文化娱乐消费价格指数、其他用品及服务消费价格指数较同期分别上涨了1.4%、1.4%、1.0%、6.1%、0.7%和2.3%。2022年，工业生产者出厂价格指数比2021年上涨12.3%，其中生产资料价格和生活资料价格分别上涨12.7%和6%。

6. 高新技术产业发展滞后，工业加工度系数低

高技术产业①的出现是产业结构由低级向高级转变的结果，因此高技术产业产值是产业结构高度化的重要指标之一。依据分类标准，对新疆生产要素密集型产业的占比进行分析，可以得出，新疆的劳动密集型产业和技术密集型产业呈现一种先上升后下降再上升的趋势，而资本密集型产业则呈现完全相反的变化趋势。具体来看，2019年，新疆劳动密集型产业占比为44.84%，相较于2013年上升了约30个百分点；资本密集型产业占比为47.69%，相较于2013年下降了约30个百分点；技术密集型产业占比为7.47%，相较于2013年仅上升了0.38个百分点。总体来看，新疆的资本密集型产业占比一直很高，除2019年外，始终保持在65%以上，有些年份甚至达到70%以上，而劳动密集型产业的占比除2019年外一直稳定在15%~20%，技术密集型产业的占比较低。

工业高加工度化可以用加工工业总产值占原材料工业总产值的比重来衡量。高加工度化系数描述的是工业结构中原材料工业和加工工业的比例构成

---

① 国家统计局等单位编制的《中国高新技术产业统计年鉴》中将高技术产业界定为医药制造业，航空、航天器及设备制造业，电子和通信设备制造业，计算机及办公设备制造业，医疗仪器设备及仪器仪表制造业五大产业。

关系。一般来说，高加工度化系数越高，工业结构的加工程度就越高，工业整体的高度化越强。通过测算可知新疆工业高加工度化系数和制造业高加工度化系数整体呈现增加趋势，制造业高加工度化系数的增长趋势尤为明显，从0.7606上升到2.7188，但工业高加工度化系数的增大趋势非常不明显，仅从0.5014上升到1.3377。原因可能是新疆作为中国的资源大省，拥有丰富的矿产资源，采矿业是新疆发达的工业之一。采矿业的快速发展降低了新疆工业结构由以原材料工业为重心向以加工、组装工业为重心的发展速度。

7. 新疆民营企业发展落后，国有企业发展平稳

2023年9月12日，在全国工商联发布的“2023年中国民营企业500强”榜单和《2023年中国民营企业500强调研分析报告》中，新疆（含兵团）仅有4家企业上榜，占全国总企业数的0.8%。这4家企业分别为新疆广汇实业投资（集团）有限责任公司（第31位）、新疆特变电工集团有限公司（第93位）、新疆生产建设兵团第八师天山铝业有限公司（第490位）、新疆农六师铝业有限公司（第494位）①。

截至2023年10月，新疆国有企业资产总额3.8万亿元，同比增长7.8%；1—10月实现营业收入4786.34亿元，同比增长1.7%；利润总额169.45亿元，减利5.07亿元，同比下降2.9%；上缴税费198.02亿元，同比下降0.1%，平均资产负债率为66.2%，同比下降0.1%②。

总的来说，新疆实体经济发展比较困难，企业发展内生动力不足。新疆是以资源型、能耗型工业为主导的产业结构，产业结构偏重，产业链条短、物流成本较高，发展的旧动能改造升级缓慢、新动能培育不足，实体企业容易受外部市场和政策环境影响，抵御风险能力有限。企业“融资难、融资贵”问题尚未有效解决，人才、资本、技术等要素集聚吸引力较弱，特别是人才外流严重。原材料、人工、用地等成本较高，企业盈利空间受限。公平竞争的市场机制尚不完善，民营企业发展依然面临不少隐性壁垒，中小微企业生产经营压力较大，亏损面有所扩大。

---

① 《“2023中国民营企业500强”榜单出炉　新疆4家企业上榜》，新浪财经，https：//finance.sina.com.cn/jjxw/2023-09-13/doc-imzmpmzn3967222.shtml，最后访问日期：2023-11-01。

② 《2023年10月自治区国有及国有控股企业经济运行情况》，新疆维吾尔自治区人民政府国有资产监督管理委员会网站，https：//gzw.xinjiang.gov.cn/gzw/jjyxqk/202311/98257039220f43ab8eadeb679288aa7a.shtml，最后访问日期：2023-11-01。

二、新疆实体经济发展存在的问题

（一）第一产业各行业发展相差较大，种植业占主导地位

2013 年以来，新疆农、林、牧、渔业产业结构从 69.06 ∶ 1.82 ∶ 24.44 ∶ 0.65 调整为 68.64 ∶ 0.98 ∶ 23.87 ∶ 0.59，结构有所优化，总体表现为农业占比最大，其次为牧业，占比最小的是林业和渔业（见表 15-1）。与全国平均水平和西北五省区平均水平相比，2022 年新疆农业增加值比重比全国平均水平高 15.06 个百分点，比西北五省区平均水平高 7.86 个百分点；林业增加值比重比全国平均水平低 4.13 个百分点，比西北五省区平均水平低 0.6 个百分点；牧业增加值比重比全国平均水平低 3.65 个百分点，比西北五省区平均水平低 8.19 个百分点；渔业增加值比重比全国平均水平低 8.38 个百分点，比西北五省区平均水平低 0.39 个百分点。由于新疆地处我国西北干旱和半干旱地区，水资源较为缺乏，河流、湖泊较少，因此渔业发展有限，这也是渔业比重仅为 0.6%的重要原因。

表 15-1　全国、西北五省区和新疆第一产业内部结构　　单位:%

年份	全国平均水平				西北五省区平均水平				新疆平均水平			
	农业	林业	牧业	渔业	农业	林业	牧业	渔业	农业	林业	牧业	渔业
2013	52.35	4.68	30.40	8.85	62.04	2.14	29.45	0.98	69.06	1.82	24.44	0.65
2014	52.59	4.84	29.63	9.06	61.60	2.19	29.50	1.10	68.82	1.71	24.45	0.68
2015	53.02	4.72	29.18	9.00	62.29	2.33	28.38	1.16	68.64	1.79	23.91	0.73
2016	51.63	4.70	30.45	9.02	62.17	2.21	29.11	1.22	69.55	1.59	22.76	0.70
2017	52.64	5.01	28.40	9.48	62.09	2.23	29.05	1.25	69.54	1.63	22.50	0.70
2018	53.40	5.60	26.74	9.55	62.19	2.22	29.20	1.23	69.85	1.72	21.89	0.77
2019	52.30	5.80	28.08	9.10	60.55	2.22	31.03	1.11	67.94	1.70	23.77	0.71
2020	51.21	5.33	30.37	8.48	59.74	1.96	32.58	0.99	68.04	1.53	24.05	0.63
2021	52.61	5.16	28.53	9.00	59.56	1.84	32.94	1.13	67.84	1.54	24.61	0.70
2022	53.58	5.11	27.52	8.97	60.78	1.58	32.06	0.98	68.64	0.98	23.87	0.59

数据来源：《新疆统计年鉴》（2014—2021），2021 年、2022 年的《新疆统计公报》。

（二）第二产业中轻重工业差距较大

我们用霍夫曼系数表示轻重工业比值。从表 15-2 中可以看出，新疆的霍夫曼系数总体保持在 10 左右，这与新疆大力发展重工业有关。

表 15-2　新疆轻工业与重工业增加值及占比

年份	轻工业（亿元）	重工业（亿元）	轻工业占比	重工业占比	霍夫曼系数
2013	249.15	2646.80	0.09	0.91	10.62
2014	272.49	2806.48	0.09	0.91	10.30
2015	305.47	2194.63	0.12	0.88	7.18
2016	366.20	2074.74	0.15	0.85	5.67
2017	357.17	3066.74	0.10	0.90	8.59
2018	359.31	3204.74	0.10	0.90	8.92
2019	363.26	3368.18	0.10	0.90	9.27
2020	377.07	3610.69	0.09	0.91	9.58
2021	391.39	3870.66	0.09	0.91	9.89
2022	362.82	4191.93	0.08	0.92	11.55

数据来源：《新疆统计年鉴》（2014—2021），2021 年、2022 年的《新疆统计公报》。

（三）三次产业结构与就业结构匹配度有待提高，呈现低端化

用结构偏离度衡量产业结构与就业结构匹配度，偏离度绝对值越小，产业结构与就业结构越均衡，反之越失衡。当偏离度等于零时，产业结构与就业结构达到均衡状态。通过测算可以发现，新疆第一产业就业结构偏离度自党的十八大以来始终为负值，第二、第三产业就业结构偏离度整体为正值。从表 15-3 中可以看出新疆第一产业结构偏离度在 2013—2021 年一直为负，表明新疆第一产业就业人员比重大于增加值比重，存在劳动力过剩现象，劳动力生产率低下，需要向非农产业转移；同时与全国相比，新疆第一产业的就业结构偏离度与全国的就业结构偏离度基本相同。新疆第二产业就业结构偏离度在党的十八大以来一直稳定在 1.4 上下，是全国平均水平的 3~4 倍，表明新疆第二产业就业人数比重小于增加值比重。新疆第三产业就业结构偏离度在 2013—2019 年一直为正，表明新疆第三产业就业人数比重大于增加值比重，但在最近两年，新疆第三产业就业结构偏离度转为负值，表明新疆第三产业存在部分劳动力过剩现象。

表 15-3　新疆与全国的就业结构偏离度

年份	第一产业就业结构偏离度		第二产业就业结构偏离度		第三产业就业结构偏离度	
	新疆	全国	新疆	全国	新疆	全国
2013	-0.6743	-0.7167	1.4194	0.5103	0.2448	0.1799
2014	-0.6787	-0.7072	1.4856	0.4889	0.2041	0.1471
2015	-0.6669	-0.7032	1.3684	0.4494	0.2297	0.1514
2016	-0.6545	-0.7079	1.4464	0.4135	0.1905	0.1689
2017	-0.6631	-0.7203	1.5212	0.4182	0.1183	0.1623
2018	-0.6771	-0.7249	1.6480	0.4120	0.1117	0.1532
2019	-0.6419	-0.7098	1.4879	0.3802	0.0497	0.1453
2020	-0.5768	-0.6726	1.4624	0.3210	-0.0198	0.1396
2021	-0.5677	-0.6815	1.6919	0.3514	-0.1009	0.1116
2022	—	-0.6954	—	0.3885	—	0.1181

产业结构高度化是建立和实现高效益的产业结构的过程。从表 15-4 中可以看出，新疆产业结构高度化指数在党的十八大期间，总体呈现先上升后下降的趋势。具体来看，2013—2020 年，新疆产业结构高度化呈现上升趋势，且略高于全国平均水平；2020 年后开始呈现下降趋势，且低于全国平均水平，并与全国平均水平差距逐渐扩大。

表 15-4　新疆与全国产业结构高度化

年份	新疆产业结构高度化	全国产业结构高度化	差值
2013	1.0305	0.9898	0.0407
2014	1.0520	1.0332	0.0188
2015	1.2917	1.1317	0.1600
2016	1.3672	1.2256	0.1416
2017	1.3456	1.2804	0.0652
2018	1.3871	1.3351	0.0520
2019	1.4695	1.3896	0.0799
2020	1.4692	1.4339	0.0353
2021	1.2161	1.3588	-0.1427
2022	1.0949	1.3194	-0.2245

数据来源：《新疆统计年鉴》（2014—2021），2021 年、2022 年的《新疆统计公报》《中国统计年鉴》。

（四）工业中大部分产业专业化水平有待提高

产业专业化水平一般用区位熵来表示。表 15-5 显示，2020 年，新疆区位熵指数大于 1 的有 12 个行业，与其他行业相比属于优势行业，这 12 个行业分别是煤炭开采和洗选业，石油和天然气开采业，有色金属矿采选业，纺织业，石油加工、炼焦及核燃料加工业，化学原料及化学制品制造业，化学纤维制造业，非金属矿物制品业，有色金属冶炼及压延加工业，电气机械及器材制造业，电力、热力的生产和供应业，燃气生产和供应业。其中，石油和天然气开采业的区位熵指数在 7 以上，有色金属矿采选业和有色金属冶炼及压延加工业的区位熵指数在 2 以上。与 2013 年相比优势行业增加了 3 个，分别是煤炭开采和洗选业、纺织业和电气机械及器材制造业。非金属矿采选业，农副食品加工业，酒、饮料和精制茶制造业，烟草制品业，纺织服装、鞋、帽制造业，皮革、毛皮、羽毛（绒）及其制品业，木材加工及木、竹、藤、棕、草制品业，家具制造业，造纸及纸制品业，印刷业和记录媒介的复制，医药制造业，金属制品业，通用设备制造业，专用设备制造业，汽车制造业，计算机、通信和其他电子设备制造业，仪器仪表制造业，金属制品、机械和设备修理业在 2013—2020 年一直保持在 1 以下，橡胶和塑料制品业，黑色金属冶炼及压延加工业，水的生产和供应业绝大多数处于 1 以下，说明这些行业并不是新疆的专业化产业部门和优势产业。

表 15-5 新疆各个行业的区位熵

指标	2013 年	2014 年	2015 年	2016 年	2017 年	2018 年	2019 年	2020 年
煤炭开采和洗选业	0.9587	0.9928	0.8966	0.8923	0.9315	0.9475	1.2169	1.1281
石油和天然气开采业	8.0542	7.5237	7.6081	7.3885	7.5766	7.6342	8.6763	7.2829
黑色金属矿采选业	1.8377	1.6660	1.3294	0.9511	1.0730	1.0135	1.2444	0.8456
有色金属矿采选业	2.1390	2.0652	2.1411	2.2309	2.1337	2.2678	2.6635	2.3104
非金属矿采选业	0.5860	0.4840	0.3669	0.3083	0.3351	0.3375	0.3345	0.2758
农副食品加工业	0.7884	0.7440	0.7385	0.8144	0.7896	0.7525	0.8675	0.8478
食品制造业	1.4419	1.3713	1.2163	1.0973	1.0680	0.9448	0.9875	0.8880
酒、饮料和精制茶制造业	0.6219	0.5871	0.5504	0.5722	0.4907	0.4877	0.5811	0.4752
烟草制品业	0.3407	0.3025	0.3037	0.2683	0.2435	0.2520	0.2740	0.2043
纺织业	0.6786	0.6561	0.6079	0.9949	1.5906	2.0100	2.2981	1.9583
纺织服装、鞋、帽制造业	0.0297	0.0267	0.1558	0.2370	0.0997	0.1408	0.1949	0.1951

续表

指标	2013 年	2014 年	2015 年	2016 年	2017 年	2018 年	2019 年	2020 年
皮革、毛皮、羽毛（绒）及其制品业	0. 0485	0. 0562	0. 0657	0. 0695	0. 0709	0. 0539	0. 0074	0. 0112
木材加工及木、竹、藤、棕、草制品业	0. 1128	0. 1151	0. 1556	0. 1666	0. 1362	0. 1215	0. 0553	0. 1649
家具制造业	0. 4690	0. 6136	0. 0518	0. 0479	0. 0599	0. 0600	0. 2581	0. 0465
造纸及纸制品业	0. 2089	0. 1822	0. 1095	0. 1345	0. 1092	0. 1073	0. 0445	0. 1222
印刷业和记录媒介的复制	0. 1197	0. 1015	0. 1002	0. 0920	0. 0996	0. 0965	0. 0536	0. 0684
石油加工、炼焦及核燃料加工业	2. 6070	2. 1966	2. 2825	2. 0475	1. 9301	2. 1551	0. 8508	1. 6640
化学原料及化学制品制造业	1. 3603	1. 3787	1. 5157	1. 5862	1. 4882	1. 5144	0. 5827	1. 4680
医药制造业	0. 1374	0. 2865	0. 2777	0. 2730	0. 3389	0. 3597	0. 4510	0. 3371
化学纤维制造业	1. 1262	0. 9995	1. 1153	1. 2789	1. 4990	1. 5835	1. 3405	1. 6268
橡胶和塑料制品业	0. 3607	0. 3607	0. 3172	0. 3364	0. 3385	0. 4560	4. 2891	0. 5212
非金属矿物制品业	1. 3785	1. 2626	1. 2313	1. 1715	1. 2259	1. 2533	0. 6778	1. 3219
黑色金属冶炼及压延加工业	0. 8460	0. 9098	0. 8645	0. 8036	0. 7197	0. 5219	1. 6420	0. 4763
有色金属冶炼及压延加工业	1. 9421	1. 9015	2. 0163	2. 1667	2. 1991	2. 2475	0. 1698	2. 2319
金属制品业	0. 2628	0. 2430	0. 2513	0. 2084	0. 1851	0. 2441	0. 0221	0. 2139
通用设备制造业	0. 0430	0. 0525	0. 0523	0. 0284	0. 0273	0. 0208	0. 1537	0. 0077
专用设备制造业	0. 1222	0. 1108	0. 1763	0. 1806	0. 1031	0. 1204	0. 0484	0. 1292
汽车制造业	0. 0486	0. 0424	0. 0332	0. 0232	0. 0183	0. 0202	0. 0021	0. 0177
电气机械及器材制造业	0. 9081	0. 9436	1. 0059	0. 9396	0. 9284	0. 7450	0. 0198	1. 0659
计算机、通信和其他电子设备制造业	0. 0004	0. 0033	0. 0039	0. 0041	0. 0034	0. 0354	0. 0015	0. 0532
仪器仪表制造业	0. 0139	0. 0344	0. 0524	0. 0164	0. 0146	0. 0149	0. 0004	0. 0133
金属制品、机械和设备修理业	0. 1077	0. 1216	0. 1107	0. 0659	0. 1006	0. 0861	0. 1325	0. 0710
电力、热力的生产和供应业	1. 3094	1. 4964	1. 5730	1. 7582	1. 8709	1. 8655	2. 1421	1. 8325
燃气生产和供应业	1. 1698	2. 7397	2. 1579	2. 1435	1. 9486	2. 4962	2. 4497	2. 0853
水的生产和供应业	0. 7841	0. 7689	0. 8686	0. 9947	0. 9821	0. 9639	1. 1968	0. 9969

数据来源：《新疆统计年鉴》（2014—2021）。

三、新疆实体经济发展的对策建议

（一）注重顶层设计，强化市场引领

在推进经济社会发展的总体部署中，充分发挥实体经济在稳增长和惠民生等方面的重要作用。科学谋划新疆实体经济的顶层设计，要切实把促进实体经济高质量发展与产业结构优化调整有效地结合起来。充分统筹农业、工业和服务业等不同实体经济部门的产业特性和发展基础，促进实体经济各部门协调、有序、持续、快速发展。放宽市场准入，创造公平的竞争环境，营造便民利企的营商环境，鼓励民营企业依法进入更多的领域，逐步提高非公有制经济比重，及时给予民营企业优惠和扶持，落实好小微企业普惠性税收减免等减税降费政策，让规模较小的民营企业拥有不断成长壮大的空间和可能，创造更加公平和具有竞争力的产业环境。一要建立创新驱动的产业转型升级内生动力机制，突出体制机制创新和科技创新，提升从科技到经济和现实生产力的转换能力，增强产业核心竞争力。二要尽快研究制定《新疆实体经济中长期发展规划》，科学确定自治区主要实体经济部门的发展路线，合理分解各阶段发展目标。三要构建特色鲜明、竞争力强的现代产业集群。向高科技、高质量、高增值、低能耗、低物耗、低排放的先进制造业、战略性新兴产业、现代服务业协同发展转型，促进产业向高端化、集聚化、智能化升级，全面优化产业结构。

（二）积极实施人才策略，加快推进技术创新

在生产要素成本不断提高的条件下，新疆实体经济发展必须从过去的要素驱动向创新驱动转型。一是大力实施人才战略。加强人才的宏观调控，以重点领域人才开发为突破口，以强化人才创新创业能力建设为着力点，以加大人才投入和实施重大政策为保障，以重点工程为载体，落实各项人才工程。二是完善人才培育中长期规划，加快发展职业教育，培养高素质劳动者和技术技能型人才，构建现代职业教育体系。三是加强对高层次紧缺人才的引进，鼓励企业对高端复合型人才的引进，支持、鼓励内地和其他城市的毕业生到新疆就业与创业。重点引进一批科技创新领军人才，壮大高端人才队伍。

政府要针对企业建立创新研发活动的激励机制，从政策层面最大限度地支持实体经济自主创新。积极推进创新要素和资源向企业集聚，深化科技体

制改革，强化企业技术创新主体地位，积极构建产业技术创新战略联盟，推动跨领域、跨行业协同创新，促进科技与经济深度融合。在企业建立工程中心、技术中心、博士后工作站、院士工作站，构建以企业为主体、以市场为导向、产学研相结合的技术创新体系，加快培育形成推动产业转型升级的新供给、新动力。完善企业、科研研发机构的成果转化机制，通过提高科研成果的使用效率，加强促进科研成果面向实体经济的应用转化。推进科技成果使用、处置和收益权制度、知识产权管理制度、科研评审、人才评价和机构评估改革，激发各类创新载体的创新活力。

（三）促进数字经济与实体经济深度融合

一是加强数字基础设施建设应用。加速构建智能化综合基础设施，优化信息通信基础设施布局，加快5G、千兆光网、移动物联网、互联网协议等规模覆盖，引导新型基础设施建设协调发展。促进重点数字产业创新发展，加快补短板、锻长板，提升产业链关键环节竞争力，培育壮大云计算、大数据、区块链、虚拟现实、工业软件等数字产业，支持平台企业引领发展。推进工业互联网高质量发展，完善工业互联网技术体系、标准体系、应用体系和安全体系，探索新的应用场景和运营模式，加快“5G+工业互联网”规模应用，推动工业化与信息化在更广范围、更深程度、更高水平上实现融合发展。推动数字技术和产业发展是数字经济和实体经济深度融合的重要支撑。加大关键核心技术攻关等重点领域核心技术创新力度，推动算力、模型、数据等关键要素的创新突破，夯实通用人工智能技术底座。

二是推进制造业数字化转型。以应用为牵引，加强分类指导、分业施策，深入实施制造业数字化转型行动和智能制造工程，推动工业互联网创新发展，推进互联网、大数据、云计算、区块链等数字技术在研发设计、生产制造、经营管理、市场服务等各环节的应用，加快制造业数字化、网络化、智能化发展。加快通用大模型在工业领域部署，推动通用人工智能赋能新型工业化。在原材料行业，推进石化、钢铁、有色金属、建材等行业的生产过程数字化管理，加快设备系统的互联互通和工业数据的集成共享，推动工艺改进、运行优化、质量管控和安全管理。在装备制造行业，加快重点领域智能装备发展，建设一批智能制造示范工厂，培育一批智慧供应链，创建一批智能制造先行区，完善国家智能制造标准体系，推进装备数字化发展。在消费品行业，积极运用数字技术，助力消费品工业增品种、提品质、创品牌，推进产品个性化定制、柔性化生产，支持建设食品、药品的生产流通信息追溯系统，提升产业链供应链智慧管理水平和产品质量管控能力。

（四）大力发展主导产业，构建现代产业体系

当前，新疆正处于经济稳步发展期、转型提质关键期，要结合资源优势、产业优势和区位优势，增强创新驱动，着力推动农业特色化、工业高端化、现代服务业专业化，构建生态型现代产业体系，助力经济高质量发展。

1. 大力推动农业特色化

优化农业结构，大力发展生态型品牌农业。坚持走“优棉、强果、促畜、兴特色”之路，以品牌建设为纽带，以绿色和有机农产品为主攻方向，着力构建节水、生态、优质、高效的现代农业体系。以建设优质棉花种植基地、精品果蔬种植基地、畜牧业标准化养殖示范基地为抓手，提高农业经济的质量和效益，打造特色农产品品牌，实现农业全产业链发展。持续推进林果业提质增效和品牌建设。提升西瓜、甜瓜、蟠桃、葡萄、苹果等农产品的质量和品牌的市场影响力，积极利用现代信息技术推进林果业产加销一体化发展，构建现代林果业产业体系。抓好规模化、标准化畜禽养殖，重点扩大生猪、牛、羊、禽类等养殖规模，促进良种资源保护开发利用，全面实施品种改良计划，提升自主育种能力。大力发展休闲观光农业，依托农业特色资源，打造地域特色的旅游产品，延长农业产业链。鼓励引导龙头企业和合作社提升产品供给质量，注册商标，统一标识，走品牌带动的路子，促进农业产业化发展。利用会展扶持政策，促进产销衔接，鼓励企业和合作社积极参加农交会、农业博览会、糖酒会等各类展会，促进产销衔接，发展订单农业。

2. 积极推进工业高端化

（1）改造提升传统优势产业

积极推动传统产业升级改造。围绕传统产业智能化、绿色化、服务化、高端化、链条化，以改技术、改工艺、改装备、改产品等为重点，滚动实施重点技术改造项目。继续妥善处理“僵尸企业”，巩固煤炭、水泥去产能成效，严控新增产能，鼓励已建成产能进行优化配置升级或开展区外合作，开拓新市场。促进传统产业向中高端迈进，集中支持采用新技术、新工艺改造传统产业，推动形成一批高质量高附加值产品。

优化发展化学工业。推动石油化工“减油增化”发展，延伸发展高端聚

烯烃、高性能合成橡胶、高性能纤维、可降解塑料等新材料、精细化工产业。推动氯碱工业、特色无机盐化工产业高端化发展。要以工业园区建设为契机，大力推进煤矸石、矿渣、建筑废料、粉煤灰等大宗固体废物综合利用，形成原煤—洗精煤—焦炭—煤气—甲醇、煤焦油、LNG 产业链；优化发展煤电产业链，提高煤电技术环保水平和经济性，鼓励煤电联营和煤电一体化。利用能源产业优势和水电气暖供应服务网络，积极构建多层次能源供应格局，加快电网改造和电厂技术升级，突破光伏发电“瓶颈”，有序推动光伏发电项目建设。

（2）发展壮大五大生态工业集群

结合产业发展基础和比较优势，加快布局以新材料、纺织服装、农副产品精深加工、新能源及节能环保、高技术产业集群为重点的生态工业集群，促进生态型工业发展。

一是发展壮大新材料产业集群。以龙头企业为依托，加强项目顶层设计，大力培植碳基、铝基、硅基产业集群。开展百万吨合成气制乙醇联产烯烃等工艺技术研发与产业化应用；开展高端聚酯化纤产品、特种纤维等产品的开发及产业化应用；开展超高纯铝生产工艺及技术、铝合金新材料加工工艺及技术、高端储能材料、电子材料的研发和应用。积极开展高纯度多晶硅、半导体级多晶硅的研发及应用，积极推进单晶硅、多晶硅切片向电子级硅材料产业链延伸，延伸有机硅材料加工制造产业链。

二是发展壮大纺织服装产业集群。根据国家战略和市场需求，加快纤维制造产业与纺织工业协同发展。优化棉花产业供应链、价值链，提高棉花就地转化率和纺锭规模，打造国家优质棉纱生产基地。加快产业用纺织品发展，高标准发展印染产业，促进产业链向服装等终端产业延伸。支持高品质、高性能纺织服装面料产品的研究与开发，以及棉纺成套设备智能化加工体系、印染全流程智能化技术及印染废水近零排放等方面的研究与应用。依托现有骨干纺织企业，以商招商、以产业链招商，延伸针织、服装、家纺产业链，以大企业为龙头，加快实施纺织服装品牌建设战略，培育纺织服装产业集群。

三是发展壮大农产品精深加工产业集群。围绕农副产品资源优势，按照特色发展、产业集聚、链条协同的原则，推动建设农产品精深加工产业集群。以农业产业化为抓手，完善配套产业，延伸产业链，推陈出新，拓展转化增值空间。支持龙头企业、合作社等新型经营主体发展农产品保鲜、储藏、分级、包装业。深化特色食品加工向精深加工领域延伸，提升农业品牌、品质，实现师市农产品提质增效。

四是发展壮大新能源和节能环保产业集群。发展新能源产业集群，围绕能源产业优势和水电气暖供应服务网络，重点支持水电、光伏发电、生物质发电领域关键技术和设备的研究与应用，解决新能源发电带来的电网调峰、稳定性等问题，优化能源结构。以园区为主要载体，发展绿色技术和加强技术应用推广，促进产业规模化、智能化、信息化、高端化发展，壮大节能环保、清洁生产、清洁能源等绿色循环发展产业集群。推进传统产业绿色化改造，推进园区循环化发展，着力发展清洁生产产业链。

五是发展壮大高新技术产业集群。推进乌鲁木齐、昌吉、克拉玛依、哈密、巴州、阿克苏等制造业基地建设，大力发展输变电装备、新能源装备、农牧机械及农产品加工装备、汽车及轨道交通装备、能源及化工装备、建筑与矿山机械装备、纺织专用装备等制造业，加快形成先进制造业集群。围绕现代农业装备、电工电气装备、真空装备制造、新能源汽车、特种车辆、轨道交通装备、石油钻采装备制造、医疗器械等，引入产业互联网、大数据、云计算、物联网及人工智能技术，打造一批优势装备产业链和新兴装备产业链。加快发展新材料产业。积极发展硅基、铝基、碳基、锆基、铜基、钛基、稀有金属、化工、生物等新材料及复合新材料、前沿新材料，提升新材料产业集群和产业协同效应。积极发展特色动植物提取物、特殊营养食品和生物制品。支持乌鲁木齐、伊犁、阿勒泰等地建设现代化中药产业基地、原料药基地，支持阿勒泰、和田、喀什等地建设中药材种植基地，打造特色中药产业。

3. 全力推动现代服务业专业化

注重先进制造业与现代服务业深度融合发展，培育壮大一批现代服务业，促进服务业向专业化和价值链高端发展与延伸。重点推动现代物流、文化旅游、商贸服务、康养服务、现代金融、信息和科技服务、商务服务、通用航空服务八大领域的现代服务业发展。

（1）大力发展现代物流业

统筹航空物流、铁路物流、公路物流多式联运，整合物流资源，增强物流服务实体经济的能力。鼓励引导疆内纺织服装、农副产品加工、木材家具等外向型企业开展进出口加工贸易，以中欧班列、中哈国际货物联运、花园机场为平台，积极协助推进铁路、公路、航空运输多式联运物流中心建设。以机场为依托，大力发展货运、通航、客运“三位一体”的航空物流产业，积极争取开通西亚、中亚和欧洲市场的货运通道，打造生产服务型国际陆港。

完善物流基础设施建设，聚焦标准化、智能化、协同化、绿色化建设要求，完善道路网络，逐步形成城市外围物流园区规划与市区内流通节点相结合的物流骨干网，建立电子物流一体化应用管理平台和信息交换服务平台，推进云计算、物联网、北斗导航及地理信息等技术在物流智能化管理方面的应用，加强综合性、专业性物流公共信息平台和货物配载中心建设。

（2）大力发展文化旅游业

坚持规划引领、融合创新、突出特色、品牌化发展，加快丝绸之路经济带旅游集散中心、南疆丝绸之路文化和民族风情旅游目的地建设，大力培育阿尔泰山旅游产业带、天山旅游产业带、西部边境旅游产业带，形成“一心一地三带”旅游发展格局。加强旅游基础设施和精品景区建设，推进江布拉克、赛里木湖、托木尔、伊犁老城、克孜尔石窟、巴里坤古城等国家5A级旅游景区创建工作，积极创建全域旅游、红色旅游、生态旅游示范区和旅游度假区，研究建设阿勒泰冰雪产业创新发展示范区。加大生态旅游、历史人文和民俗文化旅游、红色旅游、乡村旅游、边境旅游等特色旅游品牌培育力度，推动文化和旅游业从“资源时代”进入“品牌时代”。优化旅游市场环境，完善旅游信息服务体系，提高旅游信息化、智能化、便捷化水平，推行“无感通行”“绿色通行”，打造“一部手机游新疆”。

（3）大力发展商贸服务业

建设乌鲁木齐、哈密、霍尔果斯、阿拉山口、库尔勒、喀什等国家物流枢纽和克拉玛依、塔城、奎屯、准东、阿克苏、和田、若羌等区域物流枢纽，完善流通加工、包装、信息服务、物流金融等物流服务，构建“通道+枢纽+网络”的物流运行体系。完善城乡配送体系，推进快递、冷链、电商等专业化物流发展，大力发展供应链和智慧物流。推进乌鲁木齐跨境电子商务综合试验区建设，积极创建阿拉山口、霍尔果斯跨境电子商务综合试验区，创建喀什跨境电子商务集聚区和昌吉市、阿克苏市、库尔勒市、奎屯市等城市电子商务集聚区。培育农村电子商务市场主体，推动农村电子商务全覆盖。完善电子商务物流体系，在广州、杭州等城市建立分仓中心，在周边及“一带一路”沿线国家建设海外仓，降低物流成本，提高流通效率。落实“互联网+”行动计划，重点支持本地电商平台发展，加快推进电商园区建设。发展跨境电商，积极引进外地跨境电商优势企业入驻。进一步丰富业态种类、完善配套设施、强化日常管理，着力打造一批特色鲜明、业态多元、亮丽美观、整洁卫生的夜市街区，营造高品质夜间营商消费环境，繁荣夜间消费体验活动，发展形式多样的夜间消费，满足不同消费群体的多样化消费需求。

（4）大力发展信息和科技服务业

加快信息技术服务与数字产业发展研究，引进数据储存、云计算、互联网、信息技术等产业，推进大数据交易所落地，带动一批互联网相关产业发展；以“两化”融合、电子政务、智慧城市建设为抓手，推动工业云、大宗产品电子交易平台、智能服务平台、政务大数据中心等建设，推动互联网、大数据、人工智能同实体经济和社会民生深度融合，拓展信息技术和大数据产业链。重点支持机器人在工业生产过程中的应用及示范，以及云计算应用和服务体系建设及信息技术在农业现代化、先进制造业、现代服务业等领域的融合发展。围绕先进制造业、现代服务业和现代农业的现实需求，建立健全科技创新服务体系，突出体制机制创新，强化政策引导保障，创新工作手段，大力营造创新创业生态，促进新型研发机构发展。加强科技成果转移、转化，加大培育技术转移、检验检测认证、科技咨询、科技服务业主体的力度。

（五）坚持绿色循环低碳发展，加快建设生态型经济体系

建设节水型产业体系。严守水资源“三条红线”，节约利用水资源，积极发展高效节水农业，加快实施高效节水工程建设，提高中低产田水资源利用效率。积极开展节水型工业建设，建立水资源循环利用系统；加快并完善再生水利用管网配套设施建设，倡导中水回用，提高工业水循环利用率。积极开展节水型服务业。对酒店、超市、饭店、洗浴、旅游等服务业实施严格的用水监测和超额用水预警制度，提高节水意识和节水监管，提高服务业水资源利用效率。

优化能源消费结构。严格控制煤电建设，不再新建燃煤电厂和企业自备电厂，加快光伏、水电等清洁能源发展。实施“煤改电”建设，充分利用城市和团场城镇周边光照资源，统筹布局发展集中并网式光伏电站，加快与国网联网建设，建立统一的电力绿色调度平台，按照清洁能源优先的原则，实现光伏和水电满发满供和全额消纳，最大限度地消纳可再生能源。鼓励和引导使用水电、太阳能等清洁能源，节约和替代化石能源，推进清洁能源全覆盖。建设清洁低碳、安全高效的现代能源供应和消费体系。

促进矿产资源的合理开发和综合利用。提高工业固体废物综合利用水平和尾矿伴生矿综合利用水平，积极开展清洁生产。加快实施矿区生态修复工程，实现矿区可持续发展。

第十六章　中吉乌铁路对新疆经济发展影响研究[①]

陈闻君　熊林波　潘癸邑　阿达莱提·塔伊尔[②]

摘　要：中吉乌铁路是中、吉、乌三国国际合作共建的重要项目，对于中国而言是“一带一路”倡议面向中亚和欧洲的重要通道。它将为新疆尤其是南疆地区的发展创造机遇，同时提升其对外开放水平。本章基于该项目的国际国内背景，强调了其作为“一带一路”倡议通道的关键作用；探讨了中吉乌铁路在建设中面临的实际困难，以及对于新疆的经济影响，尤其是新疆在面临这一重大机遇时存在哪些不匹配和制约因素。选取 2011—2035 年作为模型运行周期，基于系统动力模型预测中吉乌铁路对新疆经济的影响。实证结果表明，中吉乌铁路对新疆的 GDP、出口、进口、就业、城镇化率和入境旅游具有复杂的阶段异质性影响。为最大限度地发挥中吉乌铁路对新疆经济的积极带动作用，促进经济发展和社会稳定，提出了加速城镇化、注重人才培养和引进、政策创新、发展旅游和充分利用文化资源、加强金融财政支持以及扩展地区铁路网络等对策建议。

关键词：中吉乌铁路；新疆经济；系统动力学；影响预测

“一带一路”倡议提出 10 年来取得了令人瞩目的丰硕成果，作为世界第二大经济体，中国体现了大国担当。党的二十大报告确立了“推动共建‘一带一路’高质量发展”的目标，对中国与中亚区域的合作共建提出更高的要求。由于俄乌冲突，中国与中亚合作迎来战略机遇期，贸易额持续增长，停

---

① 本章为新疆财经大学智库研究项目“新业态新模式推动霍尔果斯外贸高质量发展研究”（ZKYB2304）支持的研究成果。

② 陈闻君，新疆财经大学教授，博士生导师。研究方向：经济学与区域经济学理论及政策，涉及城乡问题、资源环境以及中国与中亚区域经济合作等。熊林波、潘癸邑，新疆财经大学 2023 级区域经济学博士生。阿达莱提·塔伊尔，新疆社会科学院经济研究所副研究员。

滞多年的中吉乌铁路项目于2023年秋季开始投入建设。这条铁路将成为第三座亚欧大陆桥，它从新疆喀什始发，穿越中亚吉尔吉斯斯坦和乌兹别克斯坦两国向西延展至东西欧。作为“一带一路”倡议下的重大国际合作共建项目，其对于“一带一路”的实质性推进，尤其是建成该铁路对于新疆喀什地区、南疆区域以及新疆的影响具有重要研究探索价值。

一、中吉乌铁路建设背景与推进历程及成效

（一）建设背景

中吉乌铁路建设项目最初由乌兹别克斯坦提出，1997年，中、吉、乌三国签署连通三国的铁路建设合作备忘录。规划了自新疆喀什，经吐尔尕特口岸入吉尔吉斯斯坦，后经吉尔吉斯斯坦的卡拉苏抵达乌兹别克斯坦的安集延的项目建设路线。该铁路最后将经由吉、乌两国通往中东和地中海地区，甚至从东欧穿越后进入西欧的荷兰、法国、意大利和西班牙、葡萄牙，形成我国通往欧洲的第三座亚欧大陆桥。

该项目经历了20多年磋商，当前出现实质性进展。中亚国家的大宗商品进口对俄罗斯依赖较大，然而俄乌冲突引致西方对俄罗斯大规模制裁，使得中亚国家的大宗商品进出口物流面临较大风险。吉尔吉斯斯坦总理阿克尔别克·扎帕罗夫在2022年国会上表示，中吉乌铁路预计在2023年秋季开始动工。2023年初，乌、吉两国领导人双方会谈时强调了筹备中吉乌铁路项目的必要性，预示着各方已达成了基本共识并有了重大推进。

从中国与吉、乌两国贸易关系来看，也具备比较充分的合作共建基础。自中国与吉尔吉斯斯坦及乌兹别克斯坦建立合作关系以来，与两国的贸易总量呈现稳定增长的态势。近年来，中国成为吉、乌两国的第一大贸易合作伙伴，保持着十分密切的贸易合作关系。图16-1为2015年以来中国对吉尔吉斯斯坦的贸易情况，不难看出，近年虽有波动但有较为明显的上升。

经过30年的发展，乌兹别克斯坦与中国的双边贸易额增长超过140倍。据乌兹别克斯坦总统直属统计署2023年4月公布的数据，2023年一季度中国已经超越俄罗斯，成为乌兹别克斯坦第一大贸易伙伴，双边贸易额同比增长7.3%，占乌贸易总额的15.9%[①]。目前，中、乌两国在投资和技术领域的合

---

① 钱小岩．中吉乌铁路预期升温　它能为沿线国家带来什么［N］．第一财经日报，2023-05-31（A01）．

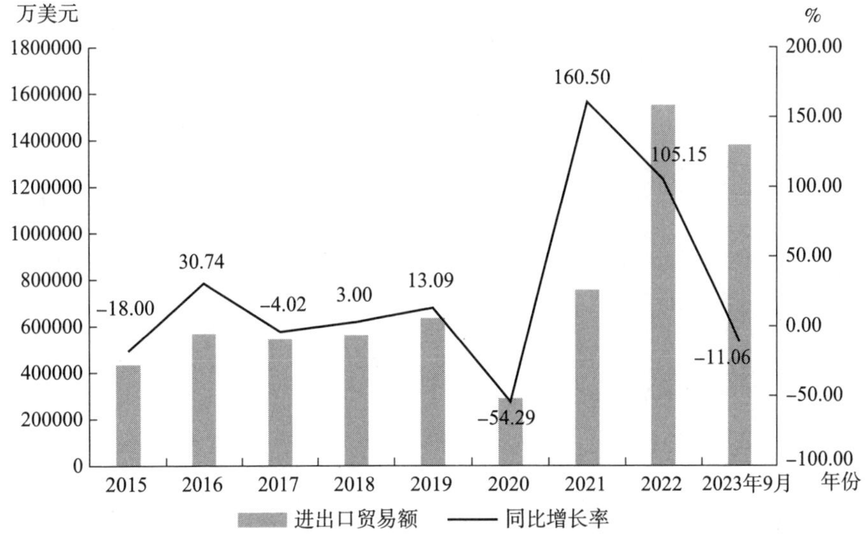

图 16-1 2015 年至 2023 年 9 月中国对吉尔吉斯斯坦双边货物进出口额

数据来源：中国海关统计月报。

作日益密切。2023 年上半年，乌兹别克斯坦的投资超过 40%是由国外资本提供的，其中，中国的投资占 1/5，在其国外投资中位列第一。

（二）推进历程及成效

中吉乌铁路项目于 1997 年提出，自 1999 年中国完成南北两条建设线路规划到 2008 年吉尔吉斯斯坦选择北线方案至今，双方就该铁路的推进不断进行磋商，经历过停滞和重启，直到 2023 年 5 月西安中国—中亚峰会达成合作共识，经历了 20 多年。推进历程见表 16-1。

表 16-1 中吉乌铁路推进历程与成效

推进历程	推进成效
中吉乌铁路项目的提出	1997 年，“欧洲—高加索—亚洲运输走廊组织”在巴黎的一次会议上首次提及中吉乌铁路，1997 年中、吉、乌三国就修建一条连通三国的铁路项目签署备忘录
中吉乌铁路的准备工作逐项落实	2006 年，中吉乌铁路中国段部分干线被列入中国第六个社会经济发展五年计划
	2008 年，中国工作组和专家组通过“喀什—吐尔尕特—卡拉苏—安集延”的铁路建设方案
	2011 年 8 月，吉尔吉斯斯坦总理在接受该国官方媒体采访时表示，中吉乌铁路项目建设势在必行，否则吉方将与国际铁路大动脉失之交臂，中方不带任何政治色彩的援吉政策和做法将成为启动该项目的直接保障，两国关系也将因此更上一个高度

续表

推进历程	推进成效
中吉乌铁路的准备工作逐项落实	2012 年 4 月，吉尔吉斯斯坦总理表示，将尽快让这一项目开工建设；吉尔吉斯斯坦政府已将中吉乌铁路项目列入优先建设目录。2012 年，吉、中两国就中吉乌铁路建设项目签署合作备忘录
	2012 年 5 月 4 日，中吉乌铁路项目融资专家工作组第四次例会在北京举行，中国商务部、外交部、铁道部、中国进出口银行、国家开发银行等代表出席了会议，吉尔吉斯斯坦交通和通信部部长卡雷克别克以及吉尔吉斯斯坦财政部、亚洲开发银行等单位的代表参会
中吉乌铁路项目停滞状态	2012 年，在中国举行的上海合作组织国家元首峰会上，时任国家主席胡锦涛在会见到访的时任吉尔吉斯斯坦总统阿坦巴耶夫时，呼吁加快推进中吉乌铁路和中吉乌公路等跨境基础设施建设
	2012 年 12 月 4 日，时任国务院总理温家宝在比什凯克与时任吉尔吉斯斯坦总理萨特巴尔季耶夫举行会谈时指出，中吉建交 20 年来，多领域合作取得丰硕成果，当前，要推进中吉乌铁路建设。萨特巴尔季耶夫表示，吉方愿与中方推进中吉乌铁路建设
	2013 年 12 月，俄罗斯之声电台网站报道称，时任吉尔吉斯斯坦总统阿坦巴耶夫在新闻发布会上表态，吉尔吉斯斯坦拒绝中国提出的中吉乌铁路项目，该项目对于中国和乌兹别克斯坦而言更有用，却不能解决吉国的任何问题
	2015 年 3 月 26 日，由中国铁路隧道集团公司承建的乌兹别克斯坦“安格连—帕普”铁路隧道实现贯通。“安格连—帕普”铁路是乌兹别克斯坦的“总统一号工程”，系国家重大工程项目。该项目全长 129 公里，是未来中吉乌铁路的重要路段，也是丝绸之路经济带建设的重要工程项目
中吉乌铁路项目新的转机	2018 年 6 月 7 日，中国和吉尔吉斯斯坦发布关于建立全面战略伙伴关系的联合声明：双方将全力推动中吉乌铁路项目相关工作，争取早日开工建设
	2019 年 6 月 13 日，中国和吉尔吉斯斯坦发布关于进一步深化全面战略伙伴关系的联合声明：双方愿继续保持沟通，研讨技术参数，稳步推进中吉乌铁路建设相关工作
	2019 年 10 月 9—11 日，国家发展改革委外资司工作组赴吉尔吉斯斯坦及乌兹别克斯坦访问期间，分别与吉尔吉斯斯坦交通道路部、乌兹别克斯坦交通部召开工作会议，研究推进中吉乌铁路项目有关工作。国家铁路局、中铁第一勘察设计院参加会议
	2020 年 12 月 29 日，中、吉、乌三方以视频方式召开中吉乌铁路投融资工作组会议。三方就投融资、运营模式等议题交换了意见
	2022 年 2 月 24 日，俄乌冲突爆发，中吉乌铁路项目迎来转机
	2022 年 5 月 30 日，吉尔吉斯斯坦总统扎帕罗夫接受采访时称，普京表示不再反对该项目，在完成可行性研究后，中吉乌铁路将于 2023 年开工
	2022 年 6 月初，正值中国—中亚五国外长会议举行之际，吉尔吉斯斯坦总统扎帕罗夫宣布俄罗斯总统普京已同意修建中吉乌铁路
	2022 年 6 月 2 日，中国和吉尔吉斯斯坦、乌兹别克斯坦三方的交通部等主管部门和单位共同召开中吉乌铁路三方工作层视频会议，就推动中吉乌铁路项目合作深入交换意见
	2022 年 9 月，四川首趟中吉乌“公路联运”国际班列在成都（双流）国际联运港发车，满载着 20 个货柜的中国茶叶的列车，此行的目的地是乌兹别克斯坦
	2022 年 9 月中旬，中、吉、乌有关部门签署了《关于中吉乌铁路建设项目（吉境内段）合作的谅解备忘录》

续表

推进历程	推进成效
中吉乌铁路项目新的转机	2022 年 11 月，吉尔吉斯斯坦宣布，中吉乌铁路将于 2023 年秋季开建
	2023 年 5 月 19 日，国家发展改革委主任郑栅洁与吉尔吉斯斯坦交通和通信部部长捷克巴耶夫、乌兹别克斯坦交通部部长马赫卡莫夫于 18 日签署了《中华人民共和国国家发展和改革委员会、吉尔吉斯共和国交通和通信部、乌兹别克斯坦共和国交通部关于就中吉乌铁路建设项目（吉境内段）可行性研究三方联合评审达成共识的谅解备忘录》，标志着项目可行性研究工作已接近尾声
	2023 年 5 月 18—19 日，中国—中亚峰会在陕西省西安市举办。峰会期间，中国同中亚五国达成系列合作共识。其中，包括完成中吉乌铁路可研工作，推进该铁路加快落地建设

资料来源：笔者多方收集整理而成。

2023 年 8 月，乌兹别克斯坦高级官员提到中吉乌铁路项目时表示，乌方将继续全力支持并积极参与“一带一路”，将中吉乌铁路打造为标杆项目，加强欧亚大陆互联互通。2023 年 7 月，吉方高度评价中国共产党的执政理念和成就，愿积极共建“一带一路”，促进吉中关系更好发展。2023 年，中吉乌铁路项目正式纳入建设计划。

二、中吉乌铁路对新疆经济发展的影响和建设难题

（一）对新疆经济的影响分析

2022 年 7 月，习近平总书记在新疆考察时强调指出，随着我国扩大对外开放、西部大开发、共建“一带一路”等深入推进，新疆从相对封闭的内陆变成对外开放的前沿，要推进丝绸之路经济带核心区建设，把新疆的区域性开放战略纳入国家向西开放的总体布局中。新疆南北疆一直存在区域经济发展差异，和北疆相比，南疆口岸发展明显落后，喀什吐尔尕特口岸的年过货量为 120 万吨左右，仅占全疆口岸过货量的 3%左右。加快南疆发展，打造核心城市喀什，推动喀什经济开发区、综合保税区产业聚集，提升新疆整体的对外开放水平需要一个突破口。因此，中吉乌铁路的贯通，有助于加快中国特别是西部地区对外开放，提振新疆经济，尤其是以喀什为中心的南疆区域经济的发展，推进与“一带一路”沿线，尤其是中亚区域的实质性合作。

新疆位于亚欧大陆内陆深处，是丝绸之路的要冲和亚欧大陆桥的重要节点，与俄罗斯、吉尔吉斯斯坦等八国接壤，拥有 15 个对外开放口岸，成为中国向西开放的关键地区。修建中吉乌铁路将开辟丝绸之路经济带新的南通道，促进中国新疆与中亚国家及“一带一路”沿线国家之间的人员和物资交流，带

动外贸、口岸经济、边境旅游、民俗旅游、沙漠旅游、畜牧业、手工业等特色产业的发展，进而促进新疆地方经济发展、增加居民收入、扩大就业机会，提升全面向西开放水平，为新疆的经济和社会发展注入新的活力。

喀什位于古丝绸之路的南道、北道和中道交会处，是通往中亚和西亚的重要通道，其区位优势明显。中吉乌铁路的贯通，将使喀什成为通往中亚和西亚国家的交通枢纽地区、物资交流和旅游购物中心，以及新疆对外开放的重要窗口。喀什周边国家拥有接近10亿的总人口，市场潜力巨大，具有成为中亚中心城市的机遇和投资环境。中吉乌铁路的建设将加快喀什的发展，进而缩小新疆南北疆区域经济社会差距，推动南北疆协调发展。

（二）铁路建设面临的难题

1997年，中、吉、乌三国联合签署铁路建设的合作备忘录，并于同年11月成立了联合工作委员会和联合专家组。但因多重阻力这条铁路长达26年未能开工建设。究其原因，主要有4个。

1. 铁路轨距不统一

中吉乌铁路建设焦点集中在铁路轨道宽度的问题上。吉尔吉斯斯坦的铁路系统使用的是1520毫米宽轨标准，而中国使用的是国际通用的1435毫米标准轨道。吉尔吉斯斯坦作为苏联的一部分，坚持使用1520毫米宽轨标准。中国希望采用国际通用轨道，以减少边境吊运和轨距转换所需的时间和成本，确保实现中国与欧洲之间的旅客无须换乘、货物无须换装的高效运输，维护铁路运输的效益①。

多年来，中国和吉尔吉斯斯坦未能就轨道宽度问题达成共识，导致中国经吉尔吉斯斯坦开往欧洲的货运列车要在阿拉山口进行吊运和轨距转换，这导致运输时间增加、成本上升。中国与吉尔吉斯斯坦的轨距协调问题，受俄罗斯影响很大。表面看是铁路轨距问题，实质是政治问题。由于国际局势的变化，俄罗斯可能寻求多样化运输路线，对该难题的解决可能突破政治地理范畴带来转机。

2. 建设资金融资难

中吉乌铁路项目于1997年开始讨论。尽管这个项目充满前景，但也受到许多质疑。首先，吉尔吉斯斯坦资金压力较大，融资能力弱。吉尔吉斯斯坦是

---

① ABASOVA BEGIMAI. “一带一路”背景下中吉乌铁路建设项目面临的问题［J］. 中国商论，2019（9）：69-71.

一个多山国家，铁路建设成本相对较高，该项目总估算超过 65 亿美元，吉尔吉斯斯坦境内项目预算总支出约为 18.4 亿美元。而吉尔吉斯斯坦经济基础相对薄弱，且该国外债高达 41 亿美元。其次，吉尔吉斯斯坦融资方式中以矿产转让换取投资更遭到强烈反对。最后，有关项目的投资回报仍然存在争议。尽管该项目将为吉尔吉斯斯坦带来每年 2 亿美元的收入，但自 2000 年以来，铁路建设预算大幅增加，收入并没有相应增加，投资回报计划的可行性受到质疑。

3. 地缘政治风险

地缘政治因素对中吉乌铁路项目具有一定的潜在影响。该铁路涉及多个国家之间的地缘政治关系。中国在该地区要扩大共建丝路经济带的影响力，俄罗斯也要保持传统利益。吉、乌两国也有各自的政治考量。潜在的地域冲突和安全问题也属于地缘政治风险。

中亚地区一直以来都是地缘政治竞争和冲突的焦点之一。目前，中国与欧洲连通的铁路有第一亚欧大陆桥和第二亚欧大陆桥，两条铁路均经过俄罗斯。而计划建设的中吉乌铁路并不经过俄罗斯，因此俄罗斯担心该铁路项目建成将对其产生不利影响。如果地缘政治风险增加，可能会导致融资难度上升，增加项目的成本和不确定性。国际投资者和金融机构会考虑地缘政治稳定性，以确定是否愿意参与项目。

4. 地理及生态环境问题

地理状况是中吉乌铁路项目面临的首要问题。该项目跨越多个国家和地区，涉及各种地形、地貌和地质条件，如高山、平原、河流、沙漠及地震带。地理因素对铁路建设和运营产生了直接和间接的经济影响。高山地区的铁路建设成本比平原地区更高，河流和水体交叉地区的铁路建设需要考虑桥梁和隧道的设计，沙漠地区的铁路建设需要应对沙尘暴和风蚀，吉、乌部分地区位于地震活跃带，规避地震风险需要采取抗震设计等方式，这些基础设施工程投资及维护均会增加项目建设成本。

建设和使用铁路会造成环境危害，会直接或间接产生负面的经济影响。铁路建设需要大量水资源，可能导致地下水位下降、水质污染和水体生态系统的破坏；可能切断野生动植物的迁徙路径，导致野生动植物死亡或失去栖息地；可能导致土地碎片化及大面积的土地使用转变，进而导致生态系统功能的丧失，如水源涵养、土壤保护和害虫控制等。①

---

① 廖成梅，王彩霞．制约中吉乌铁路修建的原因探析［J］．国际研究参考，2016（5）：8-12.

（三）铁路建设中新疆面对机遇的内生障碍

2023 年 4 月，吉尔吉斯斯坦总理阿克尔别克·扎帕罗夫出席第二届塔什干国际投资论坛，发言时讲“中吉乌铁路战略项目的实施，使中亚地区突破运输瓶颈，连接 40 亿人口，扩大从亚洲经土耳其到欧洲、中东地区、伊朗、波斯湾国家和北非的货物运输”。该铁路能够对中亚的贸易格局产生重大影响，中国和亚洲的中部地区货运的路程将会被缩短 900 公里左右，节省时间 7~8天。作为始发站的喀什及新疆南疆地区都将受到该铁路项目的带动和影响。但对于该铁路建设带动新疆发展的现实困难也应充分面对。

1. 新疆交通基础设施建设配套不足

中吉乌铁路始于新疆南疆重镇喀什，随着中吉乌铁路的贯通，喀什将会成为中亚、西亚各国交通枢纽、物资交流和旅游购物中心、中亚能源和原材料主要进出口通道及新疆对外开放的窗口①。但是要充分发挥喀什的交通区位优势，做到要素流动的通达，能够匹配中吉乌铁路带来的人流、物流的增长量，目前新疆的交通基础设施配套还存在不足。

首先是公路交通设施等级和质量远不能满足日益增长的运输需求。尽管新疆公路网建设取得一定成效，但这些道路在连接性、质量、通达性等方面存在明显不足，限制了新疆的经济发展、物流效率和社会融合。公路交通方面，与西北地区其他省份相比，新疆普通国省干线技术等级仍偏低，高速公路（一级公路）对县级行政节点的覆盖率亦较低，公路交通基础设施建设需持续强化②。新疆的气候条件也对道路的维护和管理提出了额外的挑战。公路等级相对较低，部分道路只是普通的乡村公路，无法满足高速运输的需求。

其次铁路运输主要依赖于单线的南北疆铁路，这条铁路路线连接了新疆南部的喀什和北部的乌鲁木齐，承担了大部分铁路货运任务，已经面临较大的压力。随着新疆经济不断增长，铁路运输需求也在不断增长，而南北疆铁路的运输能力已经远远不能满足这些需求。此外，南北疆铁路也受到了地理条件的限制。在穿越天山山脉和其他复杂地貌时，铁路线路的修建和维护成本较高，同时容易受自然灾害的影响。新疆交通设施配套中吉乌铁路通车后带来的经济贸易扩张面临新的运输压力。

---

① 吐热尼古丽·阿木提，阿里木江·阿不来提．中吉乌铁路建设对新疆经济的影响［J］．经济地理，2009，29（8）：1260，1272-1276.

② 张敬凯，林强，刘晓鹏．关于“一带一路”背景下新疆交通运输可持续发展的思考［J］．交通运输部管理干部学院学报，2021，31（3）：13-16.

2. 边境口岸管理机制还需优化

中吉乌铁路与新疆边境口岸具有协同效应。中吉乌铁路的贯通将通过与边境口岸的联通加强中国新疆与中亚国家之间的经济联系，促进跨境贸易和物流的发展。新疆边境口岸作为中国西部地区的经济门户，地理位置优越。但口岸发展还存在管理机制和效率提升等问题，对于与中吉乌铁路的联通协同存在制约影响。主要表现为通关效率亟待提升。通关是国际贸易和物流中至关重要的一环，但新疆边境口岸的通关时间较长。这和通关程序复杂、执法手段相对单一、信息化水平不高有关。通关效率低会导致货物积压，运用中吉乌铁路进出口中转和货物对接运输能力有限。而影响口岸管理的原因有以下两个方面：

一是新疆边境口岸的执法手段比较单一和低效。传统的执法手段主要依赖纸质文件和人工审核，缺乏现代化的信息技术系统，如电子关务系统和智能监控设备。执法效率低会降低通关速度、增加合规成本。执法手段的效率限制会导致边境口岸风险管理变弱，如对走私、欺诈和知识产权侵权等缺乏及时应对手段。

二是新疆边境口岸的法律法规（包括关于关税、报关手续、贸易许可和货物检验等方面的法律法规）存在不明确和不一致的问题。不明确和不一致的贸易法规，降低了贸易的透明度和可预测性，还导致企业难以理解和遵守贸易规则。

3. 新疆进出口贸易发展质量与国际大通道匹配能力还需提升

中吉乌铁路连接了中国新疆与中亚国家，为促进贸易和物流的发展提供了新的机遇和国际通道，为新疆的进出口贸易带来了机遇。但新疆外贸质量与国际大通道的连接还存在一定的不匹配。主要表现在以下 4 个方面。

（1）新疆各地（州、市）进出口总额和增速分化明显

除伊犁州、乌鲁木齐市、喀什地区和博州外，其他地（州、市）的外贸规模较小，大多数不足 50 亿元。全疆贸易发展主要集中在北疆区域，南疆整体对外贸易发展滞后，贸易规模与搭上中吉乌铁路国际通道还有一定差距。

（2）出口以劳动密集型产品为主，缺少拳头产品及龙头企业带领

新疆外贸发展面临结构性挑战。出口商品以劳动密集型为主，如机电产品、服装及初级产品等，而高附加值和高技术含量产品的供应相对不足，在国际市场上的竞争力相对较弱。近年来，虽然新疆各地（州、市）出口贸易结构优化取得了一定的进展，但仍然存在技术和资金支持不足、产业升级需求迫切、初级产品过多等问题。在产业聚集上显现中小企业有一定聚集，缺乏龙头企业带领的现象，存在一定资源浪费的状况。

（3）区域内差异导致贸易合作的分工及规模有限

新疆南北区域经济发展差异会导致商品产业结构断裂、区域经济合作受限、市场发展不均衡从而对资源利用不充分。比如，劳动力市场存在差异，重要的科研机构和高等教育机构聚集在北疆区域，南疆吸引和留住高技能劳动力面临挑战，因而限制了产业发展和技术创新潜力。金融市场和金融体系发展不均衡，在地区之间难以实现充分的资本流动，限制了南北经济合作和投资。资本供给差异，使得南疆区域无法充分利用市场机会，制约了其经济增长和经济规模扩大，进而限制了地区整体的持续增长，在向西开放的国际贸易分工和市场份额中处于弱势。

（4）贸易壁垒及解决争端存在较大分歧

中、吉、乌三国之间的贸易关系近年来不断加深，但在这一过程中仍然存在一系列贸易壁垒，其中关税和进口配额是一个显著的贸易壁垒，影响了贸易的自由流通和双边贸易的增长。中亚国家对中国的商品征收相对较高的关税，降低了中国商品在中亚国家市场上的竞争力，限制了贸易增长。中亚国家的关税制度较为复杂，关税税率和分类不够透明，难以预测，增加了商业决策的风险。中国与中亚国家之间的贸易争端解决机制存在一些潜在的分歧，主要涉及争端解决机构的选择、贸易规则和标准、知识产权、市场准入和双边协议的履行等方面。这些问题都会影响铁路带来的经济效应。

4. 新疆产业发展存在一定困境

中吉乌铁路的建成对新疆的产业发展具有辐射带动作用。目前存在的南北疆产业发展差异和产业结构单一问题是急需突破的困境。

首先是南北差异。北疆地区工业较南疆发达，如石油化工、煤炭工业、电力工业、机械工业、建筑材料和能源产业等。同时，文化事业，尤其是以旅游业为主的文化产业，对北疆地区的 GDP 增长发挥了积极作用，提高了地区的经济韧性。而南疆资源相对匮乏①，工业发展进展较为缓慢。该地区以农业生产和绿洲经济为主导产业，但受限于自然条件，特别是降水稀缺和沙漠覆盖面积大等问题，生态脆弱，更需要可持续发展的路径以平衡经济增长和环境保护之间的关系。其次是产业结构单一。北疆地区以资源型产业为主导，包括石油、天然气、矿产等资源产业。这些产业虽然在一定程度上支撑了地区的经济增长，但也对国际市场价格波动非常敏感，缺乏多样性和韧性。高附加值和高技术含量产业相对不足，制约了新疆在国际市场上的竞争力。

① 李梅．资源环境约束下新疆南疆新型城镇化质量评价研究［D］．阿拉尔：塔里木大学，2017.

中吉乌铁路的建设将新疆与国际市场连接起来，但产业发展水平相对滞后，其产品国际竞争力相对较低，导致新疆只能成为内地产品的中转站和运输通道，地方企业无法分享利益。

5. 地区文化和社会影响差异

中吉乌铁路会将不同国家和地区连接起来，促进不同文化之间的交流与融合①。这可能使得沿线地区的居民更容易接触到其他文化，促进语言和文化的交流，有助于文化融合，但不同文化价值观和习俗可能发生碰撞，对传统文化和历史遗产产生影响。

三、中吉乌铁路对新疆经济发展的影响趋势预测

中吉乌铁路的贯通是中国新疆与中亚区域贸易联通的重要通道，虽然存在很多现实的问题和困难，但是对于新疆经济社会发展依然是重大的机遇。我们采用系统动力学模型进行一定的预测分析。

系统动力学（System Dynamics，SD）是系统工程方法论中的一种建模方法，由美国麻省理工学院福瑞斯特教授就研究企业库存问题而创立，并进行了广泛的使用。该方法通过对现实系统进行结构—功能分析来找出各组件之间的作用关系并建立因果机制模型，然后通过对模型因果关系的仿真模拟来解释现实系统的逻辑机理、行为机制及预测分析。系统动力学以控制论、还原论及信息论为理论基础，综合理论分析和仿真模拟手段，对系统进行逐层分解并剖析系统内部逻辑结构，从而明晰系统内部的因果机理。目前，系统动力学方法已经广泛应用于各个研究领域，尤其是在量化评价、动态仿真、情景模拟、路径优化等方面。

在经济学研究领域，系统动力学也通常应用于研究城市单个系统、城市群系统及区域系统。利用系统动力学方法来对单个城市、城市群或某一区域系统进行刻画、分析和因果机制剖析已经在大量研究中得到了应用。例如，系统动力学创始人福瑞斯特教授在 20 世纪 70 年代初应用系统动力学方法构建了美国各个城市的模型，并通过模型仿真模拟剖析了这些城市兴衰的成因。

中吉乌铁路的修建和贯通对新疆的经济发展将会产生多维度、交互性、持续性的影响。具体而言，可能产生地区生产总值、城市化率、入境旅游、贸易进出口、就业等多方面影响。此外，整个经济社会运行存在内生性，表

---

① 郝新鸿，柯文．“丝绸之路经济带”中的铁路政治：对中吉乌铁路的技术社会学分析［J］．科学学研究，2016，34（7）：977-984.

现为社会发展众多因素互为因果。例如，地区生产总值提高能提升人均收入，从而增加储蓄扩大投资，而投资增加必然推动地区生产总值提升。中吉乌铁路的建成将持续惠及沿线国家及地区，直接提高沿线国家和地区的进出口额，并带动沿线消费和就业水平。铁路沿线配套设施持续优化又将进一步提高贸易效率。该模型在刻画多子系统的复杂、交互作用机理上具有广泛的研究成果，具有深厚的理论及实践基础。因此，本章采用系统动力学模型探讨中吉乌铁路对新疆经济发展的影响。

（一）系统动力学模型构建

1. 因果关系图

中吉乌铁路对新疆经济影响的机理包括直接和间接两个方面。直接影响是指由中吉乌铁路建设开通直接引起的固定资产投资、旅游业收入、银行存贷款、进出口与财政支出增加对新疆经济发展的影响；间接影响是指中吉乌铁路建成后交通更为便利，大幅缩减货物运输时间，并压缩成本，使得创新、人口和产业要素在区域间流动加速，知识和技术的空间溢出效应提升，经济聚集效应更加显著，产业结构优化速度加快，进而对新疆的经济社会产生深远的积极影响。通过上述分析，在确定系统边界和变量间反馈关系的基础上，构建中吉乌铁路建设开通对新疆经济发展影响的系统动力学因果关系图（见图 16-2）。

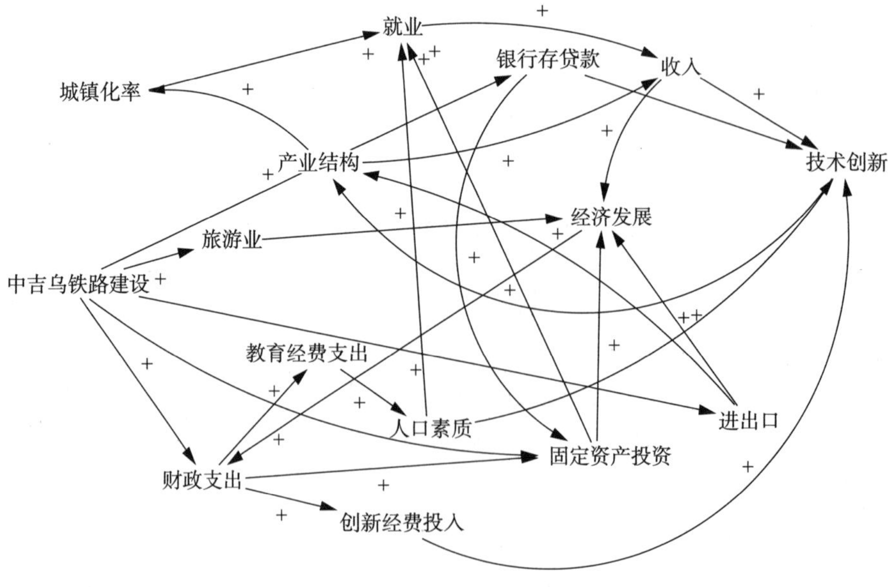

图 16-2　中吉乌铁路建设开通影响新疆经济发展的系统动力学因果关系

注："+"代表促进作用或正反馈作用。

由图 16-3 可知，系统动力学模型中含有 12 个反馈回路，具体如下。

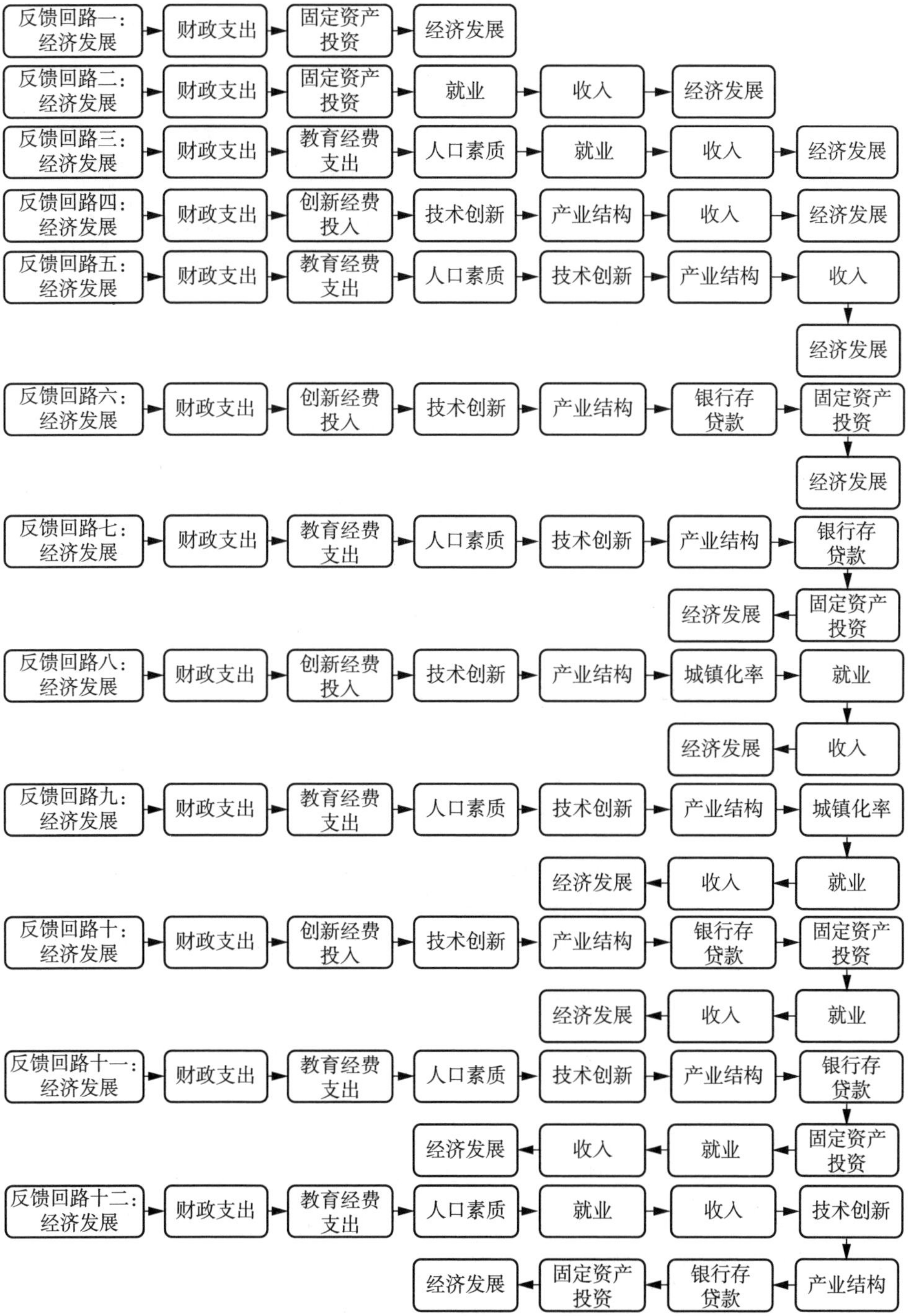

图 16-3　反馈回路

为进一步区分变量性质和厘清系统内反馈形式，基于上述因果关系图构建中吉乌铁路建设开通影响新疆经济发展的系统流图，如图 16-4 所示。

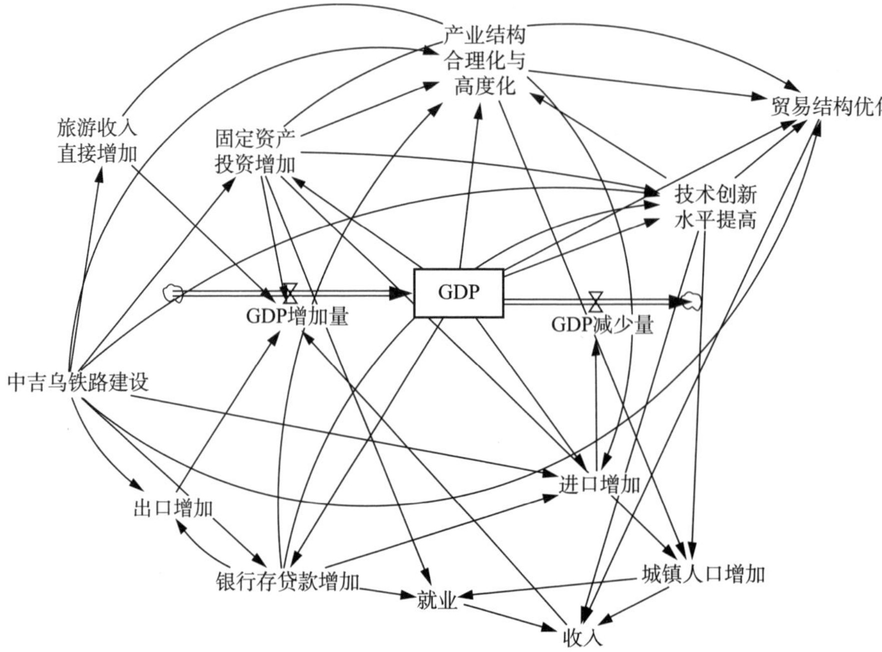

图 16-4　中吉乌铁路建设开通影响经济发展的系统流图

本章采用 Vensim PLE 软件进行模拟仿真，模型运行时间周期为 2011—2035 年，仿真步长为 1 年。鉴于 2011 年是“十二五”开局之年，也是我国经济发展模式从重规模、重速度转为重效益、重质量，因此，本章将 2011—2022 年设置为模型检验期。模型数据主要来源包括《新疆统计年鉴》（2011—2022）、《新疆国民经济和社会发展统计公报》和各城市统计公报。运用函数处理系统中变量间的非线性关系，变量间线性关系使用线性回归系数表示，部分变量设定为固定值。

2. 系统模型检验

中吉乌铁路建设开通对新疆经济的影响是复杂的，为了检验模型设定的合理性及预测结果的准确性，对已构建模型分别进行系统结构检验和历史性检验。其中，系统结构检验主要用于检验模型中核心变量是否为内生变量，即是否相互影响，以及外生变量是否设定合理。通过检查系统流图中各方程即可完成该检验。检验结果显示为通过，表明模型设定合理，系统中各方程形成了合理闭环。历史性检验是指运用历史数据，代入模型进行模拟预测，并将预测结果与真实的历史数据进行对比，用以检验模型中各参数设定的合理性及模型整体的有效性。历史性检验要求模拟预测结果与真实数据的误差越小越好。考虑数据的可获得性和代表性，选择检验的变量包括 GDP、出口、进口、城镇化率、城镇登记失业率和入境旅游收入等几项内容。由表 16-2 可知，各指标的误差均不超过±10%，说明该模型参数设定较为合理，预测效果较好。

表 16-2　历史值与模拟值相对误差

单位：%

年份	GDP	出口	进口	城镇化率	城镇登记失业率	入境旅游收入
2011	9.11	6.23	7.26	7.13	-8.24	-9.16
2012	9.43	-7.36	-8.33	8.44	-8.30	8.98
2013	-8.35	-7.98	-8.92	-8.85	-8.99	-8.90
2014	8.98	8.31	8.54	-7.96	9.34	-9.15
2015	-8.93	9.13	9.44	8.37	9.42	8.78
2016	-8.92	-8.25	-7.93	-7.95	-7.71	-6.97
2017	-7.81	6.88	6.91	7.93	7.87	-8.92
2018	8.36	-7.20	-7.96	8.62	-8.27	8.52
2019	-7.97	7.56	7.97	-6.92	-7.95	-7.91
2020	9.14	8.55	8.10	-8.43	8.91	-8.64
2021	-9.37	8.90	8.36	9.11	9.12	9.23
2022	-8.94	-9.23	-9.01	9.24	9.15	-9.10

（二）中吉乌铁路开通对新疆经济发展影响的模型仿真与趋势分析

1. 对新疆 GDP 的影响

通过仿真模拟，中吉乌铁路开通对新疆 GDP 的影响预测如图 16-5 所示。从图 16-5 中可以看出，2022—2026 年中吉乌铁路的开通对新疆 GDP 的正向影响比较微弱，2026 年对新疆 GDP 的影响发生了逆转，产生了不太显著的负向影响，到 2030 年前后，这条铁路对新疆 GDP 开始产生非常显著的正向拉动作用。对此模拟结果的分析如下。

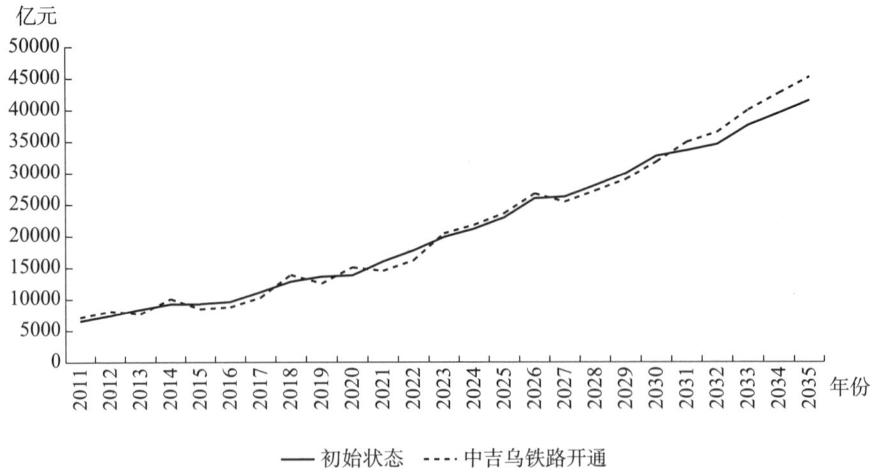

图 16-5 中吉乌铁路开通对新疆 GDP 的影响预测

2022 年 5 月和 6 月，吉、乌两国总统都表示，中吉乌铁路项目可行性研究将于 2023 年 4 月完成，将在 2023 年底前开建。因此，中吉乌铁路开始建设后，会拉动基础设施投资增加，通过产业的前后关联性，对基建、工程和电气产品等产生拉动，从而对新疆 GDP 产生小幅度的带动。

2026—2030 年模拟结果显示新疆 GDP 反而比未通车要低，原因是吉、乌两国与我国的外贸互补性很强，但是与新疆的外贸产品类似，新疆贸易比较优势不明显。铁路开通后，从进口方面看，我国进口产品总量会有所增加，从而对新疆产生一定的挤出效应；从出口方面看，我国出口吉、乌两国的产品主要是由内地发达地区生产，只有少量产品由新疆本地生产出口。

2030 年后模拟结果显示新疆 GDP 开始显著增长，这可能是因为新疆采取了综合性政策和应对战略，促进了产业结构升级，加强了技术创新，提高了产品深加工水平，从而提高了产品的附加值和国际市场竞争力。同时随着乌兹别克斯坦与土库曼斯坦的铁路连接，进而与伊朗、土耳其连接，最后连接中东、北非、中欧和南欧，直到西欧，这些市场需求潜力巨大，进出口贸易增加很快。

2. 对新疆进出口的影响

通过仿真模拟，中吉乌铁路开通对新疆进口的影响预测如图 16-6 所示。从图 16-6 中看到，中吉乌铁路开通后会拉动进口，影响分为两个阶段。2026—2032年，中国从吉、乌两国大量进口贵金属、矿产、天然气和石油等。

2032 年以后，进口开始放缓。这表明随着新疆在农业现代化、新能源开发利用等方面取得实质性进展，外贸进口下降，而对应的出口却在 2033 年以后开始上升。

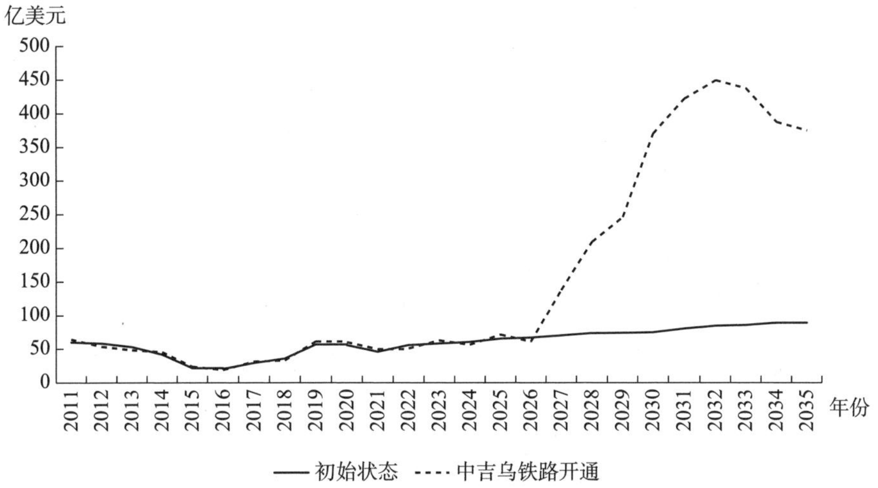

图 16-6　中吉乌铁路开通对新疆进口的影响预测

由图 16-7 可知，2026 年建设通车之后带来的出口增长效应显著，而且正向影响是非线性的，开始影响系数较小，而后影响系数增大。可能的解释是：第一，吉、乌两国对我国产品与服务的需求增加，刺激了出口；第二，中吉乌铁路连通中东、北非和欧洲，带动了我国出口额的飞跃；第三，中吉乌铁

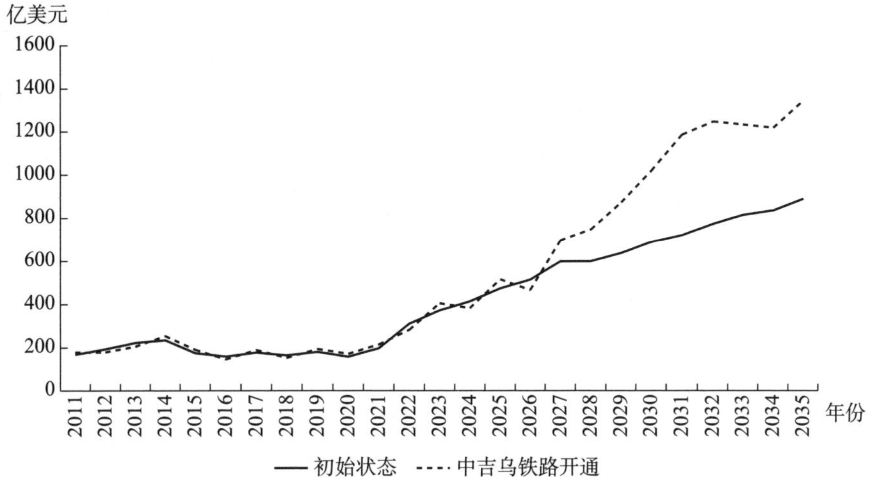

图 16-7　中吉乌铁路开通对新疆出口的影响预测

路及辐射的其他相关国家和地区与我国的贸易互补性强，产生了对我国产品和服务的大量需求，带动了新疆的特色产品。随着新疆“八大产业集群”的比较优势得到进一步巩固，会进一步促进新疆的对外贸易出口。

3. 对新疆就业的影响

通过仿真模拟，中吉乌铁路开通对新疆就业水平的影响预测如图 16-8 所示。

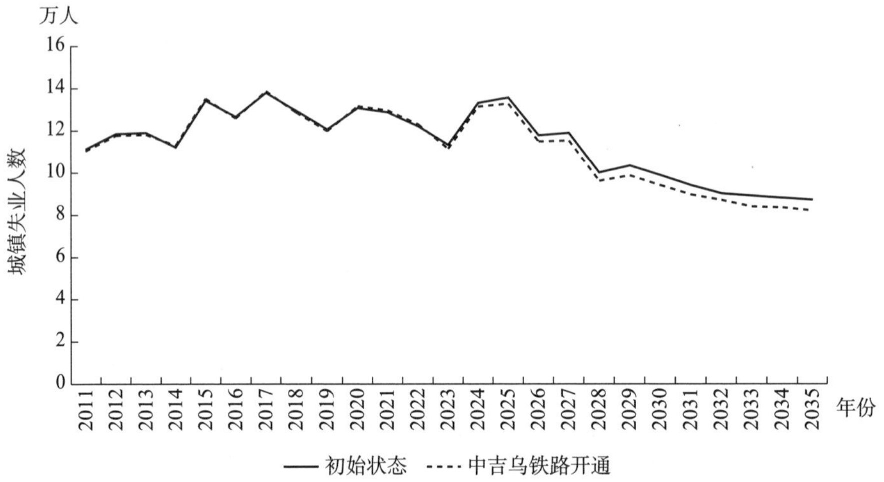

图 16-8　中吉乌铁路开通对新疆就业水平的影响预测

从图 16-8 中可以看到，与初始状态（假设中吉乌铁路未开通的时间）相比，2026—2035 年新疆城镇失业人口有较大幅度的下降。这表明铁路建设和开通后带动就业和国际贸易、文化、旅游等相关产业的劳动力增加。2035 年以后，中吉乌铁路进一步延伸，实现与国际运输路线的互联互通，将极大地刺激新疆，尤其是南疆地区的就业，特别是国际金融、FDI、OFDI、计算机通信、数字产业、物流等行业的繁荣。可以预测，2035 年以后新疆就业前景将比较乐观。

4. 对新疆城镇化率的影响

图 16-9 显示中吉乌铁路开通对新疆城镇化率的影响预测。中吉乌铁路开通后，从长期来看，会显著地提高新疆城镇化率水平。原因是中吉乌铁路开通并向西联通，能够增强喀什在南疆地区的辐射带动效应，虹吸周边人口、产业向喀什及其铁路周边城市聚集，也利于开展大规模的现代农业，同时会使以喀什为中心的城市服务业得到扩展，优化就业结构并推动产业结构转型升级。

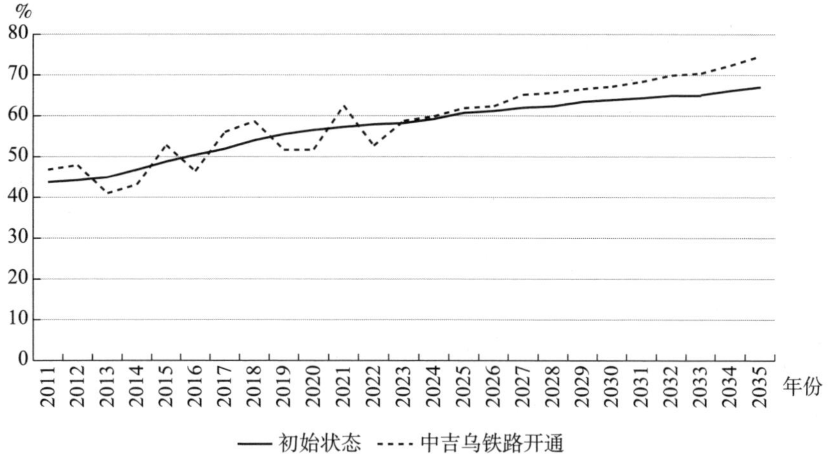

图 16-9　中吉乌铁路开通对新疆城镇化率的影响预测

5. 对新疆入境旅游收入的影响

从图 16-10 中可以看到，中吉乌铁路的开通将给新疆的入境旅游带来显著的提升。2031 年以后，新疆入境旅游业会有一个井喷式的上升趋势，源于该时间节点后，中吉乌铁路逐步实现了与中东、欧洲沿线国家和地区的铁路互联互通，中国的发展和新疆特色旅游吸引了大批国外游客，对新疆入境旅游收入产生了积极的促进作用。

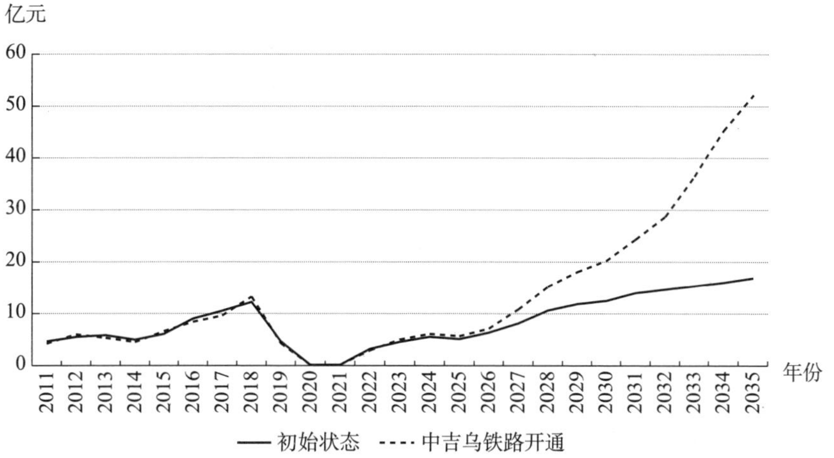

图 16-10　中吉乌铁路开通对新疆入境旅游收入的影响预测

四、预测结论及对策建议

（一）模型预测结论

基于上文系统动力学模型，将2011—2035年作为模型运行周期，通过中吉乌铁路开通对新疆经济的影响的模型仿真与趋势分析，得出了中吉乌铁路对新疆的GDP、进口、出口、城镇失业人数、城镇化率和入境旅游收入具有复杂的阶段异质性影响的结论。具体实证结论为：

（1）对新疆GDP存在波动式影响

初期会有微弱的正向影响，2027年前后出现逆转，先是小幅度的正向促进，2030年以后开始显著地促进新疆GDP增长。

（2）2026年开通对新疆进口的影响作用分为两个阶段

2026—2032年，新疆进口增加幅度明显，交通便利，从吉、乌两国进口商品多；2032年以后，进口两国产品的总量开始下降。而铁路开通带来的出口增长效应显著，而且正向影响是非线性的，开始影响系数较小，而后影响系数增大。

（3）对新疆就业水平的影响分两个阶段

2023—2026年城镇失业人口有小幅下降，2026—2035年铁路开通带动要素流动和产业发展，城镇失业人口开始大幅下降。

（4）对新疆的城镇化率影响显著

铁路开通将带动喀什等城市的发展，带动产业和人口聚集，优化就业结构，促进产业升级。

（5）对新疆入境旅游显现井喷式的增长特点

尤其是2031年以后，铁路进一步向西向中东、欧洲地区延伸，实现国际运输线路的互联互通，为新疆入境旅游谱写新篇章。

（二）新疆面对中吉乌铁路开通机遇的对策建议

中吉乌铁路的开通将为新疆提供巨大的机遇，但还需要积极探索，主动实施相应对策才能抓住机遇，最大限度地借中吉乌铁路的东风，推动新疆的可持续发展，提升对外开放的水平与质量，在共建“一带一路”的项目合作中体现大国担当，树立更加积极的国际形象。

1. 加快新型城镇化与复合型人才培养，缩小南北疆教育差距

中吉乌铁路建设及开通将加强铁路沿线城市的虹吸效应，提高城镇化水

平，加速知识、技术和资本等生产要素的聚集和流动，有利于扩大喀什作为南疆区域中心城市的地位和作用，进而带动口岸发展。为此，应做好人才储备和新型城镇化引领。通过优化三次产业结构，提高南疆城镇化水平，促进城乡收入的增长，刺激消费规模扩大和升级，从而推动南疆城市经济加快发展，提升城镇化发展质量。要应对交通格局带来的国际贸易新格局，需要提前筹划培养未来国际关系、国际贸易、国际投资所需要的区域国别复合型人才，重新修正喀什大学人才培养目标和定位。对于新疆人才机制更要不断优化，留住现有优秀人才，吸引更多内地和中亚国家的高等教育人才、留学生落户南疆，为未来南疆大发展奠定人才基础。为此，需要加大南疆地区高校和科研院所教育发展经费投入，建立南北疆高等教育机构联合共建机制，充分利用北疆较为丰富的学科建设资源和科研力量，以南北疆教育人才和资源共享的思路，用较小的成本缩小南北疆教育差距，为新疆新型城镇化和国际贸易大发展打下人才基础。

2. 优化产业布局，加快“八大产业集群”建设，做好提前布局

国际大通道的运输能力可以带动沿线地区生产和消费扩张，但在初期也会产生通道经济现象，大量货物借此出国、出疆，本地区产业规模小，商品生产达不到要求而成为货物集散地，市场份额低。因此，新疆应优化产业布局，加大科技创新力度，进一步扶持和发展特色产业集群。完善“八大产业集群”的规划，推动产业集群建设实施，包括加强农产品深加工、重振纺织业、利用荒漠戈壁大力发展新能源产业、开发新疆独特的沙漠旅游产业等。

推动产业升级和技术创新，需要不断加大企业自主创新支持力度，制定有利于科技创新的政策来鼓励本地企业积极进行科技研发和产品创新，加强技术转移和科技人才培养，助力新疆产业升级，打造形成“八大产业集群”的自主创新循环。加大鼓励在特色农产品深加工、国际贸易、旅游等领域的创业投资。可以建立专门的投资促进机构，提供行政审批、土地使用和市场准入等一站式服务，促进项目落地。为了满足未来新的就业需求，需要提前布局教育和培训，特别是与铁路和物流相关的领域。优化新疆劳动力资源的配置，使就业结构与未来的进出口结构和产业结构相匹配，满足日益增长的对高质量劳动力的需求均是产业布局的重要方面。

3. 进一步完善地区基础设施建设，与国际大通道形成配套协同

将中吉乌铁路的开通作为全面完善和提升基础设施建设的契机。政府应该加大基础设施投资力度，特别是在铁路经过区域布局现代交通网络，对吐尔尕特口岸进行全面升级。确保喀什及南北疆基础设施的网络化和协同性，在物流运输、电子商务、跨境旅游等方面进行重点建设。具体建议如下。

政府需考虑资金来源和项目优先级，确保投资能够有效地用于基础设施的建设。通过综合评估，考虑经过区域的交通联通需求、经济提升潜力等因素，使资金投入更具针对性和效益性。

对吐尔尕特口岸进行全面升级是确保中吉乌铁路运作畅通的重要一环。在提升口岸通关过货能力的过程中，需要从国际竞争力角度出发，从自动化设备、信息技术的应用上确保与国际通行标准的一致性，以提高通关效率和管理效率。

为确保喀什连带南北疆基础设施的网络化和协调发展，对于连接国际大通道形成南北疆立体化的现代交通网络，需要进行专业性的全局规划。建议通过制定明确的区域交通规划和政策法规，引导基础设施建设朝着协同联动发展的方向前进，借国际大通道匹配对接机遇促进南北疆各区域的互联互通。

4. 加强金融财政支持

中吉乌铁路项目对于中国而言是一个大项目，不仅影响新疆，还涉及整个西部地区的交通格局。该项目将成为新疆经济发展的增长极，促进新疆乃至整个西部经济版图的发展。因此建议：

在融资渠道上，鼓励符合要求的相关企业发行债券直接融资，由政府主导成立地方融资担保平台，推动建立消费金融中心、离岸金融中心等，鼓励企业利用外资，多渠道缓解南疆地区投资压力，并与吉、乌两国进行合作，共同设立跨国融资机制，促进区域合作，包括跨国基金、联合融资和风险共担机制等。

推动金融服务提质升级，围绕跨境电商业务，大力推广金融科技，加快信息技术与金融服务的融合，提高金融服务效率。也可在项目融资中加入绿色金融元素，推动项目的可持续发展。这有助于赢得注重环保和社会责任的投资者的信任。

政府可以通过直接投资、提供财政担保等方式支持中吉乌项目建设，也可以积极鼓励社会资本参与，采用公私合作（PPP）模式，通过引入社会资本提高项目的融资效率和建设质量。同时需要建立健全项目资金管理和监督机制，确保公共资金的有效合理利用。政府也要创造稳定、透明、可预测的投资环境，降低投资方的政治风险和经济风险。

5. 提高贸易便利性

为了更好地发挥未来中吉乌铁路的经济影响力，当前应采取一系列新举措为提高贸易便利性而努力。主要有简化海关手续、降低关税和贸易壁垒、完善贸易纠纷解决机制。此外，要积极发展跨境电子商务和数字贸易，搭建在线贸易平台，促进跨境电商合作，探索外贸新业态、新模式，以扩大国际市场份额，让更多的企业受益于铁路开通带来的市场机会。

吉、乌两国可探讨共同开发跨境产业园区，促进产业互补与合作，共同开拓国际市场，探索建设国际物流中心和自由贸易区，提高货物流通的便利性，吸引更多除中、吉、乌以外的其他国家企业的投资，并为三国创造更多的就业机会，助力整个沿线地区的共同繁荣，实现包容性增长。

最后新疆及喀什均会借助国际大通道传播区域文化和吸引更多的客商、投资者。需制定国际营销策略，全面提升地区知名度，包括打造具有吸引力的旅游品牌和出口品牌，积极参与国际展会和贸易洽谈，吸引更多的入境旅游者和外贸伙伴，扩大国际市场份额。

（特别致谢：本报告研究小组成员，新疆财经大学经济学院区域经济学硕士研究生张明、陆烨、吕模为此报告收集整理资料，为背景内容整理和总结历程作出了努力。）

后　记

“新疆经济发展蓝皮书”是新疆社会科学院着力打造的品牌科研项目。进入“十四五”时期以来，新疆社会科学院经济发展蓝皮书主要聚焦新疆经济高质量发展主题主线设置选题。《新疆经济高质量发展报告（2023—2024）》是2023年度新疆社会科学院院级重点项目（项目批准号：23ZJJ05），也是2023年度“新疆经济发展蓝皮书”。本书在高质量发展主题下，以进入新发展阶段、贯彻新发展理念、构建新发展格局为视角，考察新疆经济各领域发展成效、存在问题、发展路径及对策建议，旨在为政府及相关部门提供前瞻性、实用性、指导性的资政建议，并发挥宣传解读当前经济政策和政府决策举措等作用。

为推进本项目的顺利实施，新疆社会科学院经济研究所成立课题组，于2023年3—12月，前往乌鲁木齐市、昌吉回族自治州、阿克苏地区、伊犁哈萨克自治州、博尔塔拉蒙古自治州、塔城地区、阿勒泰地区、喀什地区、和田地区以及哈密市等新疆10个地（州、市）进行调研，以问题研究为导向，走访各级政府及相关部门，深入企业和各类经济发展载体，开展座谈和调查，全面掌握和分析判断新疆发展实践中的热点、难点问题和经济发展成效、“瓶颈制约”、创新路径及未来发展方向，提出具有针对性的对策建议，助推新疆经济高质量发展。

全书各章执笔者如下：第一章　王宏丽；第二章　马欣薇；第三章　拜黑提亚·阿不都秀库尔；第四章　陈鲲玲；第五章　方波、帝娜·阿德力；第六章　何剑、古再丽努尔·麦海提；第七章　潘元双；第八章　吴强；第九章　朱智猛；第十章　齐妙青、公琪琪、高金晶、刘敏；第十一章　吴强；第十二章　丁守庆、王宏丽、周丽、如山古丽·吾斯曼；第十三章　如山古丽·吾斯曼；第十四章　孜列·木合牙提；第十五章　程云洁、段鑫；第十六章　陈闻君、熊林波、潘癸邑、阿达莱提·塔伊尔；前言和后记　王宏丽。马欣薇为本书出版还做了许多联系、排版和文字校对工作。全书由赵好、王宏丽负责章节设计、审稿修订。

在本书稿的撰写过程中，课题组得到了自治区发展和改革委员会、科学技术厅、工业和信息化厅、人力资源和社会保障厅、商务厅、文化和旅游厅以及统计局等单位部门的大力支持。同时，在调研中得到了乌鲁木齐市、昌吉回族自治州、阿克苏地区、伊犁哈萨克自治州、博尔塔拉蒙古自治州、塔城地区、阿勒泰地区、喀什地区、和田地区以及哈密市等新疆 10 个地（州、市）政府及相关部门的积极协持和帮助。中国经济出版社对全书书稿的编辑出版给予了热忱帮助和大力支持，策划编辑姜静、责任编辑王西琨等对书稿的完善和出版付出了努力。在此，课题组一并致以诚挚的谢意。

在本书撰稿中，各位作者借鉴、引用了学界前辈的研究成果，并尽可能地进行了学术规范性标注，若有遗漏及引述不当之处，深表歉意并由作者负责。

由于水平有限，本书在体系、结构、论述、观点等方面还存在不足，期待得到广大专家、学者和读者的批评指正。同时，新疆社会科学院经济研究所也借助本书的出版，期待自治区各级政府及相关单位、各地（州、市）、各类企业和研究机构一如既往地支持我们的研究工作，共同为推动新疆经济高质量发展贡献力量。

《新疆经济高质量发展报告（2023—2024）》课题组

2024 年 3 月 31 日